O SZYCIU

prosto,
kreatywnie
i modnie

Wydanie II uzupełnione

książki Burda

JAN
LEŚNIAK

O SZYCIU

prosto,
kreatywnie
i modnie

Wydanie II uzupełnione

SPIS TREŚCI

Wprowadzenie

DLA KOGO JEST TA KSIĄŻKA

Napisałem ją z myślą o tych, którzy szukają dla siebie kreatywnego hobby. Nie musisz nic umieć, ponieważ zaczniemy od podstaw. Chcę cię zachęcić do zabawy i eksperymentowania z maszyną do szycia, materiałami, farbami i wszystkim, co może się przydać podczas tworzenia ubrań. Krok po kroku przeprowadzę cię przez ten fascynujący proces. Zobaczysz, że naprawdę jest to proste!

Z zawodu jestem projektantem i uwielbiam szyć. Tworzenie czegoś własnymi rękami jest niesamowicie ekscytujące i przyjemne, a satysfakcja i radość są nie do opisania. Chcę się tym podzielić, a swoją wiedzą i pomysłami zainspirować cię do działania, pokazując, że nie taki diabeł straszny, jak go malują. Książka, którą trzymasz w rękach, jest kursem opracowanym przeze mnie na podstawie blisko trzech lat pracy w roli nauczyciela kroju i szycia. Przygotowałem kolekcję ośmiu ubrań, z których wykonaniem każdy sobie poradzi.

Jeśli choć trochę pociąga cię rękodzieło, szycie i projektowanie, to nie ma znaczenia, na jakim etapie swojej przygody jesteś. Zapraszam!

W TEJ KSIĄŻCE ZNAJDZIESZ:

- informacje o niezbędnych narzędziach, w które warto się zaopatrzyć przed rozpoczęciem przygody z szyciem;
- podstawowe wiadomości na temat materiałów;
- informacje i rady przydatne przy wyborze maszyny do szycia;
- zestaw 14 zadań, które pomogą ci rozwinąć swoje umiejętności od zera do poziomu pozwalającego na uszycie skomplikowanej bluzy.

Wykonując zadania, nauczysz się nie tylko szyć, ale także:

- zdejmować miarę,
- przygotowywać wykroje,
- robić nadruki i aplikacje,
- farbować ubrania.

JAK KORZYSTAĆ Z TEJ KSIĄŻKI

Jestem zwolennikiem nauki przez doświadczenie. Formy dobrałem tak, aby wykonanie każdego kolejnego ubrania uczyło cię czegoś nowego. Dlatego nawet jeżeli nie zamierzasz szyć każdej pozycji z tej kolekcji, przeczytaj wszystkie rozdziały, aby instrukcje w kolejnych zadaniach były dla ciebie zrozumiałe. Staram się nie powtarzać dwa razy tej samej instrukcji, aby na stronach tej książki przekazać jak najwięcej wiedzy. Zachęcam jednak do wykonania każdego ubrania, ponieważ szybciej zrozumiesz instrukcje, jeżeli rzeczywiście będziesz wykonywać opisywane zadanie, niż gdy oprzesz się tylko na zdjęciach i wyobraźni.

O CZYM POWINNAŚ WIEDZIEĆ, ZANIM ZACZNIESZ

Jeżeli pierwszy raz zasiadasz przed maszyną do szycia, bądź dla siebie wyrozumiała i nie stawiaj sobie zbyt dużych oczekiwań. Nauka ma być dla ciebie przygodą i relaksem. Rękodzieło charakteryzuje się drżeniem ręki, i to właśnie nadaje mu piękno, dlatego w trakcie pracy z tą książką wprowadzam zakaz przejmowania się krzywymi szwami! Jest to poradnik dla hobbystów, nie książka o profesjonalnym krawiectwie. Jeżeli pragniesz nauczyć się szyć jak profesjonalistka, polecam szkoły krawieckie. Z tą książką natomiast szukaj raczej zabawy i kreatywności. Moja mistrzyni powiedziała kiedyś: „Aby napisać poemat, trzeba najpierw poznać alfabet". Potraktuj ten poradnik jak naukę stawiania pierwszych liter, aby sprawdzić, czy szycie w ogóle cię pociąga. Pokażę ci wiele prostych pomysłów i krok po kroku wyjaśnię każdą czynność. Jeśli jednak zdarzy się, że coś pójdzie nie tak, a w tej książce nie znajdziesz podpowiedzi, nie bój się szukać własnych rozwiązań. Zawsze możesz też skorzystać z filmów i blogów, które znajdziesz w sieci.

Kolekcja, którą opisuję w książce, to zestaw form oversize uszytych z dzianiny. Wybrałem je na podstawie moich obserwacji. Są to ubrania, których szycie sprawiało moim kursantkom najwięcej radości. Proste, luźne formy z dzianiny są idealne na początek, ponieważ ryzyko, że coś będzie się źle układało, jest niewielkie.

Jeżeli spodobają ci się dodatkowe elementy stylizacji dziewczyn prezentowane na zdjęciach, zajrzyj na mojego bloga **www.pracowniajanlesniak.pl**. Tam znajdziesz instrukcje szycia ubrań, których nie opisałem w książce. Mam nadzieję, że uda mi się zarazić cię bakcylem szycia!

KIM JEST AUTOR

Nazywam się Janek Leśniak, zajmuję się projektowaniem i szyciem ubrań. Przez ponad 10 lat pracowałem dla marek odzieżowych. Kiedy kilka lat temu postanowiłem spróbować swoich sił jako niezależny projektant, niespodziewanie dla samego siebie zostałem nauczycielem kroju i szycia. Bardzo lubię się dzielić tym, czego się nauczę, i z takim przesłaniem pisałem tę książkę. Oprócz instrukcji na końcu każdego rozdziału znajdziesz krótkie opowieści, które napisałem na podstawie swoich perypetii.

To już wszystko, co powinnaś wiedzieć, zanim rozpoczniesz swoją kreatywną podróż. Gotowa? Zaczynamy!

ROZDZIAŁ 1

Co warto wiedzieć na początek

Co warto wiedzieć na początek

Dowiesz się:

» jakie narzędzia będą ci potrzebne i gdzie je kupić;
» czym różni się tkanina od dzianiny;
» jak rozpoznać skład materiału;
» co to jest nitka prosta, metr bieżący i dekatyzacja;
» jakie materiały wybrać na początek, aby szycie nie sprawiało ci kłopotów.

Zaczynamy przygodę z szyciem! Trzeba się przygotować. W pierwszej części tego rozdziału opiszę narzędzia, których będziesz potrzebować, w drugiej podam informacje o materiałach, które powinnaś wiedzieć. Tak jak zapowiadałem, to nie będzie kompendium krawieckie, opowiem tylko o tym, czego naprawdę potrzebujesz na start. Jeżeli wciągnie cię szycie i zapragniesz szerszej wiedzy, w sieci znajdziesz mnóstwo blogów i stron zawierających szczegółowe informacje. Jednak nie chcę cię przytłaczać nimi już na początku, w końcu to hobby i zabawa, niech będą lekkie.

Narzędzia, które pomogą ci w pełni skorzystać z pomysłów i rad zawartych w tej książce

MASZYNA DO SZYCIA. To oczywiście podstawa, dlatego poświęcam jej kolejny rozdział.

IGŁY DO MASZYNY. Kupując maszynę, dostaniesz kilka igieł w zestawie. Warto jednak dokupić komplet, ponieważ – szczególnie na początku – igły lubią się łamać. Są różne typy igieł specjalistycznych: do skóry, dżinsu, jedwabiu i dzianiny. Jednak do materiałów, jakie sugeruję w tej książce na początek, igły uniwersalne będą wystarczająco dobre. Kup w pasmanterii pudełeczko **igieł uniwersalnych** w rozmiarze 80. Jeżeli będziesz szyć z grubych materiałów, kup też rozmiar 90.

LINIJKA. Powinna mieć co najmniej 50 cm długości. Najlepiej, żeby miała podziałkę, tak jak na zdjęciu, ułatwi ci to rysowanie kątów prostych. Jeżeli nie uda ci się takiej kupić, zaopatrz się również w ekierkę.

OŁÓWEK, GUMKA I KOLOROWE PISAKI. Przydadzą się podczas przygotowywania wykrojów.

PÓŁPERGAMIN. To specjalny papier do tworzenia wykrojów. Jest dosyć cienki i lekko prześwitujący, dlatego łatwo przerysowywać na niego różne elementy podczas pracy nad formą. Możesz go kupić w pasmanterii lub sklepie papierniczym. W sieci możesz go też znaleźć jako papier do pakowania produktów spożywczych. Najlepszy format to 100 cm x 70 cm, a grubość około 40 g/m².

METR KRAWIECKI. To urządzenie na pewno znasz, dostaniesz je w pasmanterii.

MYDŁO KRAWIECKIE LUB PISAK DO MATERIAŁÓW. Są potrzebne do odbijania wykroju na materiale. Kupisz je w pasmanterii. Do materiałów w ciemnym kolorze idealne jest mydło, ponieważ najwygodniej się nim rysuje. Niestety nie zostawia ono widocznego śladu na bardzo jasnych kolorach. W przypadku takich barw sprawdzi się pisak.

Ważne » Są dwa typy pisaków do materiałów. Pierwszy to „pisak utleniający się pod wpływem powietrza" – ten właśnie służy do odrysowywania wykroju, znika z czasem i łatwo się go spiera. Nie pomyl go z pisakiem do robienia nadruków – więcej informacji o nim w rozdziale o nadrukach.

NOŻYCE KRAWIECKIE I NOŻYCZKI DO PAPIERU. Bardzo ważne, abyś miała dwie pary nożyczek. Duże, superostre nożyce krawieckie do tkanin – warto w nie zainwestować, ponieważ nie ma nic bardziej frustrującego niż wycinanie materiału tępymi nożyczkami. Zaopatrz się też w zwykłe nożyczki, którymi będziesz ciąć papier.

Ważne » Nigdy nie używaj nożyc krawieckich do cięcia papieru, ponieważ bardzo szybko się stępią.

SZPILKI. Im dłuższe, tym lepsze. Najwygodniejsze są szpilki pięciocentymetrowe z dużą główką. Podczas kupowania ich sprawdź, czy nie są tępe. Wkłuj jedną w materiał, powinna wbić się z łatwością, nie zostawiając dziurki.

IGŁY DO SZYCIA RĘCZNEGO. Mogą być potrzebne do ręcznego wykańczania drobnych elementów lub wykonania fastrygi (ręcznego przeszycia wstępnego ułatwiającego równe zszycie dwóch elementów).

NICI. Wystarczą zwykłe nici poliestrowe do szycia na maszynie. Nie kupuj nici bawełnianych do szycia ręcznego, są bowiem grubsze i łatwo się zrywają, gdy nawleka się je na maszynę.

AGRAFKA. W kilku ubraniach będzie potrzebna, aby wciągnąć gumkę do paska wykańczającego bluzkę lub rękawy. Kup zestaw w różnych wielkościach, zawsze lepiej mieć je do wyboru.

GUMY, NAPY, OCZKA, TASIEMKI I SZNURKI. Czyli dodatki pasmanteryjne. Na początek nie będą konieczne, jednak w miarę podnoszenia twoich umiejętności zaczniemy wprowadzać takie detale do ubrań. Będziesz dobierać je sama do projektu i materiału, z którego uszyjesz ubrania.

To wszystko! Mam nadzieję, że szybko uda ci się zdobyć ekwipunek i będziemy mogli rozpocząć szycie. W rozdziałach o nadrukach, farbowaniu i aplikacjach pojawią się dodatkowe narzędzia, które dokładnie opisuję. Na tym etapie jednak nie musisz jeszcze o nich myśleć. Teraz czas na nieco wiedzy o materiałach.

CO MUSISZ WIEDZIEĆ, ZANIM KUPISZ MATERIAŁ

W tej części rozdziału przedstawię mnóstwo informacji, dlatego polecam czytać go na raty, żebyś nie poczuła się przytłoczona.

Materiał kupuje się w tak zwanych **metrach bieżących**. Oznacza to, że szerokość materiału jest już ustalona, a ty decydujesz tylko o długości. Pytaj zawsze o szerokość belki materiału, ponieważ ma to wpływ na ilość potrzebną do szycia (więcej o tym przeczytasz w rozdziale 7). Każdy materiał określają dwie podstawowe cechy: skład i splot. Opowiem wszystko, co może pomóc ci w wyborze materiału.

SKŁAD

Mówi o tym, z jakiego tworzywa są włókna, czyli włoski, z których powstała przędza użyta do utkania materiału. Są trzy grupy włókien: naturalne, sztuczne i syntetyczne.

WŁÓKNA NATURALNE

Są to włókna z roślin (bawełna i len), z sierści zwierząt (różne rodzaje wełny) lub produkowane przez owady (jedwab). Materiały wykonane z włókien naturalnych są najszlachetniejsze, przepuszczają powietrze i wchłaniają wilgoć. Trzeba jednak pamiętać, że się gniotą i większość z nich ma tendencję do kurczenia się pod wpływem wilgoci i temperatury. Dlatego czasem koszulka po pierwszym praniu jest mniejsza. Aby tego uniknąć, przed szyciem należy dokonać **DEKATYZACJI**, czyli wykurczyć materiał. Co ważne, kurczy się on tylko raz.

Przed podjęciem decyzji o użyciu tkaniny do uszycia jakiejś części garderoby trzeba poznać cechy materiałów wykonanych z włókien naturalnych. Przedstawiam więc podstawowe cechy oraz sposoby ich dekatyzowania.

- **Bawełna** i **len** są miłe w dotyku, jednak dosyć sztywne, chyba że zostaną wzbogacone domieszką delikatniejszego włókna (np. wiskozy lub jedwabiu) lub poddane różnym procesom obróbki produkcyjnej, która je uszlachetni. Aby je zdekatyzować, najlepiej uprać materiał w pralce, w maksymalnej temperaturze, w jakiej będziesz prać ubranie, które uszyjesz.
- **Wełna** w zależności od gatunku zwierzęcia, z którego pochodzi, może być bardzo delikatna (jak angora), szlachetna i miękka (np. kaszmir) lub puszysta, lecz gryząca (m.in. wełna jagnięca). Często występuje z domieszkami. Pod wpływem wilgoci, ciepła i ugniatania filcuje się, czyli zbija. Dlatego wełnianych rzeczy nie należy w ogóle prać w pralce. Czystą wełnę pierzemy chemicznie lub ręcznie. Aby ją zdekatyzować, uprasuj ją żelazkiem z dużą ilością pary.
- **Jedwab** to najszlachetniejsze z włókien. Materiały z niego wykonane są najdelikatniejsze i mają często szlachetny, subtelny połysk. Jedwab raczej się nie kurczy, ale przed szyciem warto uprasować go z użyciem dużej ilości pary. Jeżeli chodzi o pranie, to w zależności od stopnia delikatności materiału możesz zaryzykować pranie w pralce na delikatnym cyklu lub pranie ręczne. W niektórych przypadkach wskazane jest pranie chemiczne.

Ważne » Zawsze pytaj sprzedawcy, jak należy prać dany materiał.

WŁÓKNA SZTUCZNE

Materiały z włókien sztucznych wcale nie są kiepskie, pod tą nazwą tak naprawdę kryją się naturalne składniki przetworzone w procesie chemicznym.

» **Wiskoza** jest tkaniną najbardziej popularną. To włókno otrzymywane z celulozy, którą uzyskuje się z drewna, głównie drzew iglastych. W ostatnich latach coraz większą popularnością cieszy się wiskoza bambusowa. Wiskoza nie kurczy się, dlatego nie trzeba jej dekatyzować. Przepuszcza powietrze, wchłania wilgoć, nie gniecie się tak bardzo jak włókna naturalne. Materiały z wiskozy fantastycznie się układają, ponieważ zazwyczaj są delikatne w dotyku i miękkie. Wiskoza jest po prostu ekstra! Ale uwaga, ze względu na delikatność nie jest najłatwiejszym materiałem do szycia, dlatego polecam ją, gdy poczujesz się pewnie przy maszynie.

WŁÓKNA SYNTETYCZNE

To już czysta chemia. Włókna syntetyczne się nie kurczą. Najczęściej są mieszane z włóknami naturalnymi i wiskozą, aby zmienić nieco ich właściwości i cenę. Materiałów w 100 procentach syntetycznych nie polecam, ponieważ większość z nich słabo przepuszcza powietrze. Ponadto są po prostu nieprzyjemne w użytkowaniu. Najczęściej spotykane to:

» **elastan** to włókno samo w sobie jest elastyczne. Dodane do materiałów sprawia, że zaczynają się rozciągać. Idealna ilość to domieszka 3–5 procent w składzie. Występuje również pod nazwą spandex i lycra;

» **poliester i nylon** to najczęściej spotykane włókna syntetyczne. Poliester jest włóknem twardym i sztywnym. Dodany do składu materiału obniży jego elastyczność, ale zmniejszy skłonność do zagnieceń i kurczliwość. Nylon z kolei jest miękkim włóknem. Dodany do składu materiału często podnosi jego walory dotykowe. Zarówno nylon, jak i poliester zwiększają sprężystość materiału – staje się on bardziej odporny na wygniecenia (na kolanach i łokciach);

» **akryl** to niesamowity składnik, który jest znacznie tańszy od wełny, ale potrafi imitować wiele jej właściwości. Ma jednak tendencję do rozciągania się i mechacenia.

Ciekawostka » Skład materiału można sprawdzić, paląc kilka nitek. Każde tworzywo wydzieli inny zapach. Bawełna pachnie jak palone białko, trochę gryząco, wiskoza jak palony papier (delikatniej niż bawełna), jedwab pachnie nieco podobnie do wiskozy, jednak wyczuwa się też charakterystyczny smrodek (w końcu jest to wydzielina insektów). Najgorsza jest wełna, która „pachnie" jak palone włosy. Wszystkie te włókna po spaleniu powinny się spopielić, więc bez problemu rozetrzesz je palcami. Włókna syntetyczne mają zapach przypominający palony plastik i topią się, tworząc grudki. Jeżeli są domieszane do włókien naturalnych, wyczujesz mieszankę zapachów, a rozcierając popiół palcami, wyczujesz grudki.

SPLOT

Określa strukturę materiału, i na początek jest to dla ciebie najważniejsze! Są dwie rodziny: tkaniny i dzianiny, które kompletnie różnią się właściwościami, co ma ogromny wpływ na przygotowywanie form i szycie. Każda składa się z wielu różnych splotów, jednak musisz znać podstawowe różnice między właściwościami ogółu tkanin i dzianin.

TKANINA

Na **ilustracji 1** widać w przybliżeniu podstawowy splot tkaninowy, czyli strukturę płótna. To układ:

- **osnowy** – pionowych nici, które podczas tkania są mocno naprężone, dlatego tkanina nie rozciąga się wzdłuż;
- **wątku** – poziomych nici przeplatanych między nićmi osnowy. One również są mocno naprężone, dlatego tkanina nie pracuje również wszerz.

Każda tkanina ma dwie cechy, które trzeba wziąć pod uwagę podczas krojenia materiału. Są to:

- **nitka prosta**, tak nazywa się w tkaninie osnowę. Na wykrojach również zaznacza się linię nitki prostej. Wykrój układa się na tkaninie tak, aby nitki proste jednego i drugiego się pokrywały. Dzięki temu unikniesz wycięcia elementu po skosie. W niektórych tkaninach wątek, jeżeli nie jest elastyczny, również można potraktować jak nitkę prostą;
- **skos**, to z kolei linia pod kątem 45 stopni do osnowy. Jeżeli chwycisz tkaninę po skosie i rozciągniesz, zauważysz, że wzdłuż tej linii tkanina jest elastyczna. Ubrania uszyte ze skosu to takie, w których wykrój ułożono na materiale w taki sposób, aby oznaczenie nitki prostej na wykroju wypadało pod kątem 45 stopni do nitki prostej w tkaninie. Dzięki temu ubrania są nieco elastyczne, dobrze dopasowują się do sylwetki i przepięknie się drapują. Jednak szycie „po skosie" to wyższa szkoła jazdy. Ze skosu zazwyczaj są szyte suknie wieczorowe.

Ważne » Elastan dodany do tkaniny zmienia jej właściwości, staje się ona nieco rozciągliwa. Najczęściej jest on dodawany do wątku, jednak zdarzają się tkaniny, w których dodaje się go do osnowy. Zawsze wycinaj formy tak, aby materiał był elastyczny wszerz sylwetki, nie wzdłuż. Wtedy ubranie łatwiej się wkłada i dobrze się nosi.

Ciekawostka » Jedną z najczęstszych przyczyn skręcania się nogawek i bluzek jest to, że zszyto ze sobą dwa elementy, z których jeden (np. przód nogawki) wycięto zgodnie z nitką prostą, a drugi (np. tył nogawki) wycięto z lekkim skosem w strukturze materiału.

Ważne » Ze względu na to, że tkanina może być mało lub w ogóle nieelastyczna, formy do ubrań z niej szytych są bardzo skomplikowane. Wymagają dużej liczby zaszewek i specjalnych cięć, aby dopasować ubranie do sylwetki.

DZIANINA

Na ilustracji 2 widać podstawowy splot dzianinowy, czyli dżersej. Jeżeli robiłaś kiedyś na drutach, powinien wyglądać znajomo. W dzianinie nici są splecione w taki sposób, że w żadnym kierunku nie będą naprężone. Dzianina jest bardzo elastyczna wszerz i wzdłuż, a najbardziej po skosie.

Ważne » Dzięki elastyczności dzianiny ubrania łatwiej dopasowują się do sylwetki. Wykroje do takich materiałów są bardzo proste, można zrezygnować z zaszewek.

Dzianina ma też cudowną cechę, a mianowicie wybacza drobne niedoskonałości podczas szycia. Dla osoby początkującej jest najlepszym tworzywem do szycia ubrań.

W dzianinie nie ma „nitki prostej", jednak kierunek, w jakim ułożysz wykrój na materiale, ma znaczenie. Przyjrzyj się dokładnie splotowi dżerseju w swoim T-shircie. Dostrzeżesz różnice w strukturze na prawej i lewej stronie:

» **kolumienki** układające się w kształt kłosów to prawa strona – wyznaczają pion dzianiny i to właśnie wzdłuż nich układaj nitkę prostą z wykroju;

» **rządki** pętelek to lewa strona dzianiny – wyznaczają poziom, który zawsze w uszytym ubraniu powinien wypadać wszerz ciała.

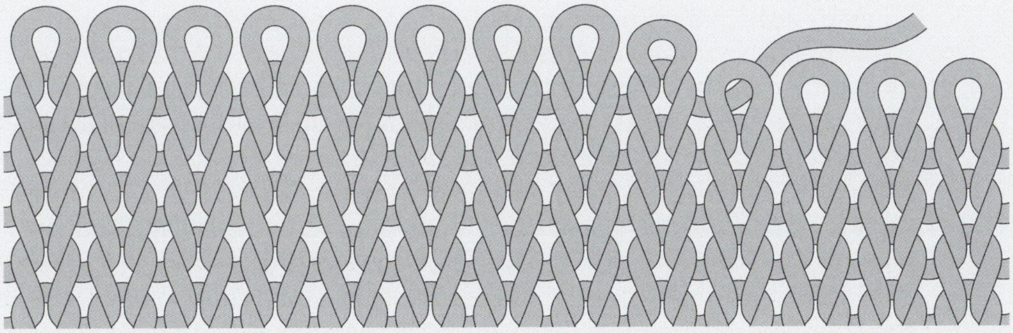

2

Jeżeli nie udało ci się wyłowić kolumienek i rządków w T-shircie, przyjrzyj się grubemu splotowi swetra (to też jest dżersej).

Ważne » Skos w dzianinie zachowuje się podobnie jak skos w tkaninie, jednak ma znacznie większą elastyczność i najlepiej się drapuje, ale najtrudniej go szyć.

Materiał kupuj raczej w sklepach stacjonarnych. Patrząc na zdjęcie i opis na stronie internetowej, nawet ja nie jestem pewien, co do mnie trafi. Opisywanie materiału to jak opowiadanie o zapachu. **Trzeba to poczuć**, dlatego materiał musisz wziąć do ręki. To wiedza, której nie da się przekazać, wyczucie wynika z doświadczenia. Szyjąc kolejne ubrania, będziesz dochodzić do wprawy w czuciu tkanin i dzianin. W tej książce podpowiem, jakie materiały są najlepsze do danego projektu, jednak zawsze ufaj swoim zmysłom. Rozwijaj materiał z belki w sklepie i obserwuj, jak się układa, jaki jest w dotyku, jak się zachowuje. Czy faluje tak, jakbyś tego chciała? Czy miękko opada, czy załamuje się jak papier? Jeżeli w twojej okolicy nie ma sklepu z materiałami, skorzystaj z oferty sklepów internetowych, które przysyłają próbki przed dokonaniem wyboru. Swoją przygodę zacznij od uszycia torby z tkaniny (rozdział 3), aby potem przejść do dzianinowych ubrań. Na początek polecam dzianiny bawełniane, ponieważ ich elastyczność jest umiarkowana i to bardzo ułatwia szycie. Jeżeli nie masz maszyny owerlok, unikaj dzianin z dodatkiem elastanu, luźnych swetrowych splotów oraz tych bardzo cienkich jak mgiełka, ponieważ zwykła maszyna może sobie nie poradzić z szyciem takiego splotu. Na początek wybierz:

» **bawełniany dżersej** – to dzianina jak na T-shirty;

» **bawełniana dresówka** – to mięsista dzianina o różnych grubościach, nadająca się na bluzy, ciepłe bluzki i sukienki. Są dwie odmiany: **drapana** ma pod spodem puszek, **pętelka** pod spodem ma pętelki, często w kontrastowym kolorze;

» **punto** – to nazwa dzianiny o splocie charakteryzującym się tym, że nie strzępi się i nie zawija na krawędziach, w związku z czym można zostawiać niewykończone krawędzie. Są dwa typy: **mieszanka bawełny i poliestru** – mniej szlachetna i mniej miła w dotyku, a także **mieszanka wiskozy i nylonu** – szlachetniejsza i milsza w dotyku.

Ważne » Podczas robienia zakupów zawsze sprawdzaj, czy krawędzie dzianiny się prują i czy się zawijają, ponieważ może to mieć wpływ na wykończenia, jakie zastosujesz w ubraniu (dowiesz się o tym więcej w kolejnych rozdziałach). Niektóre dżerseje i dresówki, podobnie jak punto, pozwalają na pozostawienie niewykończonych brzegów.

O rany! Kawał wiedzy za tobą. Mam nadzieję, że czujesz się dobrze poinformowana i gotowa do rozpoczęcia przygody z szyciem.

Zanim zaczniemy, opowiem, jak rozpoczęła się droga do mojej przygody z szyciem na własną rękę.

OPOWIEŚĆ

Końcówkę lata 2013 roku spędzałem głównie na krawężniku, pod firmą, z którą pragnąłem się już pożegnać, w kółko i w kółko rozważając „za" i „przeciw". Decyzja była trudna. Po pięciu latach wspólnych przygód byłem bardzo zżyty z zespołem, bałem się też braku stałego dopływu gotówki. To był jednak etap, kiedy wchodząc do biura, miałem wrażenie, jakby ktoś odessał tlen z pomieszczenia. Kompletnie straciłem serce do projektowania ubrań i byłem przekonany, że pomyliłem się w życiu, wybierając tę drogę. Nie pomogła nawet autorska kolekcja, którą zaprojektowałem, by sprawdzić, czy w ogóle to jeszcze potrafię. Po kilku ekscytujących miesiącach wylądowałem na tym nieszczęsnym, wcale nie wygodnym krawężniku, z którego – jak się okazało – niedaleko do bruku.

Był to trudny czas, płynący w atmosferze redukcji etatów w dziale projektowym, panował kryzys. Wypowiedzenia wręczano pod koniec dnia i dzwonek telefonu piętnaście minut przed końcem pracy oznaczał, że dziś padło na ciebie. Szefowa wyjaśniła mi później, że było to dla niej tak trudne, że odwlekała te rozmowy, jak mogła, i zmuszała się dopiero pod koniec dnia. Kiedy skończono, zostało nas kilka zmaltretowanych duszyczek błąkających się po magazynach, wśród półek pełnych niesprzedanego towaru. Z wesołego działu projektowego zniknęli przyjaciele, a razem z nimi resztki tlenu, które pozwalały mi przeżyć. Zrozumiałem, że dłużej nie ma się co zastanawiać, i w tym kryzysie postanowiłem ruszyć do przodu sam! Oj, nie spodziewałem się, co mnie czeka.

Plan był prosty: odetchnąć chwilę w domowym zaciszu, oczyścić się i rozpocząć wreszcie samodzielną przygodę. Wiedzcie ci, którzy tego jeszcze nie wiecie, że kiedy ktoś w waszym związku ląduje na bezrobociu, idą ciężkie czasy dla obojga. Bezrobocie jest frustrujące. Rozstania z firmą pachną cudownie, kiedy jeszcze pracujesz, ale dwa tygodnie później te zapachy wietrzeją i pojawia się rzeczywistość. Jako że frustracje sprzyjają kłótniom, a te w dużym nasileniu prowadzą do kryzysów, te z kolei nie każda para przetrwa, zostałem singlem! W dodatku bezdomnym. Plan gruchnął... Zrobiłem to, co zawsze w takich sytuacjach robię: spakowałem cały dobytek do samochodu i uciekłem na wieś.

Oczywiście nowy plan był gotowy natychmiast: w drewnianym domku letniskowym zrobię przemeblowanie, porozkładam maszyny i BACH! „Wiejskie atelier Leśniaka" ruszy pełną parą i jeszcze światu pokażę! Złota polska jesień i Jan L. siedzący pół dnia przed otwartym oknem, patrzący w jeden punkt w ogrodzie. Tak wyglądały moje pierwsze dwa tygodnie na wsi. Później powoli starałem się pobudzić do działania. Sąsiedzi grabili liście. Też pograbię, pomyślałem! Kupiłem nowoczesne grabie, widziałem u brata, no to będzie się kurzyło! Dobrze, że zacząłem od tej strony ogrodu widocznej dla sąsiadów, bo na niej chwilę później skończyłem. Przynajmniej na roli widzieli Leśniaka, jak grabi, czyli że nie mieszczuch, co to pracować nie potrafi, no! Później dwa tygodnie się zbierałem do tego, żeby węgiel kupić, aż w końcu pierwszy mróz mnie do tego zmusił. Ze śniegiem po kolana za oknem nie pozostało mi nic innego, jak zająć się czymś w domu. Tuż po przyjeździe na wieś okazało się, że mam MODOWSTRĘT, więc moje wiejskie atelier pozostało w sferze planów. Postanowiłem zatem malować, dwie godziny później postanowiłem leżeć na łóżku i nie wstawać już nigdy! Poddałem się.

Tak to trwało i trwało, aż pewnego dnia poczułem, że jestem wręcz zmęczony odpoczywaniem i biernością. Ze dwa tygodnie chodziłem na przemian zdołowany i podekscytowany, snując nowe plany i wizje, zbierając narzędzia do realizacji, to znów jęcząc na łóżku, że świat o mnie zapomniał i jaki to ja biedny jestem. Aż wreszcie dojrzałem do mocnej decyzji: biorę się z życiem z powrotem za bary. Nie bez potknięć, ale mimo wszystko powstało moje wiejskie atelier. Powoli się rozkręcałem, pracując nad prototypami nowej kolekcji, równolegle przygotowywałem się do najważniejszej decyzji. Czy masz czasem wrażenie, że nagle coś staje się dla ciebie oczywiste i od tego momentu wiesz już, że życie pójdzie w tę czy inną stronę? Że to tylko kwestia czasu? Jak Harry Potter po wypiciu eliksiru szczęścia? Mnie przytrafiło się coś takiego podczas targów modowych w Warszawie. Nagle zrozumiałem, że jeśli chcę ubierać kobiety i z tego żyć, jest jedno miejsce, gdzie widzę konkretne możliwości: Warszawa właśnie.

Decyzja zapadła i wiosną wylądowałem na Powiślu, gdzie pierwszy miesiąc przekoczowałem u mojej przyjaciółki, rozsyłając CV gdzie się da, przygotowując projekty do portfolio i szyjąc ubrania na kolejne targi. Pełen ekscytacji, ale też paniki, bo przy tych zmianach moje oszczędności topniały w zawrotnym tempie. W tym samym czasie w stolicy wylądowała niemal połowa działu projektowego odstrzelonego minionego lata i postanowiliśmy sformować grupę, bo jak wiadomo, w grupie raźniej. Udało nam się wynająć pokoik w centrum miasta, który szumnie nazwaliśmy showroomem, czyli w wolnym tłumaczeniu ze szpanerskiego „miejscem do spotkań z klientami", których co prawda jeszcze nie mieliśmy, ale postanowiliśmy ich zdobyć! Brzmi fajnie, ale była oczywiście też ciemniejsza strona tego medalu. Przez pierwsze dwa tygodnie w ogóle nie mogłem spać ze stresu. Potem codziennie budziłem się z żołądkiem ściśniętym strachem, czasem nawet paniką. Bywały poranki, kiedy Milena wychodziła do pracy, a ja dwie godziny leżałem sparaliżowany lękiem i niepewnością, nie mogąc się podnieść z łóżka. Któregoś dnia, przygotowując projekty na spotkanie rekrutacyjne, popłakałem się przed komputerem, bo nic mi nie wychodziło. Zacząłem sprawdzać dokładnie ceny produktów. Musiałem zrezygnować z emerytury, na którą już kilka lat zbierałem. Kiedy już się podnosiłem z łóżka, szyłem, szyłem i szyłem, stresowałem się, bałem się, szyłem dalej, płakałem, zasypiałem, znów szyłem, no i czasem jadłem. Nie wiedziałem, co będzie dalej. Pierwszy raz w życiu postawiłem wszystko na jedną kartę, pozbawiając się całkowicie poczucia bezpieczeństwa i nie mając planu awaryjnego – nie mogło się nie udać.

W tej przeplatance ekscytacji i paniki zauważyłem jednak coś niezwykłego. Kiedy tylko siadałem w swoim pokoju, wśród maszyn, manekinów, tkanin i nitek, byłem spokojny. Nigdy wcześniej tego nie znałem, a wtedy pierwszy raz w życiu czułem, że tu należę, że to mój świat. Nie wiedziałem jeszcze, że tak czuje się człowiek, który właśnie zaczyna robić to, do czego został stworzony.

ROZDZIAŁ 2

Pierwsze kroki z maszyną do szycia

Pierwsze kroki z maszyną do szycia

Dowiesz się:

» jak wybrać maszynę do szycia;
» jak działa maszyna;
» jak dostosować ustawienia maszyny, aby szew był ładny;
» jak działa maszyna typu owerlok.

JAK WYBRAĆ MASZYNĘ DO SZYCIA

Kiedy decydujesz się na zakup maszyny do szycia, prawdopodobnie pierwsze pytanie, przed którym staniesz, to „mechaniczna czy komputerowa". Osoby szyjące dzielą się na fanów albo jednych, albo drugich. Rzadko bywa tak, aby czuli się dobrze przy każdym typie.

Maszyny mechaniczne w moim odczuciu są trochę bardziej siermiężne, co niektórym użytkownikom daje poczucie mocy i wytrzymałości, jednak zmniejsza komfort szycia. Komputerowe zaś, ze względu na to, że są cichsze i płynniej pracują, sprawiają wrażenie delikatniejszych, ale to tylko pozory. Mamy skłonność do kojarzenia elektroniki i komputera z delikatnością, a w maszynie do szycia to wcale nie przekłada się na wydajność i moc. Jeśli chodzi o szycie rzeczy lekkich i naukę, zdecydowanie jestem fanem maszyn komputerowych, ponieważ komfort szycia jest znacznie większy. Rozumiem jednak osoby, które preferują prostotę maszyny mechanicznej. Najlepszym sposobem na podjęcie decyzji będzie wybranie się do sklepu specjalizującego się w sprzedaży maszyn do szycia i przetestowanie obu typów. Maszynę, podobnie jak materiał, trzeba po prostu poczuć. Podejdź do tego jak do jazdy testowej samochodem, który zamierzasz kupić. Oprócz komfortu szycia podstawowa różnica to cena. Maszyny mechaniczne są zazwyczaj tańsze od komputerowych odpowiedników. Różnice między maszynami wpływające na ich cenę dotyczą też wyposażenia i dodatkowych bajerów, które ułatwiają szycie. Konieczne funkcje każdej maszyny to:

» szycie wstecz,
» automatyczne nawijanie nici na bębenek,
» regulacja naprężenia nici.

Warto sprawdzić, czy maszyna ma również cechy opisane poniżej. Wymieniam je w kolejności od najważniejszych do najmniej istotnych.

METALOWE CZĘŚCI. Tu obowiązuje bardzo prosta zasada – im więcej metalowych części, tym maszyna mocniejsza i wytrzymalsza. Najprostszy sposób sprawdzenia polega na podniesieniu maszyny. Im cięższa, tym lepsza. Dostępne są maszyny:

- w większości plastikowe – najtańsze i niestety nietrwałe;
- plastikowe wzmocnione metalowymi częściami – na średnim poziomie cenowym, to optymalna opcja;
- z całkowicie metalowym mechanizmem w plastikowej obudowie. Jeśli jesteś gotowa na większy wydatek, to warto zainwestować, ponieważ to najlepsze maszyny do szycia domowego;
- całkowicie metalowe – najdroższe maszyny dla profesjonalistów.

CHWYTACZ. Część wewnątrz maszyny, dzięki której nici dolna i górna przeplatają się ze sobą, tworząc szew. Występują dwa typy chwytaczy:

- **wahadłowy** – to starszy typ, nieco głośniejszy podczas pracy, nawlekanie dolnej nitki jest trochę bardziej skomplikowane;
- **rotacyjny** – jest nowszym typem chwytacza; maszyna pracuje ciszej i spokojniej, nitkę nawleka się bardzo ławo, najczęściej jest stosowany w droższych modelach komputerowych.

Oba typy chwytaczy są dobre. Nie decyduj o zakupie maszyny na podstawie chwytacza. Jeśli jednak w tej samej cenie masz do wyboru maszyny z różnymi chwytaczami, wybierz tę z rotacyjnym.

LICZBA ŚCIEGÓW. Duża liczba ściegów to fajny bajer, z którego korzysta się tylko raz – tuż po zakupie, kiedy testujemy nową zabawkę. Oczywiście zależy też, do czego będziesz jej używać, jednak na początek ściegi, z których naprawdę będziesz korzystać, to takie jak przedstawione na **ilustracji 1**:

- 1 – ścieg prosty, czyli stębnowanie, używany do większości szwów (szczegóły w rozdziale 3);

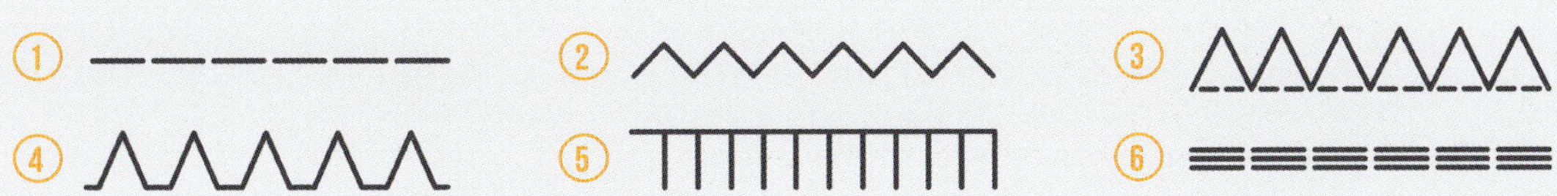

1

- 2 – ścieg zygzak używany do wykonywania elastycznych szwów podczas szycia dzianin (szczegóły w rozdziale 5);
- 3 i 4 – ścieg owerlokowy używany do zabezpieczania krawędzi przed strzępieniem, imitujący szew wykonywany przez maszynę typu owerlok (jak poprawnie go wykonać, opisuję w rozdziale 3);
- 5 – ścieg do przyszywania aplikacji przyda się, jeśli planujesz tworzenie aplikacji (ten ścieg omawiam w rozdziale 10);
- 6 – stębnowanie wzmocnione, potrójne (tego ściegu użyjemy również w rozdziale 10).

STOPKI. Stopka to ta część maszyny, która dociska materiał podczas szycia. Są różne typy stopek ułatwiające specyficzne przeszycia. Kilka z nich może znajdować się w zestawie dołączanym do maszyny, brakujące trzeba kupić. Wybierając maszynę, zwróć uwagę na system mocowania stopki. Mocowane na zacisk, na tak zwanym niskim ramieniu, to najpopularniejszy sposób, w związku z czym większość dostępnych stopek pasuje do takiej maszyny. Dodatkowym atutem jest możliwość podniesienia stopki wysoko, co ułatwi wsuwanie pod nią grubych materiałów. Im droższa maszyna, tym więcej stopek ma w zestawie. Najczęściej używane to:

- stopka uniwersalna do wykonywania większości szwów (szczegóły w rozdziale 3);
- stopka do ściegu owerlokowego (szczegóły również w rozdziale 3);
- stopka z prowadnikiem – tę raczej trzeba dokupić; nie jest niezbędna, jednak ułatwia wykonywanie równych przeszyć blisko krawędzi na prawej stronie materiału (szczegóły w rozdziale 16);
- stopka do przyszywania aplikacji, również nie jest niezbędna, ale ułatwia pracę z aplikacjami (zaprezentuję ją w rozdziale 10);
- stopka do wszywania zamków zwykłych. W tej książce wszywania zamka nie omawiam, jednak warto tę stopkę mieć;
- stopka do wszywania zamków krytych. Jeżeli rozkręcisz się i zaczniesz szyć dopasowane ubrania z zamkami krytymi, to ta stopka bardzo ułatwi ci pracę;
- stopka do obszywania dziurek, bez niej trudno ładnie obszyć dziurkę.

REGULACJA GĘSTOŚCI I SZEROKOŚCI ŚCIEGU. Może być płynna lub skokowa. Skokowa polega na tym, że masz możliwość wyboru najczęściej trzech optymalnych ustawień, i taką opcję oferują najtańsze maszyny. Płynna regulacja pozwoli dobierać optymalne ustawienia do materiału, z którego szyjesz.

REGULACJA POŁOŻENIA IGŁY. Możliwość płynnej regulacji położenia igły jest bardzo przydatna podczas szycia na krawędziach i wszywania zamków. Pozwala na przesuwanie igły z lewej strony na prawą, na całej szerokości stopki (na odcinku 5–7 mm). W mniej zaawansowanych maszynach są do wyboru tylko dwie pozycje igły: na lewo i na środku stopki.

REGULACJA DOCISKU STOPKI. Możliwość regulowania mocy, z jaką stopka dociska materiał, przydaje się podczas szycia delikatnych lub cięższych materiałów.

WOLNE RAMIĘ. Ta funkcja umożliwia odczepienie od maszyny fragmentu obudowy, aby w obszarze szycia zmniejszyć jej rozmiar. Ułatwia to szycie wąskich, cylindrycznych części, takich jak nogawki czy mankiety, które można wsunąć na zmniejszoną obudowę. Można bez tego żyć, ja nigdy nie używam wolnego ramienia. (O szyciu cylindrycznych kształtów bez użycia wolnego ramienia przeczytasz w rozdziałach 5 i 11).

OBSZYWANIE DZIUREK. Może być czterostopniowe lub automatyczne. Jeżeli maszyna potrafi robić to automatycznie, to wspaniała sprawa! Wtedy wystarczy umieścić guzik w stopce, a maszyna sama dobierze rozmiar dziurki do niego. Sama też haftuje, ty tylko na końcu rozcinasz dziurkę. W mniej zaawansowanych modelach dziurki wyszywa się za pomocą specjalnej stopki w czterech krokach, z takim rozwiązaniem też da się żyć.

NOŻYK DO OBCINANIA NICI, zamontowany z boku maszyny, bardzo ułatwia pracę.

NAWLEKACZ NICI. Automatyczny lub półautomatyczny nawlekacz nici bardzo przyśpiesza pracę, nie trzeba trafiać samemu nitką w mikrodziurkę w igle.

REGULACJA TEMPA SZYCIA. To zbawienie dla osoby początkującej. Za pomocą suwaka możesz ustawić tempo szycia maszyny od prędkości ślimaka do torpedy!

STÓŁ powiększający obszar pracy jest dodatkowym atutem, jednak to już sfera zbytku.

Świetnym rozwiązaniem jest **możliwość szycia bez użycia pedału rozruchowego**, co zapewne ucieszy m.in. osoby niepełnosprawne. Luksusem są też funkcje **automatycznego zakańczania ściegu** (w rozdziale 3 dowiesz się, jak zaczynać i kończyć ścieg, aby się nie pruł) i **automatycznego obcinania nici** oraz **pozycjonowanie igły**, czyli możliwość decydowania, czy maszyna po zatrzymaniu kończy z igłą w górze, czy wbitą w materiał.

- METALOWY MECHANIZM + WZMOCNIONA OBUDOWA
- REGULACJA DOCISKU STOPKI
- STÓŁ POWIĘKSZAJĄCY OBSZAR PRACY PO LEWEJ STRONIE

AUTOMATYCZNE ZAKAŃCZANIE ŚCIEGÓW OZDOBNYCH (DOPEŁNIENIE WZORU)

SZYCIE WSTECZ

MOŻLIWOŚĆ SZYCIA BEZ UŻYCIA PEDAŁU ROZRUCHOWEGO

AUTOMATYCZNE NAWLEKANIE NICI

STOPKA NA NISKIM RAMIENIU, Z MOŻLIWOŚCIĄ PODNIESIENIA WYSOKO

WOLNE RAMIĘ

CHWYTACZ ROTACYJNY

POZYCJONOWANIE IGŁY

RĘCZNE OBCINANIE NICI

» REGULACJA NAPRĘŻENIA NICI
» NOŻYK DO OBCINANIA NICI Z BOKU OBUDOWY
» SZYBKI SYSTEM NAWIJANIA NICI NA BĘBENEK

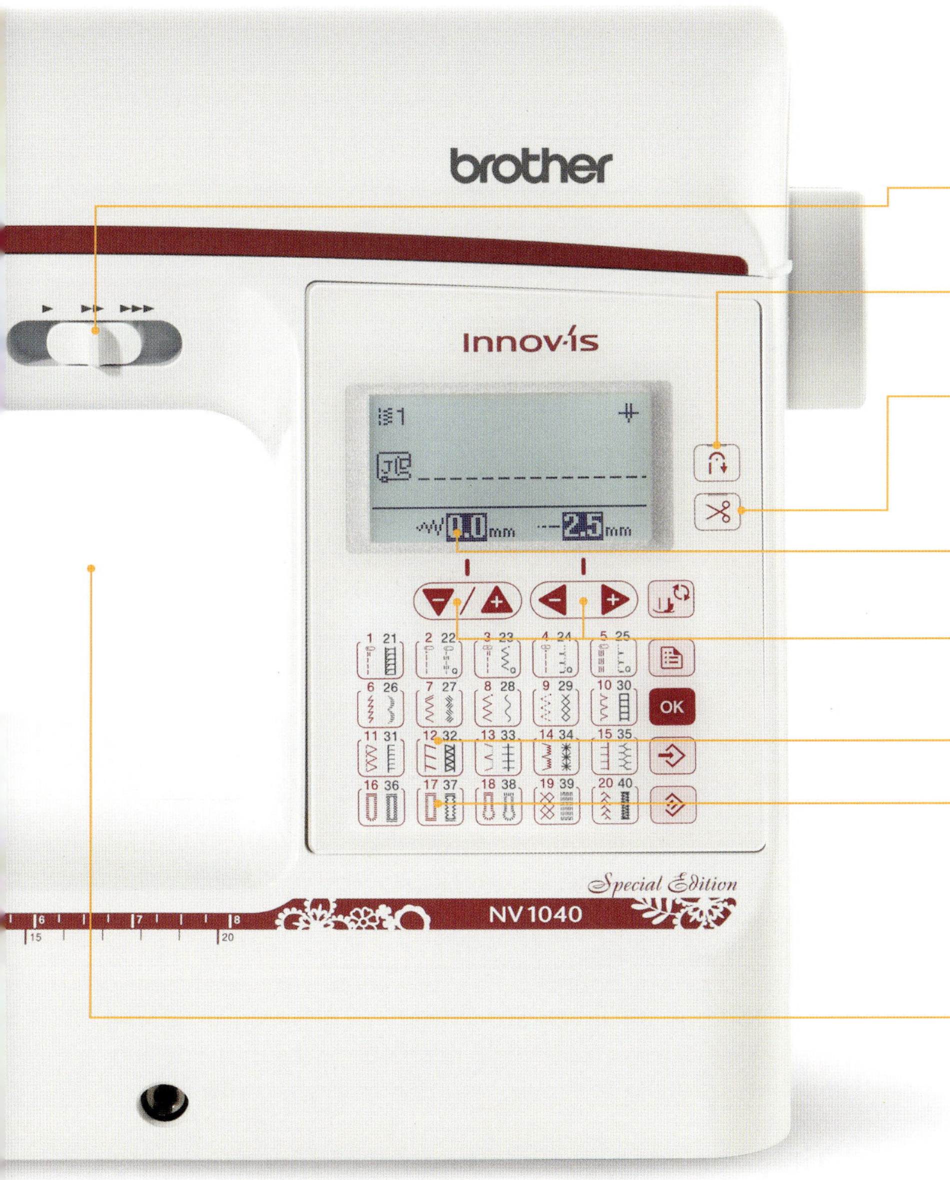

W książce prezentuję maszyny marki Brother, ponieważ to właśnie je wybrałem, prowadząc kursy szycia. Wiele moich kursantek zaczynało szycie na najtańszych maszynach, żeby sprawdzić, czy w ogóle ten temat je wciągnie. Lubiłem ten moment, gdy pierwszy raz zasiadały przed dobrą, szybką i cichą maszyną komputerową w mojej pracowni: „**Janek, ja się czuję tak, jakbym się przesiadła z syreny do mercedesa**". Dokładnie tak! Też tak się czułem, kiedy po latach szycia na maszynie mojej babci przesiadłem się na nową – opowiem o tym w historii na końcu rozdziału. Wracajmy do maszyn.

JAK DZIAŁA MASZYNA DO SZYCIA

W tej części rozdziału skupię się na ogólnych zasadach działania maszyny i wskazówkach technicznych, które pomogą ci wykonać pierwsze szwy. Każdy model ma unikatowe cechy, dlatego wspomagaj się instrukcją obsługi maszyny, np. podczas nawlekania nici. Mogą ci też w tym pomóc filmiki instruktażowe, które znajdziesz na stronie **maszynybrother.pl**.

Do zrobienia szwu są potrzebne dwie nitki: górna i dolna. Obie powinny być tej samej grubości, najlepiej, żeby pochodziły z jednej szpulki. Najpierw przygotuj dolną nitkę, przewlekając ją ze szpulki na maleńką szpulkę dopasowaną rozmiarem do maszyny. Każda maszyna ma specjalny mechanizm, który zrobi to szybko. Dolną nitkę umieść w bębenku. Zwróć uwagę na to, aby dobrze ją nawlec – musi wejść w szczelinę, która będzie ją naprężać podczas szycia. W każdej maszynie bębenek jest trochę inny i system nawlekania nitki może nieco się różnić, tu pomoże ci instrukcja obsługi. Górną nitkę nawlekasz bezpośrednio ze szpulki poprzez system prowadników na maszynie, a finalnie na igłę.

Podnieś stopkę do góry, wsuń pod nią materiał tak, aby po opuszczeniu cała stopka znajdowała się na materiale. Opuść stopkę i rozpocznij szycie. Podczas szycia materiał będzie przesuwany przez parę ząbków znajdujących się pod stopką, igła z górną nitką będzie się przebijać przez materiał i zagarniać, dzięki chwytaczowi, dolną nitkę. Łączenie między nitkami powinno wypaść wewnątrz materiału. Jeśli materiał jest cienki, to pętelki niestety mogą być widoczne na powierzchni materiału. Po skończeniu szwu podnieś igłę do góry, podnieś stopkę i wyciągnij materiał, odetnij nitki. Ot, cała filozofia!

Ważne » Zawsze zostawiaj około 10 cm nitek wystających z maszyny, wsuwaj je pod stopkę i układaj z tyłu. Dzięki temu górna nitka nie ucieknie z igły, a nitki nie splączą się podczas rozpoczynania szwu.

Ważne » Jeżeli zaczynasz szyć, a materiał się nie przesuwa, nie dociskaj mocniej pedału i nie szarp materiału. Przestań szyć, wyciągnij materiał i spróbuj jeszcze raz. Jeżeli na siłę będziesz próbowała zmusić maszynę do ruszenia, może powstać czop z nici, który trzeba będzie odciąć i rozkręcić maszynę, aby go wydobyć. A teraz nieco informacji o takich właśnie niespodziankach.

CO ZROBIĆ, GDY SZEW BRZYDKO WYGLĄDA

Pętelki na wierzchu. Mogą być dwie przyczyny pojawiania się pętelek na wierzchu tkaniny:

- górna nitka jest zbyt mocno naprężona, zmniejsz naprężenie (patrz: instrukcja obsługi maszyny);
- dolna nitka nie wskoczyła w szczelinę naprężającą ją podczas szycia.

Pętelki na spodzie. Pojawianie się pętelek na spodniej stronie tkaniny oznacza, że:

- górna nitka jest zbyt słabo naprężona – wyreguluj naprężenie nici;
- nitka na szpulce bębenka się zaplątała i stawia opór.

Szew się marszczy, gdy:

- nici są zbyt mocno naprężone;
- igła jest za gruba w stosunku do materiału;
- docisk stopki jest za duży.

Maszyna plącze nici pod spodem. W nowej maszynie może to oznaczać tylko jedno: nici, w szczególności górna, są źle nawleczone. Mogłaś pominąć jeden z prowadników. Trzeba przeprowadzić „reset maszyny", jak ja to nazywam, czyli wyciągnąć górną i dolną nitkę i od nowa uważnie nawlec. Zazwyczaj pomaga. Jeżeli coś takiego dzieje się w używanej maszynie, warto przedmuchać bębenek, aby usunąć kurz. Może to też niestety oznaczać, że maszyna się rozregulowała i wymaga serwisu. Możliwe też, że mała szpulka jest niewłaściwie umieszczona w bębenku.

Maszyna zrywa nici. Dokonaj resetu. Najczęstsze przyczyny to:

- na którymś z prowadników mogła powstać pętla na nitce;
- nici są źle nawleczone – mogłaś pominąć jeden z prowadników;
- szpulka została niepoprawnie umieszczona w bębenku.

Igła zaciąga nitki w materiale lub robi dziurki, maszyna łupie – są to oznaki stępionej igły.

Materiał nie przesuwa się, kiedy zaczynasz szyć. Najpierw upewnij się, że opuściłaś stopkę – wiem, to rada w stylu „proszę sprawdzić, czy telewizor jest podłączony do prądu" – ale na początku naprawdę to się zdarza. Poważniejsze przyczyny to:

- mogłaś przez przypadek schować ząbki transportowe – poszukaj w instrukcji informacji, gdzie znajduje się przełącznik wysuwający ząbki;
- najczęściej wynika to z tego, że szew zaczęłaś na krawędzi materiału i igła wbiła materiał do wnętrza maszyny, tworząc mały czop, o którym już wspominałem. Aby tego uniknąć, szyjąc delikatne i elastyczne materiały, zaczynaj szew zawsze około 3 mm od krawędzi. Jeśli czop już powstał, spróbuj wydobyć go z maszyny bez odcinania. Jeżeli się nie da, utnij krawędź materiału i wydobądź czop z bębenka. W ekstremalnych przypadkach trzeba odkręcić blaszkę nad ząbkami. Przy okazji wydmuchaj kurz!

CO TO JEST OWERLOK

Owerlok to maszyna, którą można szyć tylko na krawędzi. Ma nóż, który idealnie wyrównuje krawędź, a następnie zszywa ją i obrzuca, zabezpieczając przed pruciem. Nadaje to estetyczny i profesjonalny wygląd szwom. Maszyna ta została wyposażona w funkcje ułatwiające szycie dzianiny. Tak jak wspominałem w poprzednim rozdziale, dzianiny bardzo elastyczne, o luźnych swetrowych splotach oraz bardzo delikatne wymagają użycia owerloku. W kilku rozdziałach podam przykłady zastosowania tej maszyny, jednak każdą rzecz opisaną w tej książce możesz uszyć na zwykłej maszynie, dobierając odpowiednią dzianinę.

Wiele osób pyta mnie o „maszynę do szycia z owerlokiem". Odpowiadam wszem wobec: coś takiego nie istnieje. Są maszyny do szycia wyposażone w ścieg owerlokowy, czyli imitujący szew, który robi maszyna typu owerlok. Może on być używany do obrzucania krawędzi, jednak jest on mniej efektowny. Nie nadaje się do delikatnych i elastycznych materiałów. Do zwykłej maszyny można dokupić stopkę z nożem, jednak szwom wykonanym przy jej użyciu również daleko do jakości, jaką zapewnia maszyna owerlok.

Najpopularniejsze są owerloki czteronitkowe. Są też owerloki trzy- i pięcionitkowe, ale nie warto zawracać sobie nimi głowy. Maszyna czteronitkowa to optymalny wybór, ponieważ stosunek ceny do funkcji jest najlepszy. Jej unikalne cechy wymieniam w kolejności od najważniejszych.

Oczywistym i koniecznym wyposażeniem każdego owerloku jest:

- **bardzo ostry nóż**, który sam obcina i wyrównuje krawędzie materiału. Warto, aby była opcja szycia ze schowanym lub przynajmniej wyłączonym nożem;
- **mechanizm dyferencyjny** – materiał pod stopką jest prowadzony przez dwie pary ząbków: przednie i tylne. Mogą one pracować w różnym tempie, co powoduje marszczenie lub rozciąganie materiału. To podstawowa cecha potrzebna przy szyciu dzianiny, pomaga zniwelować elastyczność materiału, dzięki czemu szwy nie falują (opcja marszczenia), lub do wykonywania żabotów i falban (opcja rozciągania);
- **regulacja długości i szerokości ściegu**.

Dodatkowe bajery, które ułatwią ci pracę, to:

- **automatyczny nawlekacz dolnego chwytacza** – bez tego ułatwienia będziesz wznosić oczy do nieba, kiedy przyjdzie ci nawlec nici;
- **regulacja docisku stopki**;
- **ścieg rolujący** – opcja do wykańczania krawędzi bardzo cienkich materiałów;
- **zwalniacz naprężenia nici** – przy podniesionej stopce naprężenie nici przestaje działać, bardzo ułatwia to nawlekanie nici;
- **automatyczny nawlekacz igieł**;
- **wolne ramię**;
- **pojemnik na ścinki**;
- **stół powiększający obszar pracy**;
- **nożyk** z boku maszyny jest ułatwieniem, jednak w owerloku jest główny nóż, którym możesz obcinać nitki.

O szyciu i dostosowywaniu ustawień owerloku można by napisać osobną książkę. Uważam, że najlepszą opcją jest kupienie maszyny w sklepie, gdzie obsługa dokładnie cię przeszkoli i pozwoli przetestować maszynę. Na jej zakup warto się zdecydować, kiedy już wiesz, że szycie to przygoda, którą chcesz kontynuować.

A na deser coś dla pasjonatów i fanów zdobienia ubrań. Domowy miniploter ScanNCut. Umożliwia on precyzyjne i szybkie wycinanie elementów z różnych materiałów, co bardzo ułatwia pracę podczas tworzenia nadruków oraz aplikacji. W rozdziałach 8 i 10 pokażę, jak je wykonać ręcznie, jednak warto wiedzieć, że istnieje maszyna, która może ułatwić ci to zadanie. Więcej informacji znajdziesz na moim blogu **pracowniajanlesniak.pl** oraz na stronie **maszynybrother.pl**.

Koniec! Dosyć gadania, jesteś gotowa do szycia. Podekscytowana? Bo ja bardzo! Za chwilę rozpoczniesz naukę, wykonując pierwsze zadanie: prostą torbę na zakupy z tkaniny. Zanim jednak do tego przejdziemy, historia o tym, jak się przesiadałem do mercedesa.

Jest pierwsza w nocy i dopiero co skończyłem szyć prototypy na przymiarki. Tak, tak, o pierwszej w nocy szyję i nie martwię się o ciszę nocną, współlokatorów i sąsiadów! Jak to możliwe? Ano dzięki postępowi technologicznemu, jaki nastąpił za mojego życia.

Latem 2014 roku osiągnąłem chyba szczyt frustracji. W wieku 34 lat mieszkałem ze stadem studentów na obrzeżach Warszawy. Mimo ciągłych starań nikt nie kupował moich ubrań, oszczędności właściwie się skończyły, ratowały mnie dyskonty spożywcze i zamówienia od znajomych. Z terminem oddania zlecenia sapiącym mi nad uchem szyłem sukienkę dla Joli. Różowy szał, który Jolce miałem zawieźć do Krakowa następnego dnia. Kiedy wyglądało na to, że zdążę, i już zaczynałem luzować, nastąpiło nieuniknione: maszyna mojej babci, na której szyłem od zawsze, wysiadła! Kiedyś wyobrażałem sobie, że to się stanie w jakiś dramatyczny sposób, ale nie, ona w połowie szwu po prostu zerwała nitkę i już więcej nie wiązała.

pi pi pi pi pi pi piiiiiiiiiiiiiiiiiiiiiiiiiiiiiiiiiiii

Dokładnie tak. Najpierw się wściekłem, a potem wziąłem śrubokręt w garść i jak przystało na bohatera filmu, postanowiłem się nie poddawać. Bo, wierz mi, trudne chwile pomagała przetrwać fantazja, że to jest film i ja w nim gram, i wszystko, co się dzieje, to tylko perypetie spotykające mnie ku uciesze telewidzów. Kiedy tak patrzyłem na swoje życie, było mi łatwiej, bo filmy zawsze mają happy endy, przynajmniej te, które oglądałem. Poszarpałem trochę mechanizmem i w końcu dotarłem do śrubki w regulacji górnego naprężenia nici. Kiedyś już udało mi się reaktywować maszynę w ten sposób.

KRACH! Rozpadło się...

Jakieś 30 sekund wznosiłem ręce do nieba, w bezgłośnym wyrzucie, kompletnie załamany, dlaaaczegoooo mnieeeee tooo spotykaaaaa, chlip?! A potem prawdziwe uczucia wyszły na wierzch: WKURZYŁEM SIĘ! Nie zdołowałem, tylko właśnie wkurzyłem, i to ostro! No bo co to, kurde, jest?! Że się człowiek stara i co chwilę coś wysiada, i kłody pod nogi lecą, i mam to gdzieś! Waliłem w maszynę rękami, sypałem mięsem (na które w tej książce nie śmiem sobie pozwolić) i kopałem ścianę. A na deser się po-ry-cza-łem! Kiedy już skończyłem płakać, tak „po prostu" jak mój zabytek przestał działać, również ja „po prostu" stwierdziłem, że kupię nową maszynę. Choć zredukuje to resztki na moim koncie do miesiąca i pół życia. Wtedy już nie liczyłem waluty, liczyłem czas, jaki mi został, zanim trafię pod most. Uznałem, że skoro mam być jak

Harry Potter na eliksirze szczęścia, to czytam znaki i ufam. Lepiej kupić maszynę, póki mam za co, a już Bóg, życie, wszechświat czy aniołowie stróże albo Dziadek Mróz zadbają o to, bym odrobił ten wydatek. Wtedy nie pomyślałem, że po prostu Janek Leśniak może o to zadbać – miałem potrzebę złożyć siebie w ręce losu.

Okej, sytuacja wygląda następująco.

Godzina 15.00, maszyna babci rozkręcona i „rozpadnięta" leży na biurku, moje ręce w smarze (od grzebania w niej), sukienka Joli w połowie niezszyta! Padam na kolana przed ekranem komputera, który przenoszę na podłogę, gdy szyję, i wystukuję „maszyny do szycia Brother Warszawa". Bam! Okazuje się, że całkiem niedaleko jest sklep, w pięć minut wybieram model maszyny. Dzwonię, omawiam szybko z miłym panem moje potrzeby, doradza mi coś lepszego (i droższego oczywiście), ale można płacić tylko gotówką! FAK! A ja, żeby zabezpieczyć oszczędności przed sobą samym, nigdy nie wyrobiłem sobie karty do konta. Muszę dorwać bank.

Godzina 15.30, znajduję oddział, według Google'a kilka przecznic stąd. Liczę czas: 15 minut do banku, w banku 5 minut do godziny, zależy od kolejki, no i na szybkości do miłego pana od maszyn. Powinienem zdążyć na „tuż przed zamknięciem sklepu", jeśli wezmę samochód...

Porywam dowód rejestracyjny i kluczyki, odpędzając od siebie myśli o sukience Joli i kurczącym się czasie oraz natrętne brzęczenie asekuracyjnego rozsądku: „Przecież jak zawieziesz maszynę babci do naprawy, to zapłacisz 10 razy mniej, a maszyna jeszcze pociągnie. Poddaj się, olej to, przeproś Jolkę, w końcu to maszyny wina, a nie twoja, uszyjesz, jak naprawisz, takie szybkie decyzje są nieprzemyślane, NIE RYZYKUJ"!

A wała, mówi moja intuicja, kiedy wypadam z bloku z poczuciem, że każda minuta jest ważna. „Mogę naprawdę zdążyć, a spontaniczne decyzje są najlepsze". Wpadam do samochodu, a wraz ze mną dziki tuman styropianowych kuleczek z remontowanego bloku, pod którym parkuję. Wkładając kluczyk do stacyjki, przypominam sobie, że kilka dni temu zostawiłem samochód na światłach. Boże, żeby tylko odpaliłłłłł! Nawet nie stęknął...? Jak to? Tak pięknie szło?! Ech, to może na rowerze? Nieee, jak ja maszynę na rowerze? A poza tym, eh, już za późno. Oj, to jak skończę tę sukienkę? Eee, a kurde, coś się wymyśli. W sumie fajnie było się powściekać, a potem nakręcić. No trudno, kupię maszynę po powrocie z Krakowa. Najważniejsze, że decyzja już zapadła. No i uspokojony wróciłem, pogrzebałem w moim złomie, naprawiłem go kolejny raz i uszyłem sukienkę do końca. Dlaczego przy tym tak dramatyzowałem? No, szczyt frustracji to jedno, ale chyba potrzebowałem naprawdę dużych emocji, żeby się zdobyć na ryzyko zakupu nowej maszyny. Ta babci kiedyś wysiądzie na amen i lepiej nie czekać na ten moment.

Pojechałem z sukienką do mojego kochanego miasta. Jolka zaprezentowała się koleżankom, dzięki czemu dostałem kilka nowych zamówień. Przy okazji spędziłem dwa dni z najbliższymi mi ludźmi na świecie, z którymi szczerze się rozumiemy, przypomniałem sobie moje priorytety i nabrałem zdrowego dystansu. W końcu Warszawa to tylko okres w moim życiu. W dodatku okres, który mnie wzbogaca i niesamowicie rozwija, coś zupełnie nowego. No i poczułem się silny, bezpieczny, pełen energii i wiary. Przyjaciele, to jest to!

Kiedy wróciłem do stolicy, moje stresy związane z pieniędzmi wydały mi się tak mało istotne, że aż trudno mi było uwierzyć, że przez trzy miesiące spędzały mi sen z powiek. Nie wiedziałem, jak i dlaczego, ale czułem, że jakoś się to moje życie ułoży i z pewnością nie przyjechałem tu po to, żeby kończyć pod mostem. Pierwszą rzeczą po wysiadce z pociągu było wezwanie pomocy drogowej – żeby mi reaktywowali akumulator – a potem szuuur po maszynę. I tu muszę wykrzyczeć: KOCHAM POSTĘP TECHNOLOGICZNYYY! Stałem tam, w tym sklepie, a miły pan od maszyn pokazywał mi, co za cuda potrafi model, który mi polecił, i nawet pamiętał, że ze mną kilka dni temu rozmawiał. On prezentował, a ja znów byłem bliski płaczu. Coooo? To teraz tak wygląda szycie na maszynie? Jezu drogi! Toż to przecież każdy już może robić, te maszyny dzisiaj same szyją! Pik guziczek i jedzie, pik drugi i zakańcza, regulacja tempa szycia, NAWET SAMA NAWLEKA NITKĘ! A jakie ściegi, fiu, fiu! A jaka cichuteńka – żadnego stukania, walenia, tylko jak francuskie TGV (czytaj: teżewe) w porównaniu z koleją parową. Wzruszyłem się niemiłosiernie, zapłaciłem, a pani przy kasie tonem osoby, która też używa modelu ENV coś-tam, coś-tam, zapewniła mnie, że fantastyczną maszynę wybrałem i będę zadowolony. Co za piękny dzień. A na dodatek moja kochana babcia tak przejęła się tym, że jej wnuczek „na targowisku musi sprzedawać" (bo babcie nie rozróżniają targowiska i targów mody – i dlatego takie kochane są właśnie), że postanowiła „dać mi na benzynę", jak ona to nazywa. Za zamówienia z Krakowa odrobiłem maszynkę, a zamiast benzyny kupiłem nowe materiały. I pomyślałem sobie: „No rozkręci się, przecież zdolny jestem, wiadomo było od samego początku". Ale jak to u Leśniaka, odrobina histerii łamane przez odrobinę chaosu musi być.

Nie miałem wtedy pojęcia, że dzięki awarii mojej maszyny właśnie poznałem ludzi, z których wsparciem rozkręcę kursy szycia i bloga, bo wtedy jeszcze mi się nie śniło, że będę uczył innych, jak szyć.

ROZDZIAŁ 3

Uszyj prostą torbę na zakupy

ZADANIE 1.

Uszyj prostą torbę na zakupy

Dowiesz się:

- jak zszywać tkaninę na zwykłej maszynie;
- jak prowadzić materiał pod stopką podczas szycia;
- jak używać stopki do wykonywania szwu owerlokowego;
- jak zabezpieczyć krawędź materiału za pomocą szwu owerlokowego;
- jak w prosty sposób zrobić dno w torbie;
- jak przygotować uchwyty;
- jak wykańczać proste krawędzie w uszytej rzeczy.

Przygotuj:

- 80 cm tkaniny szerokiej na minimum 120 cm – torbę najlepiej szyć z płótna lub innej w miarę sztywnej tkaniny z czystej bawełny. Na początek unikaj tkanin z dodatkiem elastanu oraz elastycznych dzianin, dzięki temu szycie będzie prostsze, a torba zachowa formę i nie będzie się rozciągać pod ciężarem twoich zakupów;

» linijkę i metr krawiecki;
» mydło krawieckie lub pisak do materiałów, nożyce;
» nici w kolorze tkaniny i szpilki;
» sztywną kartkę, np. z bloku technicznego.

Twoim pierwszym zadaniem jest uszycie prostej torby. Na początek wyzwanie, do którego możesz podejść na luzie, ponieważ torba nie musi „dobrze leżeć". W związku z czym falujące szwy i inne niedokładności, związane z tym, że zasiądziesz przed maszyną pierwszy raz, nie będą ujmować efektowi. Użyłem kontrastowych nici po to, żeby szwy były widoczne na zdjęciach, jednak tobie na początek radzę dobrać nici w pasującym kolorze, żeby nie rzucały się w oczy. Dzięki temu nie musisz się spinać w dążeniu do prostych przeszyć. Jest to pierwsze zadanie, w związku z czym dokładnie opiszę każdą czynność, aby jak najlepiej wytłumaczyć osobom początkującym. W dalszej części książki opisy będą coraz bardziej skondensowane, ponieważ twoje zdolności i wiedza się powiększą.

Zacznij od przygotowania elementów składowych. Wytnij z tkaniny duży pas i dwa mniejsze paski o wymiarach podanych na **ilustracji 1**.

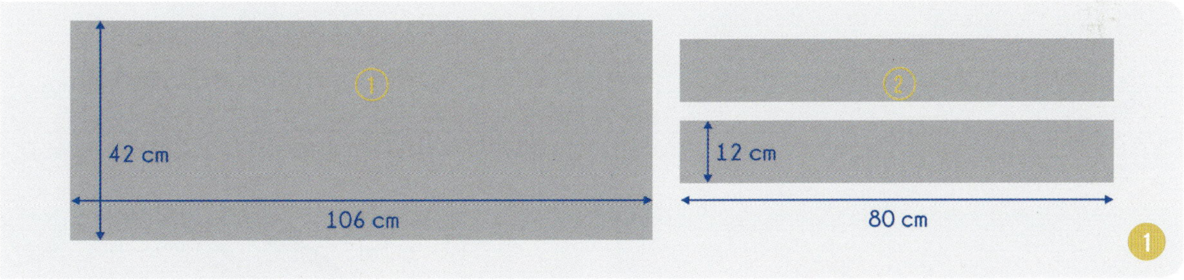

1

Ważne » Wytnij formy z materiału, zachowując nitkę prostą, o której pisałem w rozdziale 1. W przypadku prostokątów oznacza to, że ich krawędzie powinny się pokrywać z osnową i wątkiem w strukturze tkaniny.

Torba, którą uszyłem, ma szerokość około 40 cm i wysokość około 43 cm, uchwyty natomiast – szerokość 5 cm i standardową długość 72 cm. Jeśli szyjesz torbę pierwszy raz w życiu, sugeruję pozostać przy podanych wymiarach, żeby nie komplikować sobie zadania. Dla tych, którzy chcą zmienić rozmiar torby, wyjaśniam:

- szerokość dużego pasa to szerokość torby: 40 cm + 2 cm naddatku na szwy;
- torbę uszyjesz z pasa złożonego na pół, więc jego długość musi uwzględniać: wysokość torby, szerokość dna i naddatek na wykończenie krawędzi; wysokość to 43 cm + 6 cm naddatku na wykończenie podwójnym podwinięciem (patrz krok 5), co daje 49 cm. To długość na jeden bok, dlatego 49 cm pomnóż przez 2. Do wyniku 98 cm dodaj 8 cm – to szerokość dna torby;
- szerokość mniejszych pasków to szerokość uchwytu: 5 cm + 1 cm naddatku na szwy, co daje 6 cm; uchwyty wykonasz z podwójnej warstwy materiału, składając paski na pół, stąd pomnóż 6 cm przez 2;
- długość pasków to długość uchwytu: 72 cm + 8 cm naddatku na szwy (na mocowanie uchwytu do torby, na każdym jego końcu, zużyjesz około 4 cm).

» KROK 1.

Określ, która strona materiału jest prawa, czyli widoczna na zewnątrz. Jeżeli masz z tym kłopot, nie przejmuj się, to twoja decyzja. Na prawą wybierz tę stronę, która podoba ci się najbardziej. Złóż większy pas na pół tak, aby prawa strona tkaniny znalazła się wewnątrz (fot. 1).

Ważne » Jest to jedna z podstawowych zasad szycia – najczęściej, zszywając dwa elementy, będziesz je układać tak, aby stykały się prawymi stronami materiału, a szwy będziesz wykonywać na lewej stronie.

Zepnij szpilkami obie warstwy materiału tuż przy krawędziach. Najczęściej wbijam szpilki w poprzek szwu (fot. 2), jednak każdy wcześniej czy później znajduje swoją, najbardziej odpowiadającą mu metodę.

Rada » Zwróć uwagę, w którym kierunku będziesz szyć, i wpinaj szpilki tak, aby łatwo było je wyciągać w trakcie szycia, np. wzdłuż krawędzi materiału, główkami skierowanymi do ciebie, a ostrzami w kierunku stopki maszyny. Szpilki są ważne, ponieważ dzięki nim zszyjesz elementy równo. Każdy, komu nie chce się używać szpilek, wcześniej czy później pozna narzędzie zwane „prujką".

» KROK 2.

Zszyj boki torby. Wykonaj prosty szew wzdłuż spiętej krawędzi.

Ważne » Pamiętaj, aby zamocować szew na początku i na końcu. **Mocowanie** to przeszycie długie na trzy uderzenia igły do przodu, do tyłu i znów do przodu. Powinno być jak odruch Pawłowa, zawsze w ten sposób zaczynasz i kończysz każdy szew. Dzięki mocowaniu szwy nie będą się pruć.

Ustaw tkaninę pod stopką tak, aby kawałek materiału wystawał po prawej stronie stopki (fot. 2). Jeżeli igła jest ustawiona w pozycji na środku stopki, to szew wypadnie mniej więcej w odległości 1 cm od krawędzi. W trakcie szycia obserwuj krawędzie materiału i stopki. Prowadź tkaninę tak, aby cały czas spod stopki wystawał taki sam fragment. Pozwoli to łatwiej kontrolować, czy szew jest prosty, niż gdybyś obserwowała igłę. Zszyj w ten sposób prawy i lewy bok torby.

» KROK 3.

Teraz zabezpiecz naddatki na szwy przed pruciem. Zrób to, korzystając ze ściegu owerlokowego lub zygzak. Ułatwi ci to stopka do szwu owerlokowego (fot. 3). Na środku stopki znajduje się bolec, a około 1 mm od niego, po prawej stronie, pionowa blaszka blokująca. Ułóż tkaninę tak, aby obrzucana krawędź wystawała o około 1 mm po prawej stronie tego bolca – ułatwi ci to blaszka, która blokuje możliwość wsunięcia materiału głębiej pod stopkę. Wykonaj szew, igła będzie uderzać raz w tkaninę, raz tuż za jej krawędzią, przytrzymując w ten sposób splot nici na krawędzi tkaniny (fot. 4). Wykonując szew owerlokowy, nie musisz robić mocowania, ponieważ ten ścieg mocuje się sam w sobie, natomiast jeżeli szyjesz zygzakiem, wykonaj mocowanie.

3

4

» KROK 4.

Kiedy boki są już zszyte i zabezpieczone, pora wykonać dno. Chwyć warstwy wierzchnią i spodnią materiału na górnej krawędzi torby w połowie jej szerokości i rozciągnij je na boki (fot. 5). Torba złoży się na pół tak, że szwy znajdą się teraz na środku. Dolną krawędź wsuń do wewnątrz, dzięki temu ułoży się w kształt trójkąta (fot. 6 i 7). Uformuj ten trójkąt tak, aby był symetryczny.

5

6

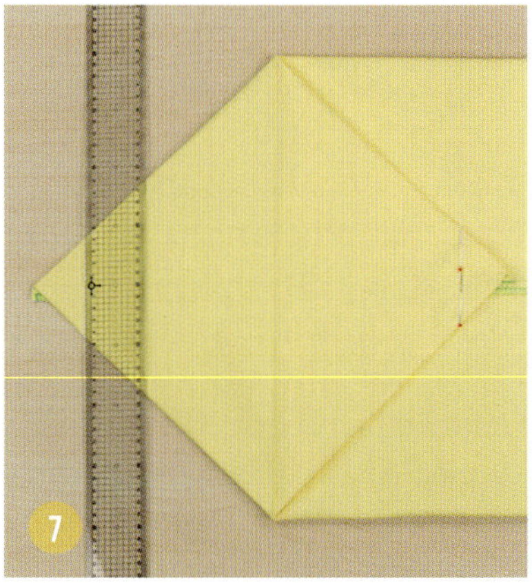
7

Teraz zrób przeszycie w poprzek trójkąta. Wykonaj je pod kątem prostym do poprzednich szwów na takiej wysokości, aby szew miał długość około 8 cm od krawędzi do krawędzi trójkąta (fot. 8). Wykonaj takie samo przeszycie na drugim rogu.

Po rozłożeniu torby do pozycji wyjściowej otrzymasz dwa rogi, które uformują dno torby (fot. 9). Jeżeli ten krok na początek wydaje ci się zbyt skomplikowany, pomiń go. Torba z płaskim dnem będzie wystarczająco dobra.

8

9

» KROK 5.

Czas na wykończenie górnej krawędzi torby. Wywiń ją z prawej strony na lewą o 3 cm i zaprasuj. Następnie wywiń ją kolejny raz o 3 cm, da to efekt zgrubionego rantu wokół otworu torby (fot. 10). Jeszcze nie zszywaj tego podwinięcia.

Ważne » Dwukrotne podwijanie krawędzi jest najprostszym sposobem wykańczania, jednak można je stosować tylko do prostych krawędzi, takich jak końcówki nogawek, rękawów czy dół spódnicy. Nie wykonuje się go na łukach, ponieważ powodowałoby zmarszczki. Jeżeli w przyszłości zechcesz zastosować takie wykończenie w ubraniu i jednocześnie uniknąć zbyt grubej, podwójnej warstwy materiału, możesz obrzucić krawędź szwem owerlokowym i podwinąć tylko raz.

» KROK 6.

Uchwyty. Najpierw zaprasuj dłuższe krawędzie pozostałych dwóch pasków materiału o 1 cm z prawej strony na lewą.

Rada » Aby ułatwić sobie wykonanie równych zaprasowań, weź sztywną kartkę lub cienki karton o prostej krawędzi. Ułóż go 1 cm od krawędzi paska, a następnie zaprasuj wystający fragment materiału na kartonik.

Następnie złóż pasek wzdłuż na pół i zaprasuj. Wcześniej zaprasowane krawędzie powinny się teraz równo pokrywać. Wykonaj przeszycie wzdłuż tych krawędzi, łącząc dwie warstwy paska (fot. 11). Koniecznie zepnij te warstwy szpilkami, żeby podczas szycia pasek się nie pomarszczył. Możesz też wykonać dodatkowe przeszycie na przeciwnej krawędzi paska. Jeżeli czujesz się już pewnie przy maszynie i chcesz szyć nićmi kontrastowymi, a zależy ci na prostych szwach, zerknij do ostatniej instrukcji (rozdział 16, finałowa bluza). Opisuję tam stopkę z prowadnikiem ułatwiającą wykonywanie ozdobnych przeszyć.

» KROK 7.

Zamontowanie uchwytów. Wykonany uchwyt wsuń pod rant torby zaprasowany w kroku 5. Wsuń tylko końcówkę na 1–2 cm i zepnij szpilką podwinięcie, uchwyt i warstwę torby (fot. 12). Optymalne położenie uchwytu to około 5 cm od boku torby. Upnij drugi uchwyt po drugiej stronie. Szpilkami zepnij podwinięcie z torbą.

Wykonaj szew na podwinięciu dookoła torby. Szyj, ustawiając stopkę blisko dolnej krawędzi podwinięcia, czyli tej, pod którą wsunęłaś pasek. Regulując położenie igły, wykonaj szew około 0,5 cm od tej krawędzi tak, aby zszyć podwinięcie z torbą, jednocześnie przyszywając uchwyty (fot. 13). Na razie są przyszyte wewnątrz torby i skierowane w dół.

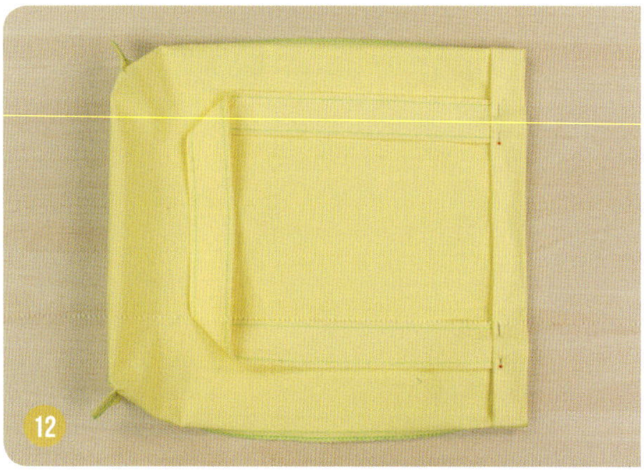

12

13

Teraz zaprasuj uchwyty do góry i zepnij je szpilkami z torbą (fot. 14). Wykonaj przeszycie dookoła podwinięcia, blisko jego górnej krawędzi. Tym razem przyszyjesz uchwyty położone we właściwym kierunku (fot. 15).

14

15

Wywiń torbę na prawą stronę. GOTOWE!

Gratuluję ci pierwszego dzieła! Bardzo proszę, bądź dla siebie wyrozumiała i nie przywiązuj dużej wagi do krzywych szwów, jeżeli jakieś się zdarzyły, w końcu to pierwsza rzecz przez ciebie uszyta. Wskazane odczucia to duma i radość. To co? Teraz na zakupy chodzisz z własnoręcznie uszytą torbą!

PODSUMOWANIE

» Uszyłaś swoją pierwszą torbę. WOW, świetna rozgrzewka.

» Wiesz już, jak spinać zszywane elementy, aby nic się nie przesunęło.

» Wiesz, jak prowadzić materiał pod stopką, aby wykonać równy szew na tkaninie.

» Wiesz, jak zabezpieczyć krawędzie przed strzępieniem i jak korzystać ze specjalnej stopki.

» Poznałaś najprostszy sposób wykańczania krawędzi – podwijanie.

Jeśli chcesz swoją torbę jeszcze podkręcić, zerknij do rozdziału 8, gdzie dowiesz się, jak wykonać na niej nadruk. A jeżeli podoba ci się stylizacja Ewy na zdjęciu otwierającym rozdział, zajrzyj na mojego bloga. Znajdziesz tam instrukcję szycia różowej sukienki. Wymaga ona tylko czterech szwów i wiem, że po uszyciu tej torby spokojnie sobie z nią poradzisz. Jeżeli nie czujesz się jeszcze na siłach, wykonaj kolejne zadania z książki. Myślę, że po rozdziale o bluzce oversize poczujesz się już gotowa do takich wyzwań. W rozdziale 12 postawię przed tobą zadanie uszycia sukienki na podobnej bazie, jednak bardziej skomplikowanej w szczegółach i wykończeniach.

Przy okazji torby opowiem, jak to się stało, że zacząłem przygotowywać instrukcje szycia – bo od torby się właśnie zaczęło. Nie będzie to chronologiczny układ zdarzeń, ale kto powiedział, że taki musi być?

Pamiętasz miłego pana od maszyn z poprzedniej opowieści? Kiedy kilka miesięcy później nieśmiało prowadziłem już pierwsze indywidualne zajęcia z szycia, napisałem do niego e-maila z pytaniem dotyczącym maszyny. W podpisie pod wiadomością automatycznie pojawiał się adres mojego bloga, na którym pierwszy post dumnie informował o moich „korepetycjach z szycia", jak je wtedy nazywałem, otwierany zdjęciem mojej nowej maszynki. Kilka dni później dostałem e-maila od szefowej miłego pana z informacją, że jest jej bardzo miło, iż „w mojej szkole" używam właśnie ich maszyn, w dodatku pokazuję ich produkt na mojej stronie. Nooo tego, tam, jakby to powiedzieć. Jest kilka dziewczyn na mieście, którym pokazuję, jak uszyć spódnicę z koła, ale szkołą to ja bym tego nie nazwał.

Szefowa miłego pana nie zraziła się małym zasięgiem i zaproponowała spotkanie, aby porozmawiać o współpracy. Nieco zdezorientowany uznałem, że należy chwytać okazję! No bo wiadomo, te znajomości i kontakty, o których wszyscy w stolicy gadają. Trzeba się poznawać, bywać, wymieniać wizytówki i uprzejmości, nawiązywać współpracę i odnosić sukcesy. Najlepiej spektakularne i szybkie, katalizowane przez sieć twoich kontaktów. Wtedy jeszcze bardzo zagubiony w energii Warszawy byłem jednym z tych „sztywnych, którzy wyglądali, jakby połknęli kij", myśląc, że tak właśnie odnosi się sukcesy w centrum wszechświata. Tak na wszelki wypadek dodam, że uwielbiam to miasto, ale po kilku latach nabrałem do niego zdrowego dystansu, kij jest już dawno strawiony. W każdym razie przejęty i zaskoczony tym, ile jedno zdjęcie na blogu może zdziałać, pojechałem na spotkanie, czując, że mam do czynienia z dobrymi ludźmi. Nie myliłem się.

Tak poznałem Małgosię, Macieja i dowiedziałem się, że miły pan od maszyn ma na imię Marcin. Dowiedziałem się też o istnieniu magazynu o rękodziele, w którym zamieszczali teksty, oraz poznałem masę różnych przyrządów, urządzeń i akcesoriów, jakie dziś można wykorzystać samemu, szyjąc i projektując ubrania. Otworzyły się przede mną niesamowite możliwości! Czułem się, jakbym stał u wybrzeży oceanu i wsiadał na wielkiego frachtowca, po tym jak przez 10 lat zapylałem po świecie mody w małym czółnie, mając do dyspozycji ścieg prosty i zygzak w maszynie mojej babci oraz pieczątki z ziemniaków do upiększania swoich projektów.

Małgosia wpadła na pomysł, że skoro jestem projektantem, to może bym pokazał ich klientom, jak coś fajnego uszyć, np. opracował instrukcję szycia TORBY NA ZAKUPY. A ja oczywiście niesamowicie zapaliłem się do tego pomysłu. Wtedy jeszcze nie wiedziałem, że istnieje cały świat, w którym ludzie dzielą się swoją wiedzą i doświadczeniem w szyciu, i nigdy w życiu nie widziałem tutorialu na oczy. Miałem aparat, dwie słabe lampy, nową maszynkę i pomysł. Pomyślałem, że sama torba to taka trochę bieda, przydałoby się coś więcej. Postanowiłem dodać aplikację. Pracowałem z zapałem cały dzień, potem czyściłem zdjęcia i przygotowywałem opis. Ponieważ jeszcze kompletnie nie czułem tematu kolorowych instrukcji szycia i kultury hand made, pierwszy zestaw zdjęć okazał się nietrafiony, było zbyt graficznie i minimalistycznie. Wysłuchałem uwag i niezrażony zacząłem od nowa, tym razem łącząc kwieciste wzory z różowo-fioletową aplikacją w kształcie litery „A", przegiąłem chyba w drugą stronę. Udało się! Zdjęcia się spodobały i kilka tygodni później mój pierwszy tutorial ujrzał światło dzienne, w dodatku trafił do druku. Byłem bardzo zadowolony i podekscytowany zupełnie nową formą działania, w której mogłem wykorzystać swoje umiejętności. Od razu zaplanowaliśmy materiał do kolejnego wydania magazynu, tym bardziej że głowa zaczynała mi kipieć pomysłami.

Okazało się, że niesamowitą frajdę sprawiało mi pokazywanie innym, jak można samemu uszyć naprawdę fajne rzeczy, i że szycie wcale nie jest trudne. Roznosiło mnie i musiałem dać ujście tej energii, chyba dlatego kilka miesięcy później prowadziłem już regularnego bloga o szyciu. A moją pracownię wypełniały sprzęty z frachtowca. To naprawdę zaskakujące, jak przypadki naprowadzają nas na właściwą drogę. Jednak zanim poczułem, że na tej drodze już jestem, przeżyłem kilka naprawdę trudnych miesięcy pełnych poszukiwań i chybionych pomysłów, o których opowiem w kolejnych historiach.

ROZDZIAŁ 4

Zdejmij
miarę

ZADANIE 2.

Zdejmij miarę

Dowiesz się w nim, jak zmierzyć na ciele odpowiednie odcinki, które pomogą ci w kolejnych rozdziałach stworzyć wykroje na swój wymiar.

Przygotuj:

» metr krawiecki;

» linijkę;

» kawałek tasiemki do zawiązania w talii.

Aby uszyć ubranie na miarę, najpierw trzeba tę miarę zdjąć z sylwetki. Jeżeli zamierzasz szyć coś dla siebie, poproś kogoś o pomoc, ponieważ nie wszystkie wymiary uda ci się zmierzyć samej. Aby nie komplikować ci życia, opiszę w tym rozdziale tylko to, czego będziesz potrzebować podczas szycia ubrań opisanych w tej książce. Sylwetkę można zmierzyć bardziej szczegółowo, ale nie ma sensu zaprzątać sobie głowy wymiarami, których nie użyjesz.

Generalnie jednak im dokładniej uda ci się zdjąć opisane wymiary, tym mniej poprawek czeka cię podczas szycia. Całe szczęście dzianina, z której będziesz szyć, jest elastyczna, w dodatku formy, które proponuję, nie są obcisłe. Dlatego drobne niedokładności przy zdejmowaniu miary nie powinny mieć większego wpływu na efekt.

Ważne » Aby dokładnie zdjąć miarę, ubierz się w rzeczy dopasowane do sylwetki. Podczas mierzenia staraj się stać w naturalnej pozycji, nie prostuj się przesadnie, ale też nie garb zbytnio.

Rada » Zacznij od wyznaczenia tak zwanej talii faktycznej, czyli najwęższego obwodu sylwetki. Jest to miejsce, do którego odniesiesz kilka wymiarów, dlatego zawiąż tasiemkę wokół swojej talii. Większość osób odruchowo lokuje talię nieco na biodrach, natomiast najwęższe miejsce w sylwetce wypada między żebrami a kośćmi miednicy, to tutaj powinna być tasiemka. Upewnij się, patrząc z boku na sylwetkę, czy z przodu i z tyłu tasiemka jest na tym samym poziomie.

Przez ostatnie lata, podczas kursów szycia, zmierzyłem wiele kobiet o przeróżnych sylwetkach. Zauważyłem, że w przypadku większości wymiarów występują niewielkie różnice pomiędzy sylwetkami. Dzięki temu można określić widełki dla prawie każdego z nich. To, co odróżnia nas najbardziej, to wzrost, obwód biustu, talii i bioder, plus każdy z nas ma przynajmniej jeden wyjątkowy wymiar, który wypada poza widełkami.

Ważne » Dla większości odcinków podam widełki, w których najczęściej mieści się dany wymiar. Nie oznacza to, że nie może być większy lub mniejszy. Jest to raczej podpowiedź i forma kontroli. Jeżeli coś wypada poza widełkami, przyjrzyj się mierzonej osobie i oceń, czy to możliwe. Na przykład, jeśli obwód szyi, który zmierzysz, wynosi 33 cm, a widełki to 34–38 cm, przyjrzyj się, czy osoba, którą mierzysz, ma sylwetkę z wyjątkowo szczupłą szyją. Dzięki widełkom możesz się upewnić, czy zdejmujesz miarę poprawnie.

Zaczynamy. Spójrz na **ilustrację 1** (następna strona). Opisując wymiary, podam nazwę i skrót, którym będziemy się posługiwać podczas tworzenia wykroju w rozdziale 6.

ZDEJMIJ MIARĘ, MIERZĄC NASTĘPUJĄCE ODCINKI

A – obwód szyi **OS**. Mierz u podstawy szyi. Dostosuj metr krawiecki tak, aby nie ściskać go za mocno. Jest to odpowiednik obwodu wąskiego, mocno dopasowanego dekoltu. Widełki: 34–38 cm.

B – głębokość pachy **GŁP**. Wsuń linijkę pod ramię, dociśnij w górę do pachy i upewnij się, że jest w poziomie. Zmierz odległość od krawędzi linijki z przodu pachy, przez środek ramienia, do krawędzi linijki z tyłu pachy. Wynik podziel na pół. Widełki: 15–19 cm.

C – szerokość barków **SB**. Jest to odległość od brzegu ramienia do brzegu ramienia. Mierz ją, układając metr krawiecki w linii prostej przed sylwetką, nie kładź na ciele. Ten wymiar decyduje o tym, gdzie wypadną szwy łączące rękaw i ramię. Widełki: 36–40 cm.

D – szerokość przodu **SP**. Jest to odległość między pachami. Mierz, kładąc metr krawiecki na ciele, nad biustem. Ważne, aby nie wsuwać go pod pachy, jedynie zmierzyć odległość między szczelinami tworzącymi się na skórze tuż nad pachą. Widełki: 30–34 cm.

E – obwód gorsu **OG**. W krawiectwie biust określa się mianem gorsu. Mierz obwód, układając metr krawiecki na biuście, w najbardziej odstającym miejscu. Podczas mierzenia upewnij się, że metr nie zsunął się na plecach poniżej najszerszego miejsca biustu. Nie podaję widełek, ponieważ to indywidualny wymiar, nie ma standardu.

F – obwód talii **OT**. Mierz obwód w miejscu, gdzie zawiązałaś tasiemkę – to najwęższy punkt tułowia. To również wymiar bez widełek.

G – długość ręki **DŁR**. Mierz od brzegu ramienia, czyli od miejsca, gdzie zaczyna się SB, do pożądanej długości rękawa. Ten wymiar dopasuj do swoich oczekiwań.

H – szerokość tyłu **ST**. Odpowiednik SP na plecach. Mierz odległość od szczeliny pachy do szczeliny pachy, układając metr krawiecki na ciele i nie wsuwając go pod pachy. Widełki: 32–37 cm.

I – długość tyłu od siódmego kręgu **DTS** lub po prostu długość pleców. Zacznij od zlokalizowania siódmego kręgu. Schyl głowę do przodu, na szyi z tyłu najbardziej wystający krąg to właśnie siódmy. Jest to odpowiednik dna dopasowanego dekoltu, na grafice zaznaczyłem go zielonym punktem. DTS to długość od tego kręgu do talii, czyli do tasiemki zawiązanej w pasie. Widełki: 36–40 cm.

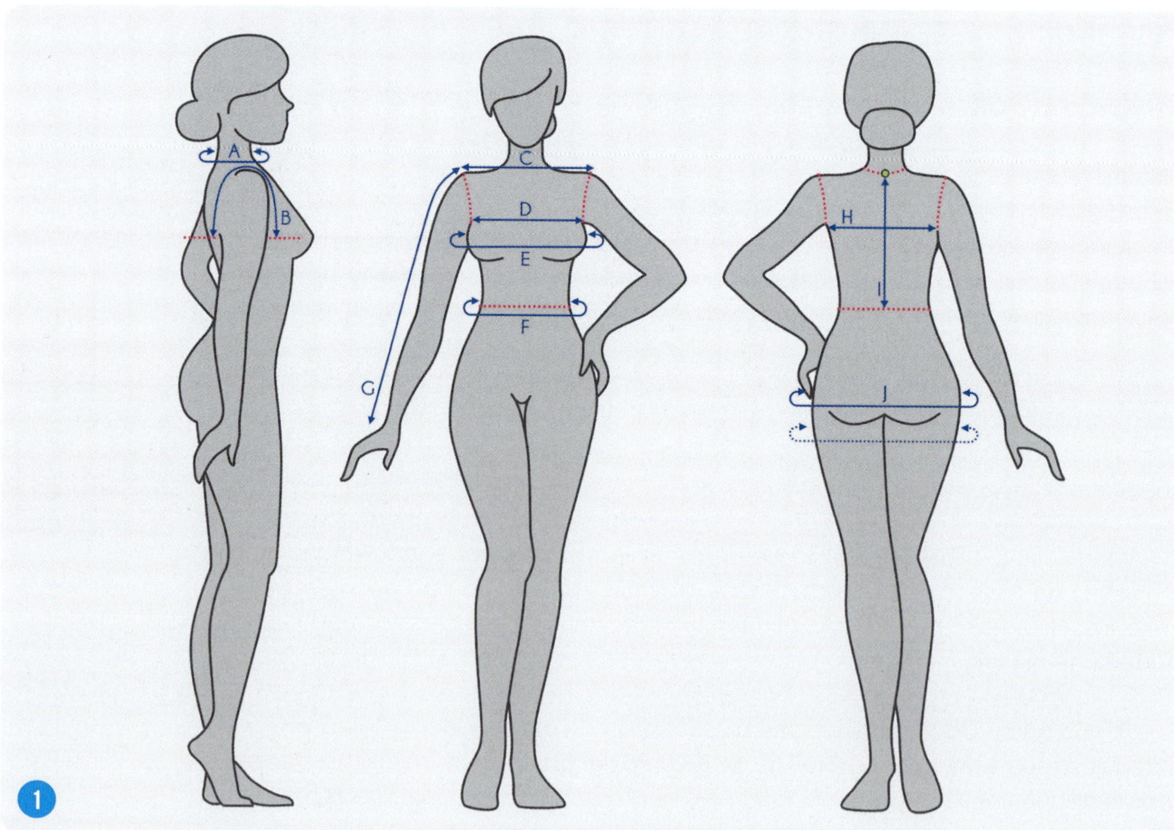

J – obwód bioder **OB**. Zacznij mierzyć na wysokości pupy, jednak przesuń miarę krawiecką też przez uda, w razie czego poszerzając ją. Chodzi o zmierzenie najszerszego obwodu, który często wypada na udach. Tu również nie podaję widełek, ponieważ to wymiar najczęściej różniący sylwetki kobiece.

Spójrz na **ilustrację 2**, na której są pokazane wymiary, które musisz ustalić, projektując swoje ubrania.

K – długość bluzki lub sukienki. Znajdź tak zwany najwyższy punkt barku **NPB**, który zaznaczyłem na grafice różową strzałką. Jest to punkt na łuku między ramieniem a szyją, dokładnie na granicy przodu i tyłu. Tu, gdzie na ramieniu układa się dopasowany dekolt w bluzce. Przyłóż metr krawiecki do NPB i mierz długość, układając go na biuście i potem swobodnie w dół. W długości musisz ująć biust, ponieważ bluzki i sukienki bez zaszewek podnoszą się na biuście. W formach oversize nie robimy zaszewek.

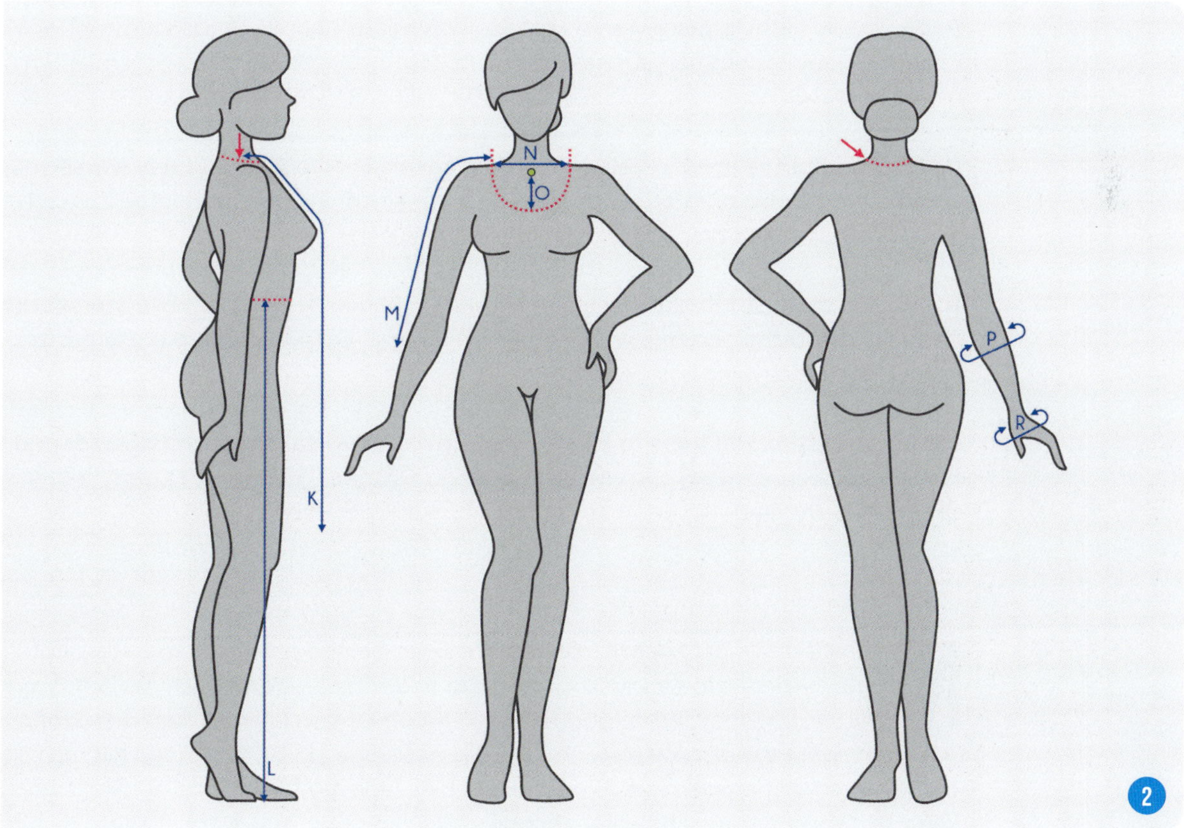

2

L – długość od talii. Jeżeli na wykroju zaznaczysz linię talii (patrz rozdział 6), wówczas długość możesz mierzyć również od tasiemki zawiązanej w talii, w dół, po biodrze.

M – długość ręki mierzona od dekoltu. Do niektórych form łatwiej ustalić pożądaną długość rękawa, mierząc ją od końca dekoltu. W tym celu najpierw musisz ustalić szerokość dekoltu (patrz kolejny krok).

N – szerokość dekoltu. Zaplanuj szerokość swojego dekoltu, mierząc odległość od ramienia do ramienia, nie układaj metra krawieckiego na ciele, trzymaj go w linii prostej przed sylwetką.

O – głębokość dekoltu. Aby ustalić głębokość dekoltu, przyłóż metr krawiecki do dołka między obojczykami i mierz w dół. Ten dołek (zaznaczony na grafice zieloną kropką) to punkt odpowiadający dnu dopasowanego dekoltu przodu. Mierząc w ten sposób, określasz, ile centymetrów chcesz go pogłębić.

Rada » Aby ułatwić planowanie kształtu i rozmiaru dekoltu, włóż ciemny T-shirt i mydłem krawieckim narysuj na sobie wymarzony dekolt. To ułatwi ci zmierzenie odcinków N i O.

P – obwód dołu rękawa. Ustalając długość rękawa, zmierz obwód ręki w miejscu, gdzie się on skończy. Wprowadzając ten wymiar do wykroju, pamiętaj, że trzeba dodać co najmniej 1 cm, aby rękaw nie był zbyt ciasny.

R – obwód dłoni. Jeżeli planujesz długie rękawy, pamiętaj, że muszą być szersze niż nadgarstek, aby swobodnie wsunąć do nich dłonie. Obwód dłoni mierz w najszerszym punkcie, czyli na kostce kciuka.

I to już wszystko. Nie takie to trudne, jak mówią, prawda? Nauczyłaś się zdejmować miarę, jesteś zatem gotowa do kolejnego zadania – uszyjemy razem pierwsze ubranie na wymiar!

OPOWIEŚĆ

Najpierw jednak, przy okazji mierzenia, muszę głośno powiedzieć, że ten, komu do głowy przyszło uznać, iż 90/60/90 to wymiary idealne, chyba nigdy nie skusił się, aby spojrzeć do podręcznika anatomii. Mam tajemny zeszyt, w którym zapisuję wymiary moich klientek. To taka czarna księga, do której wglądu nie ma nikt oprócz mnie. Zapewniam, że nie istnieje w niej zapis 90/60/90, bo w całej swojej karierze projektanta nie spotkałem osoby o takich proporcjach. A zmierzyłem na tyle dużo sylwetek, żeby dziś podczas nauki zdejmowania miary z łatwością korygować pomyłki moich kursantek, rzucając hasłami w stylu: zmierz jeszcze raz, wyglądasz mi na szyję 35. Zazwyczaj oceniam trafnie. Jednak nie zawsze tak było. Wiele razy zdarzyło mi się dokładnie zmierzyć klientkę i przeżyć z nią wspólne załamanie podczas pierwszych przymiarek! Tak było z sukienką Jolki, o której już wspominałem. Jednak prawie każdy błąd w mierzeniu można poprawić, pod warunkiem że polegał on na zawyżeniu, a nie na zaniżeniu rozmiaru.

Po dopasowaniu sukienki Jolka wyglądała tak dobrze, że wracałem od niej do Warszawy z nowymi zleceniami. Jak już wiesz, kupiłem nową maszynę, a że zbliżało się otwarcie showroomu, iskry miały lecieć spod igły. Postanowiliśmy dać znać światu, że oto „na modowej mapie Warszawy pojawia się nowe miejsce", jak określiliśmy to w nieco egzaltowanym zaproszeniu. No ale w PR podobno chodzi o emocje, emocje i jeszcze raz emocje, duuużo emocji! Pozostało jeszcze uszyć kilka szałowych kiecek, żeby emocje sięgnęły zenitu i warszawskie wyrocznie modowe nas pokochały. Kim są te wyrocznie, nie wiem do dziś, ale wtedy mieliśmy nadzieję, że są na liście adresów, która jakimś cudem wpadła nam w ręce. Uruchomiliśmy wszystkie, jakże mierne, kontakty i zapraszaliśmy kogo się da!

Zlecenia, zaproszenia, codzienne ataki paniki mieszane z ekscytacją zebrały żniwo. Zbliżał się długi weekend i zamierzałem spędzić go przy maszynie. Zamiast tego spędziłem go z serialem i butelką wódki pogrążony w niemocy twórczej. Wyrwał mnie z niej telefon Agi, koleżanki z grupy projektowej. „Szyjesz?! Został tydzień, a ja nic nie mam!". To były pierwsze słowa, które do siebie wykrzyczeliśmy równocześnie. Bardzo fajnie jest być w tej samej akcji ze znajomymi, można się wspierać i razem śmiać z własnej paniki. To naprawdę motywujące. Po rozmowie z Agą ruszyłem do działania, wierząc, że jakimś cudem jednak uszyję kilka szpanerskich sukienek na to otwarcie.

Kiedy nadszedł wielki dzień, udało nam się zapełnić nasz przybytek nienachalną, czyli bardzo wskazaną liczbą ubrań. Drżącymi rękami napełnialiśmy kieliszki trunkiem i wrzucaliśmy do nich truskawki, żeby było dizajnersko i że to niby prosecco, a nie najtańsze wino z hipermarketu. Nie mieliśmy pojęcia, czy pojawi się ktokolwiek oprócz znajomych. Z jednym wyjątkiem, Aga dostała potwierdzenie od DZIENNIKARKI MODOWEJ, wow! Nie wiedziałem wtedy, że wystarczy wysmarować dwa teksty w internecie o ostatnim pokazie jakiegoś projektanta i już można nazwać siebie dziennikarką modową. Bo taka właśnie była ta, która nam się trafiła.

Nie mogła znaleźć lokalu, więc zadzwoniła. Wiedząc, że nadchodzi, być może wyrocznia modowa, czekaliśmy w napięciu – do dziś pamiętam wielki cień, który pojawił się na korytarzu. Nie byłem pewien, co widzę, aż w końcu światło padło na postać zbliżającą się z gigantycznym pluszowym delfinem... Ale o co chodzi? Moja pierwsza myśl: „aaaach, to teraz takie rzeczy trendsetterki noszą na eventy, maskotki rozmiaru człowieka, yhmyyyy". Ja pitolę! W tamtym czasie nadal byłem jeszcze w fazie, gdy wydawało mi się, że Warszawa działa na jakichś innych zasadach niż reszta świata. Byłem autentycznie gotów uwierzyć, że wielki pluszowy delfin to jakaś nowa moda. Boże, jaki byłem spięty i zagubiony. Nasza wyrocznia przywitała się i nieco zblazowanym tonem zapytała, jakich celebrytów się spodziewamy. Po czym omiotła showroom wzrokiem w tym samym czasie, gdy my parsknęliśmy niepowstrzymanym śmiechem. Stres, ten delfin, celebryci i nasz pokój wynajęty w zapyziałej kamienicy na czwartym piętrze – to wszystko stało się nagle tak absurdalne, że jedyną zdrową reakcją mógł być tylko śmiech. Wyrocznia nieco zmieszana chwilę jeszcze zachowała wyniosłą pozę, aż w końcu dotarło do niej, że nie trafiła na otwarcie wypasionego butiku, ale na bandę amatorów, podobnie jak ona, nic nieznaczących w wielkim świecie. I to było bardzo przyjemne, bo i my, i ona wyluzowaliśmy i zaczęliśmy przyjaźnie gadać. Okazała się sympatyczną dziewczyną, która po naszej imprezce wybierała się na urodziny siostrzeńca, stąd delfin (ulżyło mi). Doradziła nam, jak następnym razem zorganizować podobną imprezę. Przede wszystkim musi być gwiazda! Bo w stolicy nikt dla nas istotny się nie pofatyguje na event bez gwiazdy. Więcej nie zdążyliśmy się dowiedzieć, bo zaczęli się schodzić goście. Dzikich tłumów nie było, ale tu i ówdzie pojawili się OBCY! Znaczy się ktoś jednak postanowił poznać to „nowe miejsce na modowej mapie Warszawy". Niby super, ale czułem, że nigdy więcej ich nie zobaczę. W głębi duszy byłem rozczarowany. Zobaczyłem, jak naiwnie wierzyłem, że coś się wydarzy i moja nieszczęsna przygoda z byciem niezależnym projektantem nabierze w końcu wiatru w żagle. Zamiast tego kolejny raz poczułem zawód. Było to już dobrze znane mi uczucie. Pierwszy raz poczułem je kilka lat wcześniej podczas jednej z początkowych edycji Polskiego Tygodnia Mody. Wynająłem tam stoisko przekonany, że oto wezmę udział w święcie polskiej mody i będę mógł zaprezentować to, co mam do zaoferowania jako projektant. Na miejscu bardziej doświadczeni koledzy po fachu szybko sprowadzili mnie na ziemię, opowiadając, że trzeba bywać na wszystkich imprezach modowych, żeby ludzie w końcu zaczęli cię kojarzyć, i może wtedy zaczną patrzeć na twoje projekty. Ojej, to nie jest tak, że goście tutaj przychodzą po wyjątkową modę i poznać ciekawych ludzi? Co do samej imprezy nie miałem zastrzeżeń, była dobrze zorganizowana, jednak poraziło mnie środowisko, w którym się wtedy znalazłem. Świetnie określił to kolega ze stoiska obok, nazywając „morzem pretensji" tłum przechadzający się wśród stoisk w przerwach między pokazami. Okazało się, że autentyczność, prawda i radość są w świecie mody towarem na wagę złota. Zaskoczyła mnie wtedy trafność spostrzeżenia mojego przyjaciela, który mnie wspierał na stoisku: „Myślałem, że zobaczę tu pasję i nakręconych, wyjątkowych ludzi, a mam wrażenie, że tu jest mnóstwo ukrytego smutku". Byłem też rozczarowany sobą, a raczej tym, że nikt nie zwracał uwagi na uszyte przeze mnie ubrania, w które włożyłem tyle serca. To był pierwszy z masy kubłów zimnej wody, jaki moda wylała na moją głowę. Otwarcie naszego showroomu było kolejnym z nich.

Im więcej się starałem, im więcej targów modowych odwiedzałem, tym mocniej czułem, że coś tu jest nie tak. Kompletnie nie pasuję do tego świata i chyba nie chcę pasować. W końcu do mnie dotarło, że jeżeli chcę, aby ludzie zainteresowali się moimi ubraniami, nie mogę się sugerować ani celebrytami, ani targami, ani trendami, ani modą w ogóle. Żeby zrobić coś naprawdę wyjątkowego, trzeba być autentycznym. Przyszła pora na MODOWY ODWYK. Nie miałem pojęcia, co dalej, przecież przyjechałem do Warszawy ubierać kobiety.

Ten trudny czas pomogły mi przetrwać moje pierwsze prawdziwe klientki. Nie chodziło o pieniądze, ale o gasnącą wiarę, że to, co projektuję, ma wartość. Nadzieję i poczucie sensu dawały mi pojedyncze zdarzenia, jak telefon od Krysi (notabene poznanej na Tygodniu Mody):

„Janek, słuchaj, właśnie idę na wernisaż i włożyłam tę sukienkę, no tę, co się jej bałam trochę. Słuchaj, idę Chmielną, sukienka tak niesamowicie fajnie faluje, czuję się bosko! I słuchaj, ludzie na mnie patrzą! AAA, mam ochotę olać wernisaż i już tylko chodzić po tej Chmielnej tam i z powrotem".

Dla takich chwil zaciskałem zęby i szyłem dalej. W końcu coś musiało się udać!

ROZDZIAŁ 5

Skrój i uszyj bluzkę typu nietoperz

ZADANIE 3.

Skrój i uszyj bluzkę typu nietoperz

Dowiesz się:

» jak zszywać dzianinę na zwykłej maszynie ściegiem zygzak;
» jak przygotować prostą formę na bluzkę;
» jak planować dodatki na szwy;
» jak kroić materiał;
» jak wykonać ściągacz z gumą;
» jak podwijać rękawy;
» jak, w prosty sposób, wykończyć dekolt szeroką listwą.

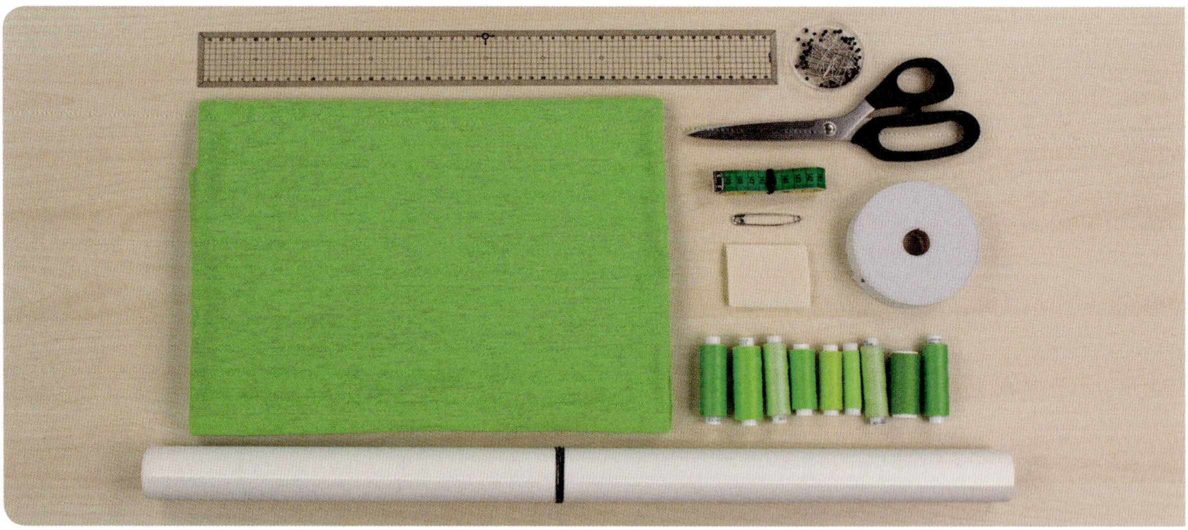

Przygotuj:

» 1,5 m dzianiny szerokiej co najmniej na 1,5 m. Jeżeli zmienisz wymiary bluzki, może się okazać, że potrzebujesz większego kawałka materiału. Wykonaj formę i sprawdź, ile materiału zużyjesz. Na pierwszą bluzkę najlepiej wybrać dzianinę typu dżersej z czystej bawełny lub cienką dresową dzianinę z pętelkami pod spodem. Unikaj materiałów z dodatkiem elastanu, chyba że szyjesz na maszynie typu owerlok. Ja wybrałem cienką dresówkę z mieszanki wiskozy i poliestru, z takim materiałem osoba początkująca też sobie poradzi. Forma jest tak luźna, że możesz uszyć ją również z lekkiej tkaniny;

- linijkę, metr krawiecki, papier do form i ołówek;
- mydło krawieckie lub pisak do materiałów, nożyce, szpilki i nici;
- 1 m gumy szerokiej na 5 cm (chyba że wolisz węższy ściągacz na dole bluzki).

Wiesz już, jak zdejmować z siebie wymiary. Zatem przyszła pora na pierwsze ubranie i pierwszy kontakt z dzianiną. Zaczniemy od jednej z najprostszych bluzek, czyli od tak zwanego nietoperza, którego forma opiera się na geometrii. Jeżeli użyjesz dzianiny, która się nie strzępi, nie musisz robić wykończeń (taką dzianiną jest dżersej). Za pomocą dwóch szwów uszyjesz z niej bluzkę. Jeżeli lubisz porządnie wykończone ubrania, w tym rozdziale poznasz pierwsze sposoby.

Zaczniemy od przygotowania papierowej formy, następnie powiem, jak kroić materiał, a na końcu przeprowadzę cię przez proces szycia i wykańczania bluzki.

FORMA

Spójrz na **ilustrację 1** (następna strona) i przeczytaj instrukcje do każdego kroku. Podane przeze mnie wymiary sprawdzają się na sylwetkach w rozmiarze 36–40, ale każdy z nich możesz modyfikować pod swoim kątem, aby dopasować bluzkę do oczekiwań. Przygotujesz formę na połówkę przodu bluzki, tył jest symetryczny.

» KROK 1.

Przygotuj arkusz papieru o wymiarach co najmniej 100 x 70 cm. Dłuższa pionowa krawędź stanowi linię środka bluzki i to będzie również ta linia, która odpowiada nitce prostej w materiale tego wykroju.

A – ustal szerokość dekoltu. Na górnej krawędzi papieru odmierz połowę tej szerokości, zaczynając od rogu. Przygotowałem szeroki dekolt spadający z ramienia. A = 16 cm;

B – ustal długość rękawa. Zmierz ją na sylwetce od miejsca, gdzie kończy się dekolt, który zaplanowałaś w poprzednim kroku. Dodaj 2 cm na podwinięcie i odmierz tę długość na górnej krawędzi kartki. Ogranicza cię szerokość materiału, suma A + B powinna się zmieścić na połowie szerokości materiału, z którego szyjesz. B = 48 cm;

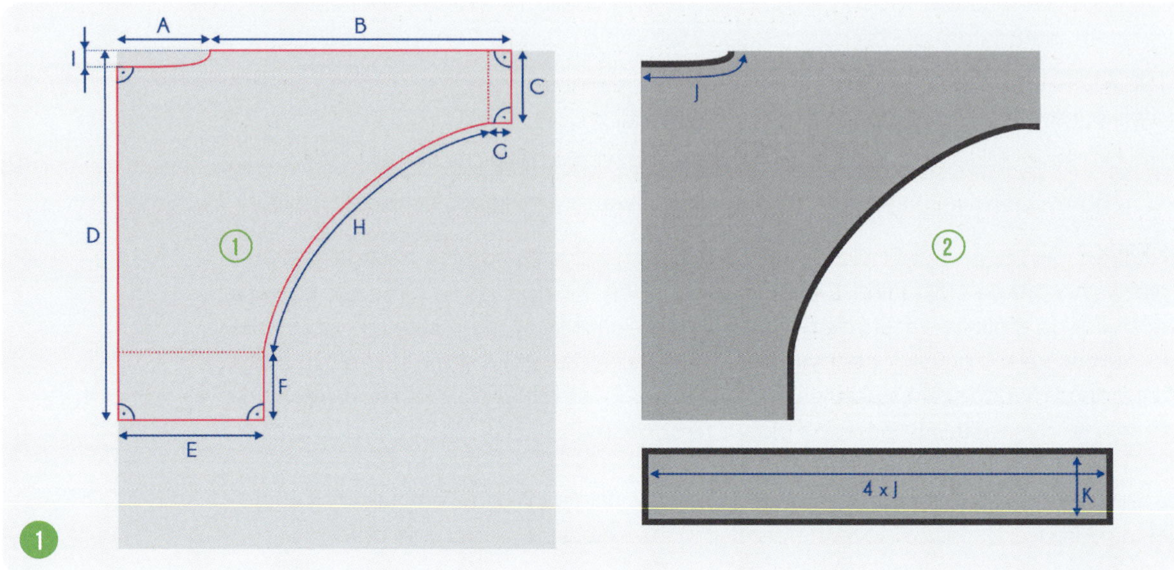

C – ustal szerokość rękawa. Owiń luźno metr krawiecki wokół ręki i ustal obwód końcówki rękawa. Powinien on być na tyle szeroki, żebyś mogła swobodnie przecisnąć dłoń przez otwór. Podziel go na pół. Odmierz tę wielkość pod kątem prostym do linii B, na jej końcu. C = 13 cm;

D – ustal długość bluzki. Na sylwetce mierz ją od najwyższego punktu barku. Jeżeli chcesz uzyskać efekt „zbluzowania" przy ściągaczu, do zmierzonej długości dodaj około 4 cm. Trzeba jeszcze doliczyć dodatek na zrobienie tunelu na gumkę oraz 1 cm na szew. Tunel powinien być szerszy o około 0,5 cm od gumki, aby nie zwijała się w środku. Teraz sumę tych obliczeń odmierz na pionowej krawędzi papieru, zaczynając od górnego rogu. D = 66 cm;

E – pod kątem prostym do pionowej krawędzi wprowadź szerokość bluzki na dole. Powinna być co najmniej o 1 cm szersza niż ¼ obwodu twoich bioder, aby gumka utworzyła lekkie marszczenie. E = 25 cm;

F, G, H – narysuj kształt boku. Najpierw pod kątem prostym do linii E narysuj odcinek o długości 2 x szerokość tunelu na gumkę + 1 cm na szew. Jeżeli szerokość gumy to 5 cm, F = 12 cm. Teraz pod kątem prostym do linii C narysuj prostą o długości G = 4 cm – jest to dwukrotna szerokość podwinięcia rękawa. Na koniec połącz linie F i G łukiem (H). Nie przejmuj się za bardzo kształtem łuku, ta część bluzki i tak będzie się drapować, rysuj „na oko"!

I – pozostał dekolt. Na pionowej krawędzi kartki odmierz jego głębokość. Przy szerokim dekolcie sugeruję nie więcej niż 3 cm. Jeżeli zdecydowałaś się na węższy dekolt, możesz spokojnie go pogłębiać według uznania. Przy wąskim dekolcie 5 cm to głębokość dekoltu tuż pod szyję. Narysuj kształt dekoltu tak, aby łuk zaczynał się pod kątem prostym zarówno do pionowej, jak i do górnej krawędzi papieru.

» KROK 2.

Zmierz obwód dekoltu J (w istocie jest to ćwiartka dekoltu bluzki). Zrób to, używając metra krawieckiego, układaj go pionowo, wzdłuż linii łuku. Na podstawie tego wymiaru przygotuj formę listwy do wykończenia dekoltu. Jej długość powinna być równa obwodowi całego dekoltu bluzki, czyli 4 x J. Zaplanuj szerokość tej listwy i pomnóż ją przez 2, ponieważ uszyjesz ją z paska materiału złożonego na pół. K = 12 cm.

NADDATKI NA SZWY

Wycinając formę z materiału, należy powiększyć wykrój o dodatek na szwy. Jego rozmiar zależy od tego, czy dana krawędź będzie zszywana z inną zwykłym szwem, czy wykańczana podwinięciem, tak jak w nogawkach spodni lub na dole rękawów. Na wykonanie zwykłych szwów potrzeba około 1 cm dodatku. Na wykończenie krawędzi natomiast trzeba dodać 2 cm lub więcej, w zależności od tego, jak szerokie ma być podwinięcie. Są dwie metody.

Pierwsza polega tym, że jeszcze na papierze dorysowujesz dodatek 1 cm na szwy. Wtedy układasz wykrój na materiale i wycinasz dzianinę tuż przy krawędzi papierowej formy. Podczas szycia trzymasz się cały czas odległości 1 cm od krawędzi – tak jak pokazywałem to podczas szycia torby, w której naddatki były wliczone w wykrój.

Z kolei druga metoda polega na wycięciu formy z papieru bez dodatku, odrysowaniu jej mydłem na materiale i wycięciu materiału w odległości 1 cm od narysowanej linii. Wtedy na skrojonym materiale będzie narysowana linia, po której należy szyć. Jednak trzeba pamiętać o naddatku, bo często w szale krojenia zapomina się go dodać.

Wybierz metodę, która bardziej ci odpowiada, i stosuj ją w kolejnych zadaniach. We wszystkich instrukcjach w tej książce dodatek na szwy zaznaczam ciemnoszarym kolorem, zawsze na ostatnim etapie tworzenia wykroju.

W przypadku nietoperza dodaj naddatek tylko na linii boku i dekoltu. W rękawach wliczyłaś już naddatek, ustalając ich długość, to samo zrobiłaś z dołem bluzki, planując jej długość. Krawędzie pionowa i górna to miejsca, gdzie nie ma szwów (patrz kolejny krok). W listwie do dekoltu dodaj naddatek na każdej krawędzi.

KROJENIE

Pierwsze kroki wykonam na miniaturowej wersji bluzki z prostego powodu, a mianowicie wersja 1:1 nie mieści się w kadrze. Jak sprawdzić, ile materiału potrzebujesz w razie zmiany wymiarów? Forma, którą przygotowałaś, to ćwiartka bluzki, w związku z czym potrzebujesz kawałka dzianiny dwa razy szerszego i dwa razy dłuższego niż wykrój. Pamiętaj o dodatkach na szwy! Więcej informacji o obliczaniu zużycia materiału znajdziesz w rozdziale 7.

Ułóż dzianinę tak, aby mocniej rozciągała się wzdłuż metra, tak jak na fot. 1. Teraz złóż ją na pół w poziomie (fot. 2), a następnie znów na pół w pionie (fot. 3).

1

2

3

Ważne » Jak już wiesz, dzianina jest elastyczna w każdym kierunku. **Jednak zazwyczaj w poziomie, czyli wzdłuż rządków pętelek na lewej stronie, jest bardziej elastyczna niż w pionie.** Podczas krojenia dzianina zawsze mocniej powinna się rozciągać wszerz formy, aby ubranie mogło się rozciągać podczas wkładania.

Ułóż wykrój na materiale tak, aby krawędzie pionowa i pozioma papieru stykały się ze złożonymi krawędziami dzianiny. Aby forma i materiał nie przesuwały się podczas krojenia, zepnij je szpilkami przez wszystkie warstwy (fot. 4). Odrysuj formę mydłem krawieckim lub od razu wytnij, w zależności od tego, jak rozplanowałaś naddatki na szwy (fot. 5).

Rozłóż tylko pionowe zagięcie – otrzymasz formę bluzki, przewróć ją na lewą stronę i zepnij szpilkami łuki pod pachami (fot. 6). Szyjemy!

SZYCIE

Jeżeli szyjesz na zwykłej maszynie, tak jak ja, musisz użyć ściegu zygzak. Dzięki kształtowi tego ściegu szwy są elastyczne i nie będą pękać podczas rozciągania dzianiny.

Ważne » Najpierw wykonaj test elastyczności szwu, aby dostosować szerokość zygzaka i odległość od uderzeń igły (długość ściegu) do elastyczności dzianiny. Wykonaj na próbce materiału przeszycie o długości 10 cm, z mocowaniem na końcu i na początku. Rozciągnij dzianinę. Jeżeli szew pęka, musisz zwiększyć szerokość zygzaka lub zmniejszyć długość ściegu.

Ważne » Szyjąc elastyczne i miękkie materiały (jak dzianina), rozpoczynaj szew kilka milimetrów od poprzecznej krawędzi materiału, czyli nie tej, wzdłuż której prowadzisz stopkę. Jeżeli zaczniesz szycie na krawędzi, igła może wcisnąć dzianinę do środka maszyny i powstanie czop, który trzeba będzie uciąć.

Jeżeli szwy będą falować, nie martw się – rozprasujesz je. Ważne, aby nie trzymać nerwowo dzianiny i nie rozciągać jej. Jeśli pozwalasz dzianinie lekko się przesuwać, falowanie jest naprawdę małe i żelazko z parą spokojnie sobie z tym poradzi.

Rada » Czasem dzianina jest tak elastyczna, że podczas szycia naciąga się pod własnym ciężarem. Wówczas staraj się szyć, tworząc małą fałdę przed stopką (fot. 7), pozwoli to ząbkom bez napięcia wciągać materiał pod stopkę. Bardzo ważne, aby cała stopka stała na materiale, wtedy nie będzie on spod niej uciekać. Jeżeli mimo wszystko ucieka, spróbuj układać materiał pod lekkim skosem w stosunku do stopki, tak aby skontrować kierunek, w którym ucieka dzianina.

» KROK 1.

Zszyj łuki pod pachami.

Ważne » Aby uniknąć marszczenia się szwów po wywinięciu bluzki na prawą stronę, naddatek na łukach należy ponacinać w poprzek (fot. 8). Zrób to ostrożnie, aby nie przeciąć szwu, nacinaj mniej więcej co 2 cm i nie docinaj do samego szwu. Tę operację należy zawsze wykonywać na łukach, chyba że naddatek jest wąziutki.

7

8

Krawędzie dzianiny możesz zostawić nieobrębione. Większość dzianin, nawet jeżeli lekko się strzępi, to i tak się nie pruje, więc po kilku praniach strzępienie ustąpi. Wyjątkiem są luźno plecione dzianiny, typowo swetrowe sploty oraz te zwiewne i cienkie – takie trzeba szyć owerlokiem. Jeżeli mimo wszystko chcesz obrzucić krawędzie, w przypadku dzianiny użyj do tego najszerszego zygzaka. Niestety taki szew może mocno ponaciągać krawędzie. Ścieg owerlokowy raczej nie nadaje się do dzianin, ponieważ maszyna, szyjąc w przód i w tył, mocno naciąga brzegi.

» KROK 2.

Wykończenie rękawów. Pozostaw bluzkę na lewej stronie i wywiń końcówki rękawów o 2 cm z prawej strony na lewą, zepnij je szpilkami (fot. 9). Wywiń bluzkę na prawą stronę i przeszyj zygzakiem dookoła. Wykonaj szew bliżej surowej krawędzi podwinięcia niż krawędzi rękawa.

Surowa krawędź to ucięty, nieobrębiony brzeg – często będę używał tego określenia w instrukcjach.

Rada » Szyj, ustawiając stopkę na podwinięciu wewnątrz rękawów (fot. 10), w ten sposób łatwo szyć cylindryczne kształty o małych obwodach bez męczenia się z wolnym ramieniem maszyny, które czasem i tak jest zbyt obszerne, aby wcisnąć na nie rękawy.

» KROK 3.

Listwa z gumą na dole. Wywiń ponownie bluzkę na lewą stronę i podwiń dolną krawędź o szerokość listwy + 1 cm naddatku na szew (fot. 11). Zepnij szpilkami i przeszyj zygzakiem dookoła w odległości 1 cm od surowej krawędzi podwinięcia. Zostaw niezaszyty fragment, około 8 cm, na wprowadzenie gumy (fot. 12). Utnij taki kawałek gumy, aby opinała się na ciele, ale nie była zbyt ciasna, dodaj 2 cm na szew. Agrafką wsuń gumę do tunelu. Sprawdź, czy nie odwróciła się podczas wsuwania, i zaszyj jej końcówki „na płasko" (fot. 13 i 14). Wsuń zaszytą gumę w całości do tunelu i zaszyj szczelinę.

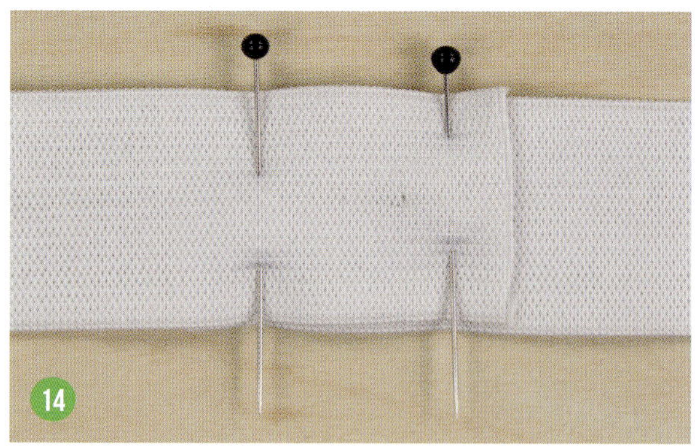

» KROK 4.

Listwa w dekolcie. Złóż pas na pół tak, aby prawa strona materiału była w środku, i zszyj ze sobą krótsze krawędzie (fot. 15). Tak powstałą pętlę zaprasuj wzdłuż na pół, aby szew schował się w środku (fot. 16). Wsuń ją do dekoltu i upnij wokół jego krawędzi tak, aby przylegała do prawej strony bluzki, a surowe krawędzie listwy pokrywały się z surową krawędzią dekoltu (fot. 17 – lewa strona, fot. 18 – prawa strona). Przyszyj listwę dookoła dekoltu w odstępie 1 cm od krawędzi.

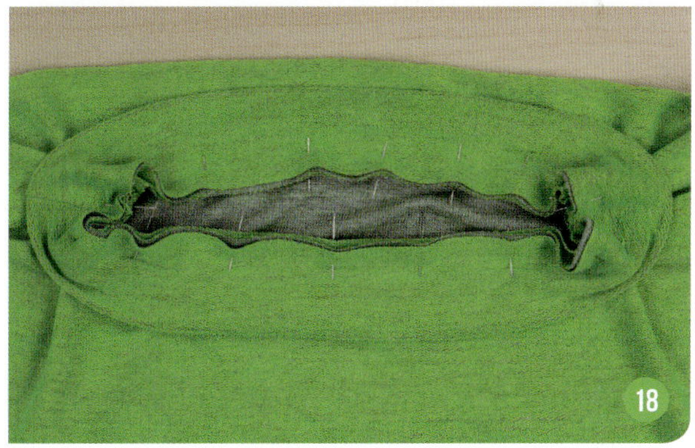

Zaprasuj listwę do góry, a naddatek na szew, po wewnętrznej stronie, w dół. Uwaga...

BLUZKA GOTOWA! Ale jazda! Uwierzysz? Właśnie uszyłaś swój pierwszy ciuch! Ekstraaaa! To co? Wdziewaj nietoperza i leć na miasto, niech cię ludzie pytają „gdzie kupiłaś?", a ty z lekkim prychnięciem odpowiadaj: „noooo, sama przecież uszyłam, niee?".

PODSUMOWANIE

» Za tobą kawał dobrej roboty, uszyłaś pierwsze ubranie!

» Sama przygotowałaś formę.

» Zmierzyłaś się z krojeniem i szyciem dzianiny owianej złą sławą.

» Poznałaś nowe sposoby wykańczania: listwę w dekolcie i ściągacz.

Gratuluję!

W kolejnej historyjce wyjaśnię, o co chodzi z tą dzianiną i jej złą sławą. Otóż panuje mit, że dzianina jest trudna i to zabawa dla zaawansowanych. Tak mnie uczono na studiach, tak powtarzali inni projektanci i szwaczki. A ja w to wierzyłem. Dzianina jest elastyczna, więc trudniej ją szyć! Koniec kropka. To nic, że formy są proste, błędy mało widoczne, a podczas szycia efekty są niemal natychmiastowe.

Kiedy już w Warszawie opracowywałem plan pierwszych grupowych kursów, idąc tym tropem, dzianinę umieściłem w drugiej części, aby moje początkujące uczennice się nie zniechęciły. Na start zamęczyłem je spódnicą ołówkową z zaszewkami, zamkiem krytym i innymi trudnymi detalami. Całe szczęście, zanim zdążyły zrezygnować z zajęć, dotarliśmy do etapu dzianiny...

Po pierwszych zajęciach zebrałem słony opieprz! „A że po co ja im kazałem te spódnice szyć przez tyle czasu, że to było nudne i męczące! A tu proszę, z dzianiną po trzech godzinach mają gotowe ubranie". Gorycz opieprzu pomógł mi przełknąć fakt, że dziewczyny wychodziły z zajęć nakręcone i ucieszone, bo dzięki dzianinie poczuły, że idzie im dobrze, mają się czym pochwalić i już nie mogą się doczekać następnego spotkania. Zażyczyły sobie wywalenia reszty programu i szycia dzianin już do końca kursu! Tak też uczyniliśmy. A ja wyciągnąłem bardzo ważny wniosek: jeśli chcesz zachęcić ludzi do szycia, pokazuj im, że potrafią. Słuchaj, ucz się i poprawiaj swój plan. Dzianina wylądowała na początku kursu i szybko stała się najpopularniejszym tematem moich warsztatów.

Nie był to jedyny opieprz, jaki dostałem od swoich kochanych kursanteczek. Jak wiadomo, człowiek uczy się na błędach. Moim największym była zgoda na szycie sukienek na podszewce. Po miesiącu męczarni bałem się, że dziewczyny rzucą się na mnie z pazurami, i wcale im się nie dziwiłem. Współczułem im wtedy, ich trudy przypominały mi moją kryzysową kieckę sprzed kilku lat. Ochrzciłem ją tak, ponieważ wykończyła mnie podczas szycia.

Była to jedna z pierwszych sukienek do kolekcji, szytej przeze mnie w celu odtrucia się od mody masowej, którą wtedy zajmowałem się na co dzień. W dalszych planach kolekcja miała być pierwszym krokiem do samodzielności zawodowej. Pewnego dnia, pakując w dziale projektowym pocięte wzory męskich koszul, doznałem olśnienia. Mnóstwo pasków w odcieniach błękitu, szarości i bieli przepięknie się ze sobą komponowało. Postanowiłem ich nie wyrzucać, ale wykorzystać w sukience. Ta dramatyczna przygoda była ostatnim zadaniem przed moim urlopem i koniecznie chciałem zamknąć ten etap, zanim wyjadę. Rozpocząłem w poniedziałek podarciem na kawałki około 30 koszul, które następnie cały dzień zszywałem w jeden pas o długości 40 metrów. Miałem zamiar zrobić z niego falbanę. We wtorek pierwsza decyzja, jaką przyszło mi podjąć, to taka, czy falbanę wykańczać tylko owerlokiem, czy może podwinąć jeden brzeg. Po szybkiej wizualizacji uznałem, że choć bardzo tego nie chcę, lepiej będzie podwinąć. Wyobrażasz sobie obrębianie 40 m czegoś? Czegokolwiek! C-Z-T-E-R-D-Z-I-E-Ś-C-I! Siadam do maszyny o godz. 15.15 i rozpoczynam obszywanie. Zahipnotyzowany podwijam i przeszywam, kawałek po kawałku. Przy trzecim kawałku oszacowałem, że będzie ich ze 200! Postanowiłem liczyć.

40 – porównując rozmiar sterty pasków za maszyną i tej na moich kolanach, zaczynam wątpić w te 200, będzie ich ze 350!

60 – pedał od maszyny zaczął trochę parzyć.

77 – zaczynają mnie boleć plecy, ale coś tam sobie myślę, wzruszam się i szyję dalej z poczuciem misji.

80 – rozbolał mnie kark.

84 – wyobrażam sobie nową kieckę, którą uszyję.

89 – teraz kiecka jest już na celebrytce, nieważne jakiej, ważna kiecka! Na czerwonym dywanie na Oskarach. Tak! Zachwyty i flesze, podziw i... straciłem rachubę. Po szacowaniu wyszło, że to już chyba jednak 90. kawałek.

100 – zjeżdżam z fotela, ból pleców jest już naprawdę ostry.

115 – pedał od maszyny tak zaczyna parzyć, że rozważam włożenie klapka.

121 – podświadomie przeskakuję na liczenie dziesiątkami, 120, 130, 140... ale otrząsam się!

134 – nachodzi mnie świadomość: „O BOŻE, OBSZYŁEM JUŻ 134 KAWAŁKI", głowa zaczyna mnie boleć.

145 – kręci mi się w głowie, szew spada mi z podwinięcia, zaczynam falować.
149 – gorąco mi, ale na czole czuję zimny pot.
151 – orientuję się, że na 150. skończyła się nić w bębenku.
153 – godzina 17.15, ostatni kawałek.

Po dwóch godzinach monotonnej pracy mam wrażenie, że nie posunąłem się do przodu ani o krok. Teraz trzeba to rozprasować, ale w sumie jeszcze ich nie prałem, może na wszelki wypadek zdekatyzować? Lepiej teraz niż po zszyciu z tiulem. Bach! Wrzucam na szybki cykl i biorę się do cięcia tiulu. Liczę, dodaję, dzielę, odejmuję, zastanawiam się, szkicuję. Dobra! Chyba już to mam. Tnę, Boże, jak on się do siebie przyczepia! Cięcie tiulu na halkę to strasznie wkurzające zajęcie: przesuwa się jak szyfon, nie widzisz brzegów, a jak już utniesz, to brzegi się zaczepiają o siebie albo zmieniają położenie, nigdy nie wychodzi równo. A na koniec okazuje się, że jednak pomyliłaś się w obliczeniach. Gdy już wytniesz pasek z tiulu, to przypadkiem go nie zwijaj w kłębek, układanie go znów na płasko doprowadzi cię do szału!

W tym czasie paski na falbanę skończyły się prać. Muszę je rozwiesić. Ożeż, kurde! Ale się w tej pralce poplątały, jak ja mogłem o tym wcześniej nie pomyśleć! Jak tu rozprostować i powiesić 40-metrowy pas? Eh. Dziś nie jest mój dzień. Wieszam. W tym czasie ułożony wcześniej tiul lata po podłodze przy najmniejszym podmuchu i znów się kołtuni. Paski się plączą, ręce bolą od podnoszenia do góry. Kiecka nie wyjdzie na pewno taka fajna, jak chciałem, a życie jest w ogóle bez sensu. Wszystko mnie wkurza, a najbardziej to, że jeśli teraz wszystko zostawię i pojadę do kumpla pograć w liska (na co mam największą ochotę), to mnie wkurzy jeszcze bardziej i wcale nie będę miał przyjemności z grania w liska, a jeszcze się pewnie z kumplem pokłócę! Nie! Nie poddam się. Paski się suszą, a ja walczę z tiulem. Zgłodniałem. Idę do sklepu po jajka, a wracając, wzruszam się, że jednak się wziąłem w garść. Nagle widzę, jak tiul pozszywać, i wierzę, że wszystko już pójdzie jak po maśle. Dobrze czasem nabrać dystansu. Pięć minut z tiulem znów doprowadza mnie do szewskiej pasji! Jeszcze do późnej nocy męczyłem się z drapowaniem i zszywaniem warstw, aby w końcu nad ranem paść bez sił.

Trzeciego dnia wstałem z energią do szycia i nawet nie wiem kiedy, rach, ciach, bach! I halka jest! Minęło co prawda 7 godzin, podczas których dostarczałem organizmowi jedynie czarną kawę, ale czułem się, jakby minęło zaledwie kilka chwil od śniadania. No, żyć się chciało. Co prawda halka, pomimo użycia znienawidzonej przeze mnie fastrygi, wymagała jeszcze poprawy, jednak wierzyłem, że zrobię to szybko. Kolejne dwa dni przebimbałem, nie mogąc nawet spojrzeć na maszynę. W sobotę zacząłem krążyć nerwowo wokół manekina. W końcu z bólem serca i pleców trzeci raz zmierzyłem się z tiulem i falbankami. Udało się, kształt halki mnie satysfakcjonował. Kusiło mnie, aby uznać to za skończony etap i jechać już na urlop. Jednak jak na wojownika przystało, powiedziałem sobie: „Nie! Chcę skończyć całość!".

Traaach, udzieram surówkę! Cyk, cyk, pach, bach i mam upięty gorsecik na manekinie. Odrysowuję, wycinam. I nagle obawy! Wiem, że ten manekin jest nieziemsko szczupły, może by tak dodać nieco luzu, przecież będzie jeszcze podszewka i będą fiszbiny. Tak, poszerzam formę, dodając po 2,5 mm na niektórych brzegach. Konstruuję kliny na spódnicę. Doklejam je do gorsetu. Odrysowuję na surówce. Wycinam. Zszywam. Ale mi dziś dobrze idzie. Na na na na naaaa.

Wkładam prototyp na manekin... A on zjeżdża pod piersi! Za duży?! Nie, nie, nie! Opiąłem manekin ciaśniutko, a prototyp wyszedł o dwa rozmiary za duży. Co, kurde, jest?! No cóż, rysowałem stępionym mydłem, dodając nieświadomie po 2–4 mm na każdym szwie, plus luz, który zawsze przy zszywaniu dochodzi, plus ciężar spódnicy. Poprawię to, ale już szyjąc z właściwego materiału! Byleby tylko to przetrwać, byleby to przetrwać, pomęczysz się jeszcze trochę i zapomnisz. Odcinam naddatki z formy i biorę mój cudo oxford, żeby go rozprasować, rozrzucam płachtę na blat i...!!! AAAAAGRRRRRHHHHHH! CO TO, KU...A, JEST?!

Życie jest tym, czym jest. Oxford puścił w praniu kolor i, kurna chata, sam siebie zafarbował. Jest cały w plamy i zacieki. Chlip... chlip. Poddaję się. Ręce mi opadły. Smutno mi. Wszystko zobojętniało. Energia uszła. Okej, żyję dalej, ale już mi na niczym nie zależy. Kolekcja to był głupi pomysł. Po co się oszukiwałem, do końca życia będę w tym kołchozie pracował, nigdy już nic pięknego nie zrobię. Zresztą co się szarpać, plamy są, no zafarbował się sam. Chyba kawałek duszy we mnie umiera właśnie... Nawet nie chcę, żeby komuś było mnie żal! Jest mi to po prostu OBOJĘTNE. Chwila lamentu, a potem poddałem się i jak bezmyślny pajacyk z nakręconym mechanizmem pracowałem dalej. I dobrze mi było. Presja nareszcie gdzieś zniknęła. Uprasowałem materiał, odrysowałem formy, wyciąłem, pozszywałem, rozprasowałem. Ładne te plamy właściwie, tak dżinsowo się robi. Przyszła pora na fiszbiny. Okazało się, że na tym materiale szew nie wygląda ładnie. Długo kombinowałem z naprężeniem nici i nic, dalej brzydki. A bez fiszbin kiecka na pewno zjedzie z piersi. Po co ją w ogóle kończę? Wyobraziłem sobie modelkę, która po trzech krokach na wybiegu ma piersi na wierzchu, w sumie to by był dobry show!

Patrzyłem na kieckę przymocowaną szpilkami do manekina i myślałem. Już noc, jutro jadę, a tu jeszcze fiszbiny i podszewka, no i te szwy zepsują wszystko. I nagle pomyślałem o ramiączkach! Trochę się sam ze sobą poprzekomarzałem, bo wolałem wizję bez ramiączek. Argumentem, który jednak przeważył, było to, że z ramiączkami mogę zrezygnować z fiszbin i podszewki, która miała chronić przed nimi ciało, a nawet z miseczek. Z godzinę szukałem dobrego kształtu i umiejscowienia. Skroiłem, zaprasowałem, zszyłem. To samo z kołnierzem. Przyczepiłem do sukienki, poprawiłem. Zaszyłem...

Niedziela, godz. 1.05, sukienka nagle stoi gotowa, jest ładna. A ja zadziwiająco spokojny i spełniony. Nie wiem, jak to się stało. Plamy na materiale coś przebiły. Kiedy uszła ze mnie presja, na luzie wszedłem w pracę. Świat przestał istnieć, a ja szyłem bez ekscytacji (jako typowy zodiakalny Wodnik rzadko doświadczam tego błogosławionego stanu) i po prostu szło do przodu. Sprzątając swój pokój zawalony ścinkami, byłem po prostu szczęśliwy. A kiecka już nie była ładna, była piękna!

Czasem warto się pomęczyć i przebrnąć przez te wszystkie prucia, poprawki i niepowodzenia. Do dziś jest to sukienka najczęściej zamawiana przez moje klientki.

To była najdłuższa opowieść w całej książce, ale bardzo zależało mi na tym, żeby pokazać, że projektowanie i szycie bywa czasem długim procesem przypominającym walkę. A jeśli po tej historii ktoś jeszcze mi powie, że szycie dzianiny jest trudne, każę mu uszyć kryzysową kieckę.

ROZDZIAŁ 6

Przygotuj podstawowy wykrój

ZADANIE 4.

Przygotuj podstawowy wykrój

Dowiesz się:

- jak odbijać formę z gotowego ubrania;
- jak skonstruować formę T-shirta podstawowego na wymiar;
- jak skonstruować formę rękawów na wymiar.

Przygotuj:

- swój prosty T-shirt. Wybierz dopasowany, ale niezbyt obcisły model. Użyjesz go jako podstawy do formy, dlatego powinien dobrze oddawać wymiary twojej sylwetki (zbyt luźny zawyży wymiary, zbyt obcisły zaniży). Zwróć uwagę, aby dekolt był dopasowany, a koszulka była tak długa, by sięgała mniej więcej do połowy pośladków;
- swoje wymiary;
- półpergamin, linijkę (ewentualnie ekierkę), ołówek i pisaki;
- szpilki i metr krawiecki.

W tym rozdziale zmierzysz się z konstrukcją, czyli tworzeniem wykroju, dlatego będą potrzebne wymiary z rozdziału 4. Konstrukcję albo się kocha, albo się jej nienawidzi. Polega przede wszystkim na obliczeniach i geometrii, co już na wstępie wiele osób zniechęca. Jednak nie martw się, prowadzenie kursów szycia nauczyło mnie, jak w przystępny sposób tłumaczyć tę, z pozoru, czarną magię. Jestem raczej humanistą, a udało mi się opanować tę zmorę, którą dziś absolutnie uwielbiam. W dodatku nie jest to jedyny sposób na przygotowanie wykroju!

W kreatywnym podejściu do szycia nie trzymamy się zasad, liczy się pomysłowość. Ponieważ jestem za upraszczaniem sobie życia, dlatego pokażę ci najpierw prosty sposób na odbijanie formy z gotowego ubrania. Najstarszy i najmądrzejszy profesor, jaki mnie uczył, kiedyś powiedział mi: „Po co odkrywać Amerykę, która już została odkryta? Skorzystaj z gotowego". Tak zatem uczynimy. Natomiast dla tych, którzy lubią matematykę, będzie siatka konstrukcyjna.

Krok po kroku przeprowadzę cię przez oba procesy, w których przygotujemy formy T-shirta i rękawów. Na nich będziemy się opierać w kolejnych rozdziałach książki, tworząc wykroje. Dla jasności w nazewnictwie: wykrój to forma ubrania wycięta z papieru. T-shirt jest podstawową formą w dzianinowych asortymentach, ponieważ w miarę dokładnie opisuje kształt korpusu. Będziemy go oczywiście modyfikować: poszerzać, zwężać, wydłużać itd.

Ważne » Formy zwykle przygotowujemy na połowę ubrania (pół przodu i pół tyłu), dlatego że druga połowa jest symetryczna. Tego, jak kroić materiał z użyciem połówek formy, dowiesz się z kolejnego rozdziału. W przypadku T-shirta, gdy położysz go płasko na stole, zauważysz, że właściwie przód i tył mają ten sam kształt. Różnią się jedynie głębokością dekoltu. Być może nie zauważysz, że różnica dotyczy również kształtu pach, jednak jest ona niewielka. Skoro przód i tył są symetryczne, będziemy tworzyć formę tylko na ćwiartkę T-shirta z uwzględnieniem różnicy w kształtach dekoltu oraz pachy przodu i tyłu koszulki. Do dzieła!

ODBIJANIE FORMY OD GOTOWEGO UBRANIA

Polecam przeczytanie też dalszej części tego rozdziału, ponieważ obie metody, które w nim opisuję, uzupełniają się. Po zapoznaniu się z odbijaniem formy siatka konstrukcyjna będzie bardziej zrozumiała. Z kolei patrząc na siatkę, będzie ci łatwiej układać T-shirt na papierze, we właściwy sposób, podczas odbijania formy.

» KROK 1.

Na stole ułóż kawałek materiału. Przygotuj półpergamin o wymiarach 100 x 70 cm i złóż go na pół, aby otrzymać format 50 x 70 cm. Połóż go na materiale (fot. 1). Po co? Wyjaśnię to w dalszej części.

» KROK 2.

Swój T-shirt dokładnie uprasuj. Złóż go w pionie na pół, tak aby przód był na wierzchu, a szwy na ramionach i na bokach każdej połówki się pokrywały. Ułóż go na półpergaminie tak, aby środek T-shirta pokrywał się ze złożoną krawędzią papieru (fot. 2).

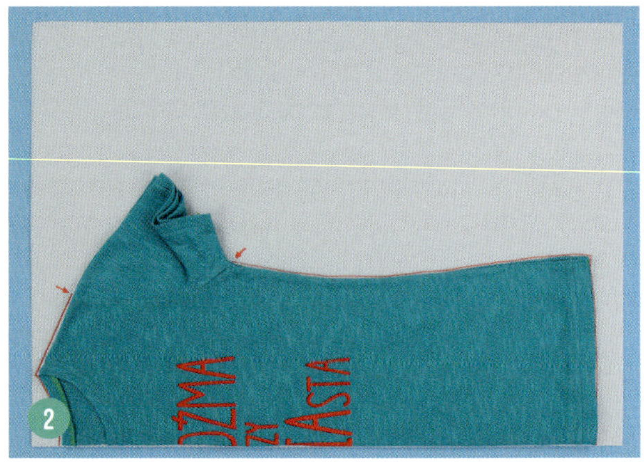

Dłońmi rozprostuj koszulkę. Najpierw odbijesz tułów, później rękawy.

Ważne » Zwróć uwagę na to, aby część, którą odbijasz, nie była nigdzie zmarszczona. Odbijając tułów, rękawy musisz nieco zmiąć, by uzyskać poprawny kształt T-shirta w pobliżu pachy (spójrz na instrukcję tworzenia siatki konstrukcyjnej w dalszej części rozdziału). Przyjrzyj się strukturze dzianiny w pobliżu szwów, aby upewnić się, że doszyty element (w tym przypadku rękaw) nie zmienia kształtu elementu, który chcesz odbić. Jeżeli w strukturze nie będzie zaburzeń (np. może układać się po skosie), zacznij odrysowywanie. Jeśli zaburzenia są, popraw ułożenie. Postaraj się uzyskać kształt taki jak na fot. 2.

Obrysuj kontur: narysuj kształt dekoltu tyłu, ramię, bok oraz linię dołu T-shirta. Zaznacz początek i koniec szwu łączącego rękaw z T-shirtem.

» KROK 3.

Kształt dekoltu przodu i pachy przebij, nakłuwając papier szpilkami (nie musisz ich wpinać). Odbijając dekolt, nakłuwaj na krawędzi listewki, a pachę – dokładnie na szwie łączącym tułów z rękawem (fot. 3). Materiał podłożyłaś w pierwszym kroku właśnie po to, aby szpilki wbijały się głębiej w papier i zostawiały w nim wyraźne dziurki (fot. 4).

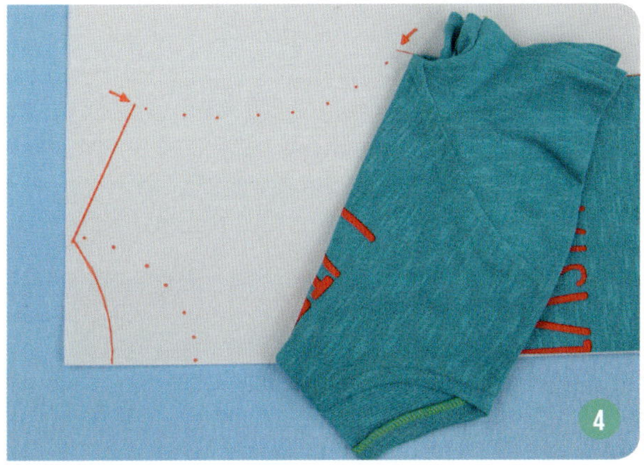

» KROK 4.

Połącz odbite dziurki, rysując płynne łuki (fot. 5 i 6). Dekolt i pachę przodu rysuję niebieską linią.

Ważne » Popraw linię ramienia tak, aby była prosta. Linię dołu T-shirta popraw tak, aby była prosta i zaczynała się pod kątem prostym do linii środka T-shirta, czyli do zagiętej krawędzi papieru. Zwróć uwagę, aby dekolty przodu (niebieska linia) i tyłu

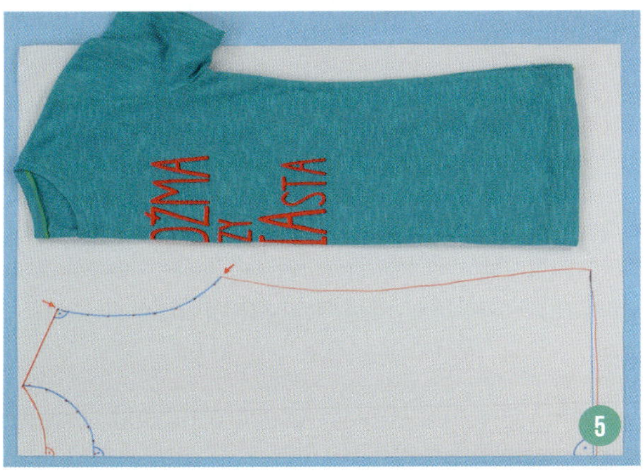

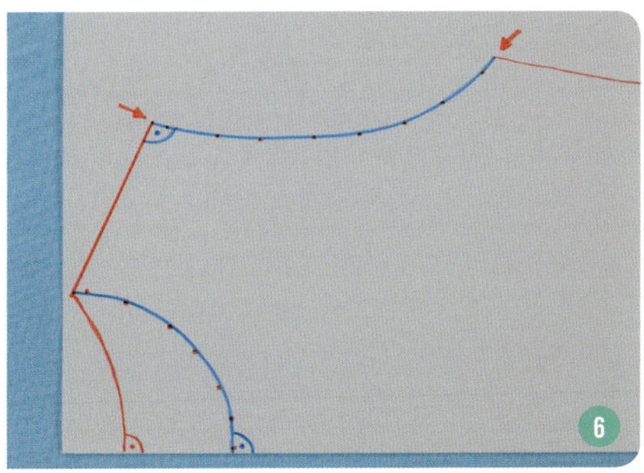

(czerwona linia) połączyły się z linią środka T-shirta pod kątem prostym. Pacha powinna zaczynać się pod kątem prostym do ramienia lub pod kątem zbliżonym do prostego (fot. 6).

Rada » Nie musisz się trzymać każdej kropki, rysując łuki, możesz delikatnie modyfikować tor, aby otrzymać płynną linię. Postaraj się uzyskać kształt taki jak na fot. 6.

» KROK 5.

Teraz złóż T-shirt na pół tak, aby tył był na wierzchu. Wpasuj go w formę narysowaną na papierze (fot. 7). Przebij kształt pachy tyłu (fot. 8). Możliwe, że kształty pach się pokryją lub będzie między nimi niewielka różnica. Pacha tyłu (fot. 9 – czerwony łuk) powinna być trochę mniej wklęsła niż pacha przodu.

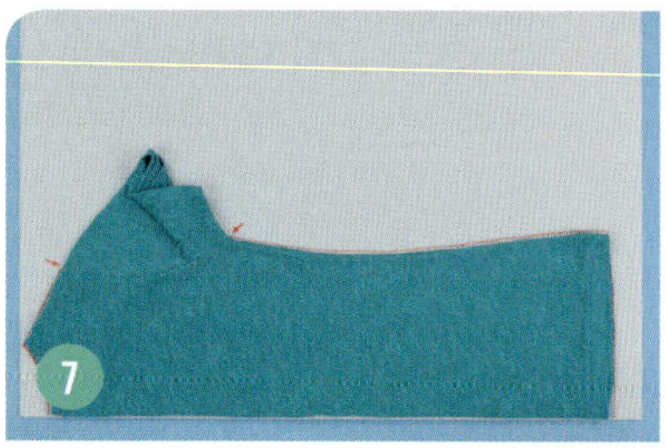

7

8

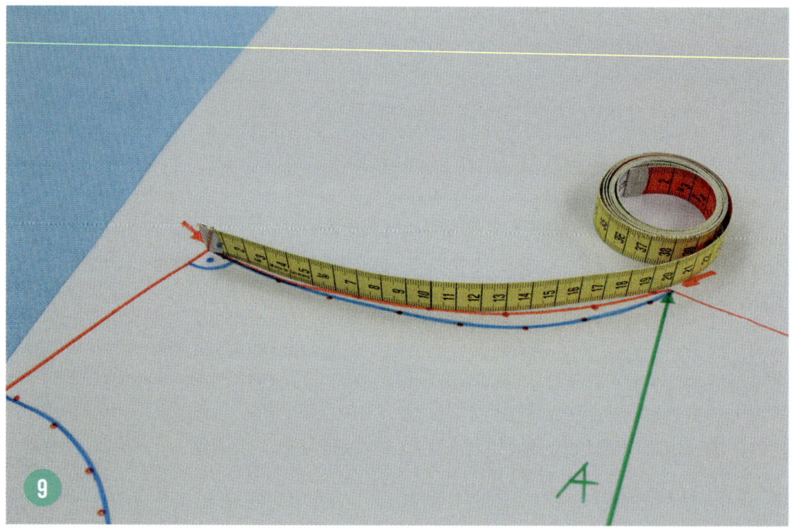

9

» KROK 6.

Skontroluj, czy wymiary odbitej formy pokrywają się z wymiarami twojej sylwetki (fot. 10):

A – tu powinna być ¼ obwodu twojego biustu. W kolejnych rozdziałach będziemy poszerzać formy w tym miejscu, więc poprawka nie jest teraz konieczna;

B – najwęższa część tułowia powinna być szersza lub równa ¼ obwodu twojej talii. Talię również będziemy gubić w formach oversize, więc nie ma potrzeby poprawiania;

C – tu powinna być ¼ obwodu twoich bioder. Ten wymiar nie może być mniejszy, dlatego jeśli jest zbyt mały, poszerz dół T-shirta i popraw linię boku (jak rysować linię boku – patrz siatka konstrukcyjna).

Jeżeli zamierzasz w przyszłości uszyć T-shirt, popraw wszystkie trzy szerokości tak, aby pasowały do twoich wymiarów.

Teraz, używając metra krawieckiego, zmierz obwody pachy przodu (**E**) i pachy tyłu (**D**). Układaj go w łuk, w pionie na linii pachy (fot. 9).

» KROK 7.

Wytnij formę z papieru złożonego na pół (fot. 11). Następnie rozetnij na pół wzdłuż linii zagięcia papieru. Z jednej połówki odetnij fragmenty wzdłuż niebieskich linii pachy i dekoltu przodu (fot. 12).

Wykrój na tułów przodu i tyłu gotowy!

Ważne » Nitka prosta w tym wykroju to linia środka przodu i środka tyłu.

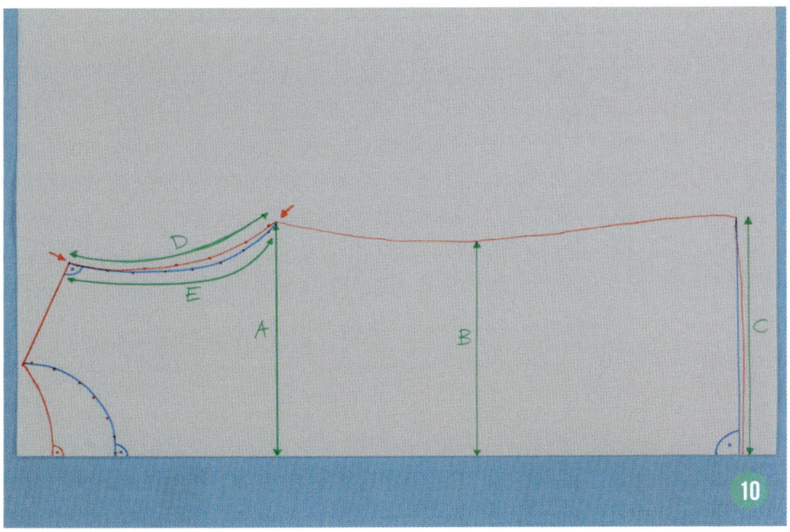

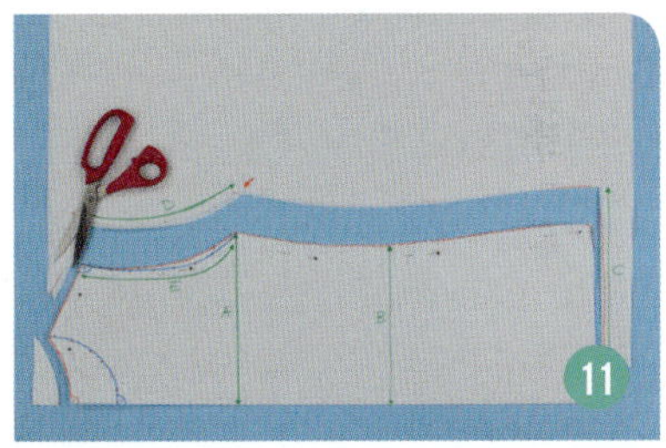

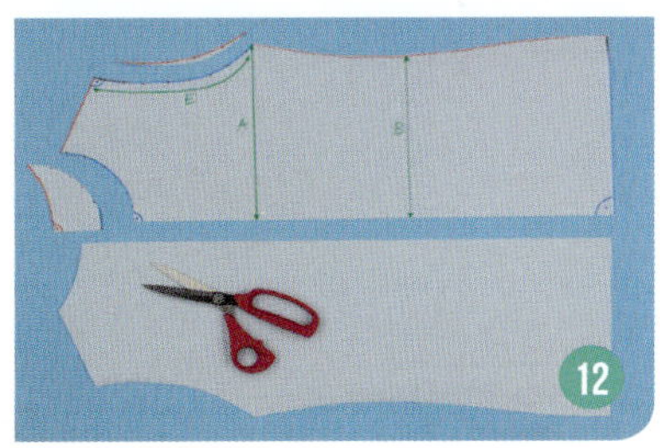

» KROK 8.

Aby odbić rękaw, przygotuj mniejszy kawałek papieru, wystarczy 35 x 50 cm. Sprasuj rękaw. Ułóż go na papierze przodem do góry. Obrysuj krawędzie, a kształt szwu odbij szpilkami (fot. 13). Przód narysuj niebieską linią.

Ważne » Zwróć uwagę, że aby rozprostować rękaw i ułożyć go we właściwy kształt, przód T-shirta musi być zmięty. Staraj się uzyskać kształt rękawa zbliżony do tego na zdjęciu (patrz także: siatka konstrukcyjna rękawa).

» KROK 9.

Teraz odwróć T-shirt tak, aby tył był na wierzchu. Przyłóż go do odrysowanej części rękawa tak, aby linia grzbietu rękawa tyłu pokryła się z linią grzbietu odrysowanego rękawa przodu (fot. 14). Dorysuj krawędzie i przebij szew szpilkami. Tył narysuj czerwoną linią.

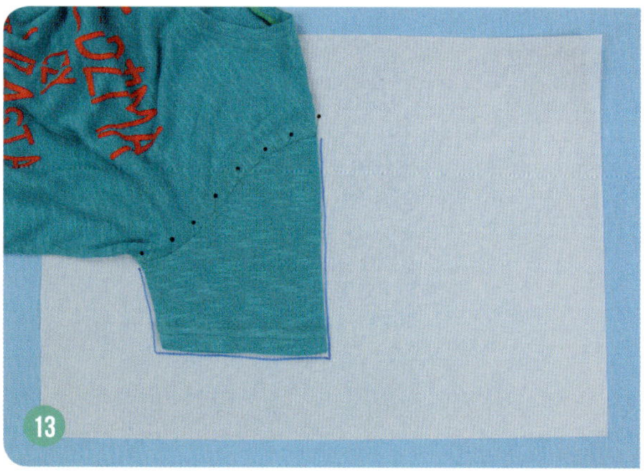
13

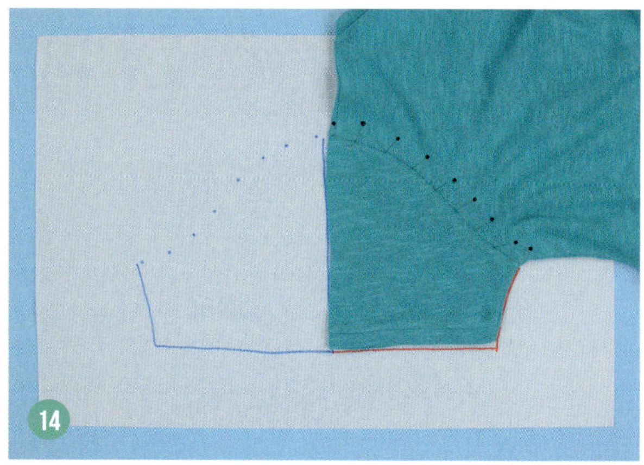
14

Następnie narysuj kształt **główki rękawa** – tak nazywa się część rękawa doszywana do pachy. Powinna to być fala zbliżona kształtem do zielonej linii na fot. 15. W niektórych T-shirtach różnica w kształcie przodu i tyłu rękawa jest prawie niezauważalna. Jeżeli tak jest u ciebie, nie przejmuj się. Zasada jest taka, że jeżeli wystąpi różnica, to polega na tym, że przód jest bardziej wklęsły, a tył bardziej wypukły.

» KROK 10.

Wyrównaj kształt rękawa. Oprócz kształtu główki rękaw powinien być symetryczny. Spójrz na fot. 16. Złóż papier na pół tak, aby przód rękawa (niebieski) był pod spodem, a skrajne końcówki główki (te zaznaczone strzałkami na fot. 15) pokrywały się ze sobą.

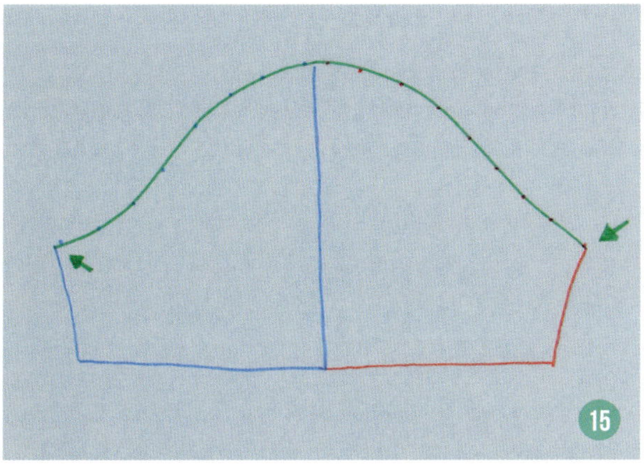

15

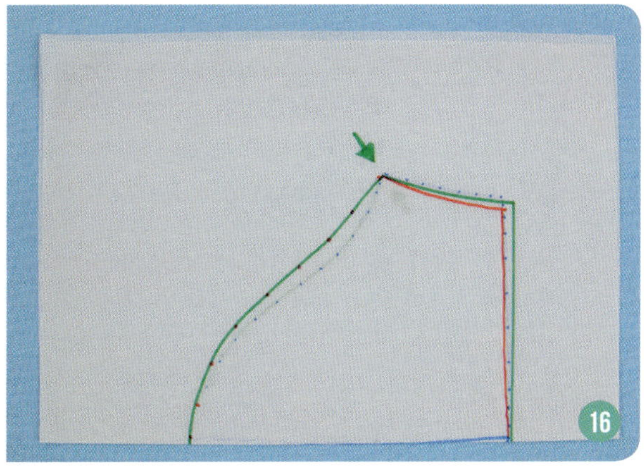

16

Dla lepszej widoczności na fotografii zaznaczyłem niebieskimi kropkami kształt linii ze spodniej warstwy papieru. Linie główki nie powinny się pokrywać. Pozostałe krawędzie wypośrodkuj.

Narysuj nowy kształt rękawa (zielona linia), wypośrodkowując linie czerwoną i niebieską. Dolną krawędź rękawa narysuj tak, aby zaczynała się pod kątem prostym do zagiętej krawędzi papieru.

» KROK 11.

Wytnij formę wzdłuż zielonych linii ze złożonego na pół papieru (fot. 17), rozłóż ją i odetnij fragment główki z przodu również wzdłuż zielonej linii (fot. 18).

17

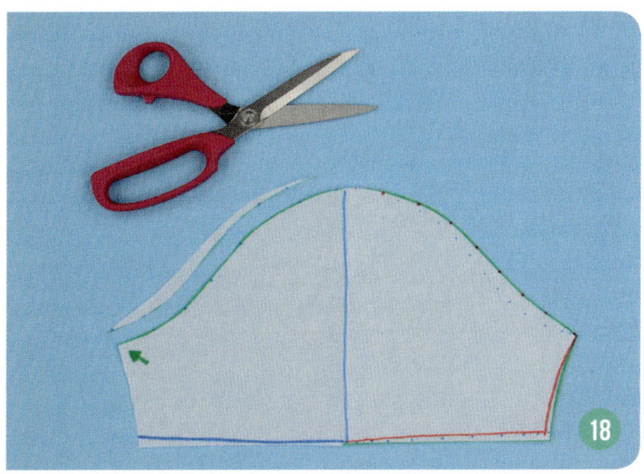

18

» KROK 12.

Rękaw będziesz doszywać do pachy, dlatego sprawdź, czy obwód główki pokrywa się z obwodem pachy przodu i tyłu. Spójrz na **ilustrację 1**. F powinno być równe E + D. Różnica do 0,5 cm jest dopuszczalna, uda się ją zgubić podczas szycia. Jeżeli jest większa, popraw kształt główki.

Wyznacz linię środka rękawa G (linia, wzdłuż której zaginałaś papier, konstruując formę). Połącz skrajne końcówki główki, tworząc linię H.

Różnicę w obwodach podziel na trzy równe części, wynik to wielkość P. Spójrz na **ilustrację 2** – odmierz wielkość P na liniach G i H. Jeżeli powiększasz obwód główki, P skieruj na zewnątrz rękawa, jeżeli pomniejszasz, P będzie skierowane do środka.

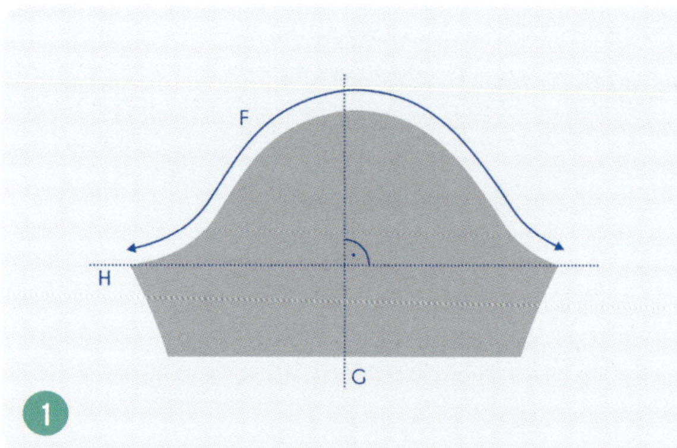

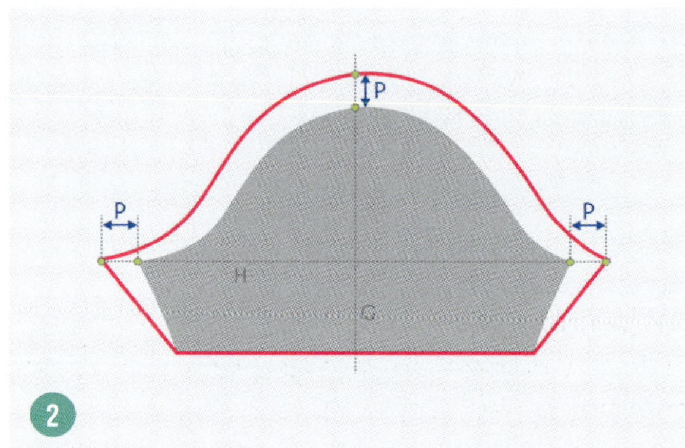

Narysuj nowy kształt główki, łącząc trzy punkty wyznaczone przez wielkość P. Staraj się zachować oryginalny kształt główki według różowej linii na grafice. Poszerzoną lub zwężoną główkę połącz z dolną krawędzią rękawa.

Ważne » Nitką prostą w wykroju rękawa jest linia środka rękawa, czyli linia, zgodnie z którą zaginałaś papier, składając go na pół.

Gotowe! W ten sposób możesz odbijać formę od każdego ubrania uszytego z dzianiny, którego poszczególne elementy będziesz mogła rozłożyć płasko. Niestety nie zdaje to egzaminu w ubraniach, w których są zaszewki. To temat na osobną książkę.

A T-shirt z nadrukiem, taki jak na zdjęciu finałowym (**fot. 19**), będziesz w stanie wykonać sama, kiedy skończysz czytać rozdział 8. Zatem jeżeli ci się podoba, działaj dalej!

SIATKA KONSTRUKCYJNA T-SHIRTA

Jeżeli odbijasz formę od gotowego wyrobu, dokładnie wiesz, czego się spodziewać po zszyciu elementów. Jeżeli jednak konstruujesz siatkę, zawsze musisz uszyć prototyp, aby nanieść poprawki.

Ważne » Formę skonstruujesz na podstawie zasad przygotowanych w procesie analizy i uśrednienia wymiarów mnóstwa sylwetek. Matematyka matematyką, a ciało ciałem, jednego dnia możesz się bardziej garbić, brzuch po posiłku jest nieco pełniejszy, jedno ramię możesz mieć ciut niżej od drugiego itd. Dlatego wykroje konstruowane od zera wymagają jeszcze drobnych poprawek, ale to normalna sprawa. Gotowe wykroje z czasopism też nie od razu leżą dobrze. Każda sylwetka ma indywidualne cechy, których nawet najbardziej skomplikowane obliczenia nie są w stanie przewidzieć. W trakcie przygotowywania ubrań, które kupujemy w sklepach, wykonuje się co najmniej dwa prototypy, w skrajnych przypadkach – pięć. Podobnie szyjąc ubranie u krawca, musisz kilka razy zrobić przymiarki. Pamiętaj o tym i nie oczekuj od razu perfekcyjnie leżącej formy. W tej książce szyjemy rzeczy luźne i elastyczne, więc liczba poprawek będzie minimalna.

Do skonstruowania formy T-shirta musisz znać wymiary obwodu szyi OS, szerokości barków SB, szerokości przodu SP, szerokości tyłu ST, obwodu biustu OG, obwodu talii OT, obwodu bioder OB, długości tyłu od siódmego kręgu DTS, głębokości pachy GŁP.

Zmierz się według instrukcji z rozdziału 4. Przygotuj papier o wymiarach 70 x 100 cm. Złóż go na pół i zacznij rysować.

» KROK 1.

Spójrz na ilustracje. Zaczniesz od narysowania linii środka T-shirta, która jest **nitką prostą** w tym wykroju. Wyznaczysz na niej trzy odcinki, które decydują o jej długości. Rozpocznij rysowanie linii 5 cm od górnej i 5 cm od lewej krawędzi kartki.

7KR – początek linii to punkt odpowiadający położeniu siódmego kręgu, czyli to dno dekoltu tyłu.

A – zaczynając od 7KR, odmierz w dół wielkość GŁP + 2 cm. W ten sposób wyznaczysz punkt LP – czyli **linię pachy**, poziom wyznaczający głębokość otworu na pachę.

B – zaczynając również od 7KR, odmierz w dół wymiar DTS. W ten sposób wyznaczysz LT – czyli **linię talii**, poziom, na którym znajduje się twoja talia.

C – teraz zaczynając od LT, odmierz w dół wielkość ½ DTS + 2 cm. Jest to standardowa wielkość określająca odległość bioder od talii. Wyznaczysz poziom LB – **linię bioder**, czyli linię dołu T-shirta.

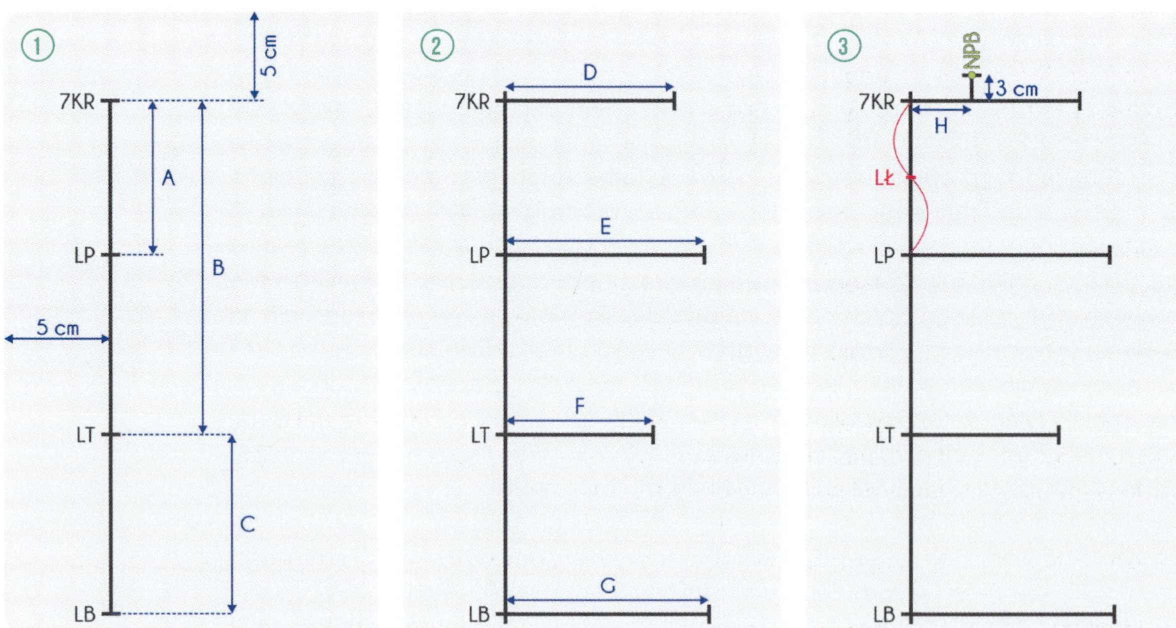

» KROK 2.

Wprowadź szerokości ćwiartki T-shirta. Narysuj cztery linie pod kątem prostym do linii środka!

D – na poziomie 7KR wprowadź ½ SB. Ta linia informuje o tym, gdzie wypada koniec twojego ramienia.

E – na poziomie LP wprowadź ¼ OG. Ta linia informuje o tym, jak szeroki powinien być T-shirt w biuście.

F – na poziomie LT wprowadź ¼ OT. Ta linia informuje o tym, jak wąska jest twoja talia.

G – na poziomie LB wprowadź ¼ OB. Ta linia informuje o najszerszym punkcie twojej sylwetki – biodrach, aby T-shirt nie był za ciasny w pupie.

» KROK 3.

H – odmierz od punktu 7KR wielkość ⅕ OS. Na końcu tego odcinka odmierz pod kątem prostym w górę 3 cm, w ten sposób wyznaczysz najwyższy punkt barku NBP. Na twoim ciele jest to punkt między ramieniem a szyją. Od tego miejsca zawsze będziesz mierzyć długość swoich ubrań.

Na linii środka T-shirta odległość od 7KR do LP podziel na pół, wyznaczając linię łopatki LŁ. Różowa fala to symbol oznaczający, że odcinek został podzielony na równe części.

» KROK 4.

Narysuj linię ramienia – to niebieska linia łącząca NBP z krawędzią poziomej linii.

Teraz przygotuj linie pomocnicze do rysowania łuków dekoltu i pach.

J – odmierz od NBP w dół wielkość ⅕ OS + 1 cm. Na tej wysokości poprowadź przerywaną linię pod kątem prostym do linii środka T-shirta. To linia informująca o tym, gdzie wypada podstawa szyi na twoim ciele z przodu.

K – od LŁ pod kątem prostym do linii środka odmierz wielkość ½ SP.

L – również od LŁ pod kątem prostym do linii środka odmierz wielkość ½ ST.

K i L to tylko linie pomocnicze informujące cię o tym, gdzie zaczyna się pacha z przodu i z tyłu na twoim ciele, abyś podczas rysowania podkroju pachy miała punkt odniesienia.

» KROK 5.

Narysuj **dekolt tyłu** (różowy łuk), łącząc NPB i 7KR. Łuk powinien stykać się pod kątem prostym z linią środka T-shirta.

Następnie narysuj **dekolt przodu** (niebieski łuk), zacznij w punkcie NPB. Głębokość dekoltu wyznaczyłaś wymiarem J w poprzednim kroku. Zachowaj kąt prosty przy linii środka.

Podkrój pachy przodu (niebieski łuk) narysuj tak, aby w miarę możliwości zacząć pod kątem prostym do linii ramienia. W zależności od sylwetki łuk ten może przeciąć się z końcówką linii K lub minąć z nią nawet do 2 cm (jak na grafice) – to kwestia indywidualnych wymiarów. Staraj się zachować kształt podobny do łuku na grafice. W jego dolnej części powinien on być wyraźnie wklęsły, aby koszulka nie uwierała w pachę podczas ruchów ręką do przodu.

Teraz pora na **podkrój pachy tyłu** (różowy łuk). Zacznij podobnie do pachy przodu, jednak narysuj płytszy łuk, mniej podcięty w dolnej części (tutaj oddalony od pachy przodu o około 1 cm). I podobnie jak z przodem, nie musisz przecinać łukiem końcówki linii L, możesz odsunąć się od niej aż na 2 cm.

Linię boku (zielona linia) narysuj, łącząc szerokość w biuście i biodrach z uwzględnieniem wcięcia na wysokości talii. Jeżeli jest duża różnica między biodrami a talią, wcięcie nie musi dochodzić do szerokości talii, możesz poszerzyć T-shirt w tym miejscu nawet do 2 cm. Zwróć uwagę, aby na linii boku nie powstały zbyt mocne zakręty, nie stwórz kształtu podobnego do połowy dzwonka w obszarze bioder. Fala powinna być łagodna, aby bluzka ładnie leżała na ciele.

» KROK 6.

Gotowa forma na połówkę T-shirta. W jednej formie jest zawarta połówka przodu i połówka tyłu. Pracując nad kolejnymi formami zamieszczonymi w tej książce, często będziesz zaczynać od tej formy. A teraz pora na konstruowanie rękawa. Będą do tego potrzebne obwody pachy przodu (M) i tyłu (N) – zmierz je metrem krawieckim.

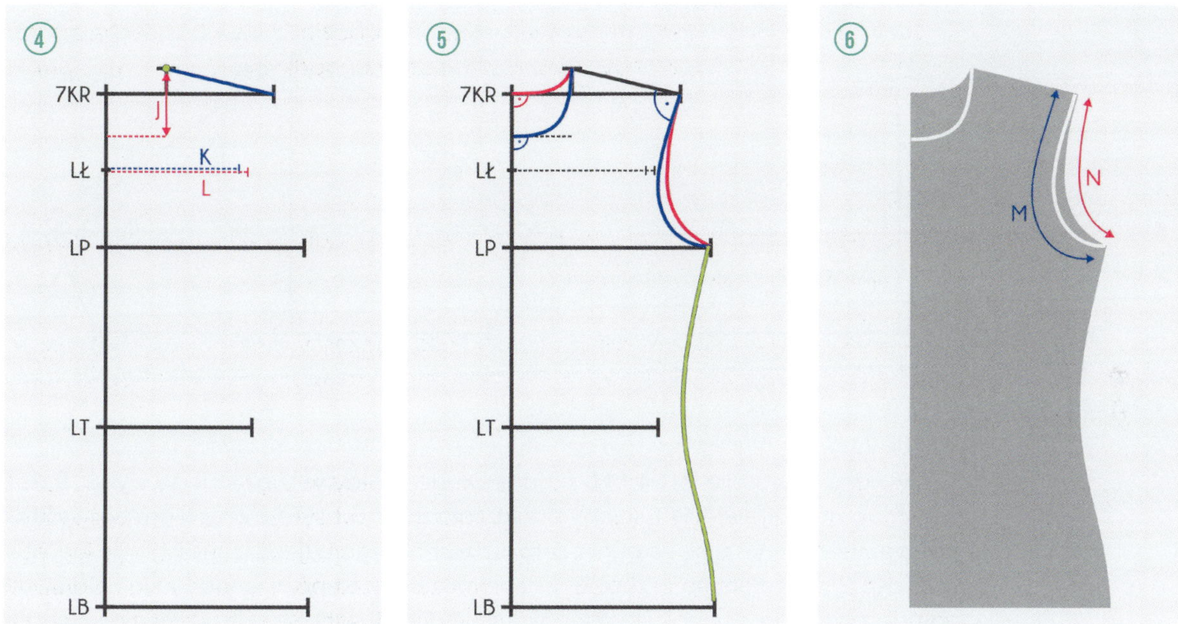

SIATKA KONSTRUKCYJNA RĘKAWA

Określ długość rękawa i jego szerokość na dolnej krawędzi. Zmierz obwody pachy, do której masz zamiar ten rękaw doszywać. Na podstawie tej siatki możesz też skonstruować rękaw do innego ubrania, opierając się na obwodach pachy tego ubrania.

» KROK 1.

O – narysuj pionową linię o długości rękawa. To linia środka rękawa, która jest nitką prostą dla formy rękawa.

P – na jej dolnej krawędzi pod kątem prostym wprowadź szerokość rękawa na dole. W przypadku krótkich rękawów jest to obwód rękawa na wysokości bicepsa. Narysuj poziomą linię P tak, aby linia O była dokładnie na jej środku.

R – oblicz wysokość główki rękawa. Zsumuj obwody pach M + N. Wymiar R wynosi ⅓ (M + N) – 2 cm. Odmierz ten wymiar na linii środka od góry. Na tej wysokości narysuj prostopadłą linię na całą szerokość twojej linijki (potrzebne będzie co najmniej 20 cm po każdej stronie linii O).

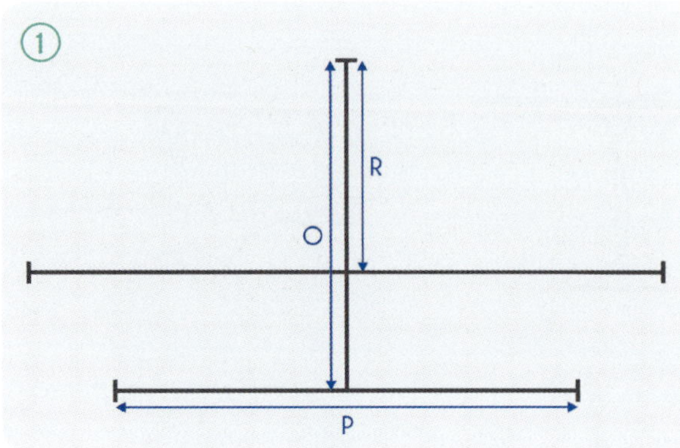

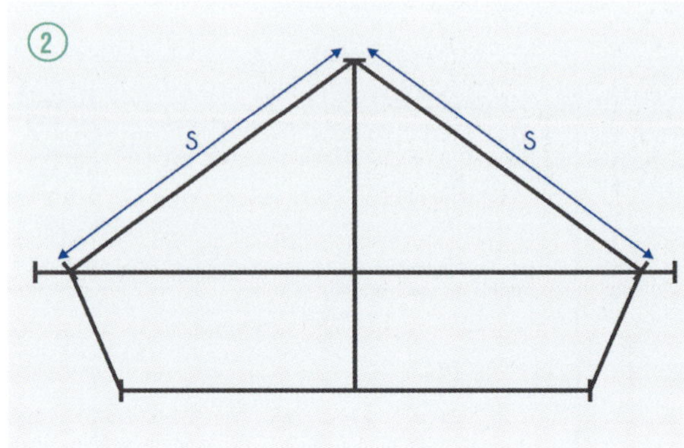

» KROK 2.

S – wykonaj równanie ½ (M + N) – 1 cm. Długość skośnej linii to jego wynik. Połóż linijkę lub metr krawiecki tak, aby punkt zero pokrywał się z czubkiem linii środka rękawa. Teraz, trzymając za punkt zero, szukaj takiego ułożenia linijki po skosie, aby wielkość S wypadała na przecięciu z linią poziomą. Narysuj symetryczne skosy po obu stronach. Narysuj boki rękawa, łącząc końcówki linii S z szerokością rękawa.

» KROK 3.

Wyznacz punkty pomocnicze do rysowania kształtu główki rękawa.

Lewy skos podziel na pół (niebieska fala). Zaznacz na linii skośnej pierwszy punkt oddalony od jej środka o 1 cm w dół (zielona kropka). Ta strona rękawa to będzie przód. Prawy skos podziel na cztery równe części, wyznaczysz w ten sposób trzy punkty. W najwyższym punkcie odmierz 2,5 cm w górę od skosu pod kątem prostym do skosu, wyznacz drugi zielony punkt. W środkowym punkcie na podobnych zasadach odmierz 2 cm, wyznacz kolejny zielony punkt. W najniższym punkcie nic nie zmieniaj – zaznacz czwarty zielony punkt. Ta strona to będzie tył rękawa.

» KROK 4.

W przedniej części rękawa podziel na pół odległości między zielonym punktem a górnym i dolnym krańcem skosu. Na środku dolnego odcinka odmierz pod kątem prostym do skosu 1,5 cm do wewnątrz rękawa, wyznaczając piąty zielony punkt. Ostatni zielony punkt znajduje się 1,5 cm ponad skosem, w połowie górnego odcinka.

» KROK 5.

Połącz zielone punkty, rysując główkę rękawa. Staraj się, aby fala była płynna, bez załamań. Jeżeli dla uzyskania płynnej fali musisz minąć się z którymś punktem, nie wahaj się. Możesz odsuwać się nawet do 0,5 cm, to są punkty pomocnicze.

Jeżeli chcesz zwęzić rękaw, aby bardziej dopasować go w bicepsie, możesz linie boków zamienić na wklęsłe łuki, jak przerywane linie. Taką korektę wolę jednak dokonywać podczas przymiarek.

» KROK 6.

Forma na rękaw gotowa! Przód główki jest bardziej wklęsły, tył – bardziej wypukły.

Nie takie to straszne, prawda? A jeżeli jednak wydaje ci się straszne, nie martw się, kolejne formy w tej książce będą polegać na wydłużaniu i poszerzaniu tego, co masz już za sobą. I z każdym kolejnym zadaniem będzie to dla ciebie coraz prostsza sprawa.

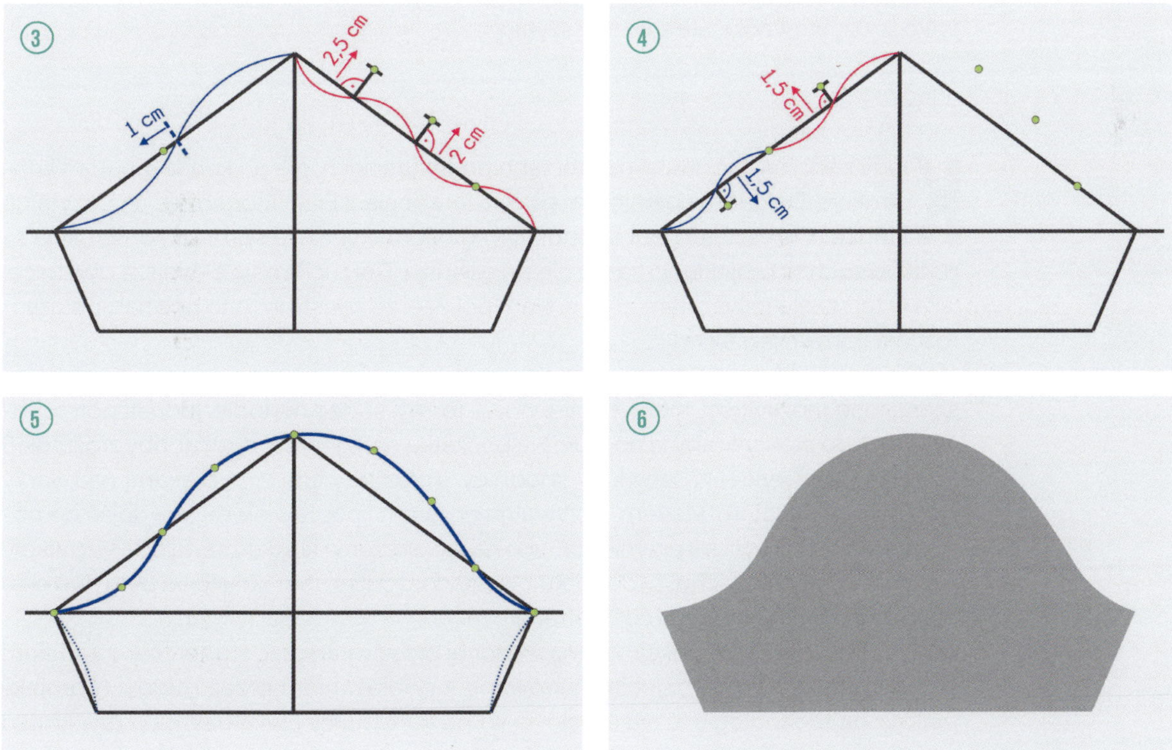

PODSUMOWANIE

» Zderzenie z konstrukcją masz już za sobą! Wiesz, jak wykonać formę T-shirta, możesz ruszać w dalszą część przygody, jaką – mam nadzieję – zapewnia ci ta książka.

» Dowiedziałaś się, jak odbić formę od T-shirta, teraz możesz odbić formę od swoich ulubionych bluzek. Kilka rozdziałów później uszyjesz po jednej w każdym kolorze.

» Wiesz, jak przygotować formę rękawa, bazując tylko na obwodzie pachy, zatem możesz dosztukować rękaw do każdej formy, jaką będziesz szyła.

Przeciągnij się, dla relaksu strzel piwko, a jeśli nie masz jeszcze 18 lat, to może lody lub ciepłą kąpiel, lub co wolisz. Przewietrz głowę przed kolejnymi zadaniami. Uszyjemy bluzkę oversize, a potem będziemy się bawić: nadruki, farbowanie, aplikacje! To wszystko przed tobą. A jeżeli poległaś na odbijaniu formy, zawsze możesz po prostu użyć T-shirta złożonego na pół (jak na pierwszych zdjęciach w tym rozdziale) i tworzyć kolejne formy na jego bazie – oversize daje mnóstwo luzu nie tylko w użytkowaniu, ale także w szyciu.

Kiedy zaczynałem naukę na studiach projektanckich, nie do końca łapałem konstrukcję. Dokładnie pamiętam pierwsze zajęcia z Ewą, która mnie jej uczyła na studiach. Weszła do sali i donośnym głosem wyjaśniła nam, że konstrukcja to podstawa, choć projektanci za nią nie przepadają. Dorzuciła najpiękniejszą obietnicę, jaką w tej szkole usłyszałem: „Ale ja wam pokażę, że konstrukcja to poezja!", po czym rozdała nam linijki i ekierki...

W istocie pokazała. Zaawansowana konstrukcja jest logiczną zabawą dającą nieskończone możliwości. Kiedy tworzę nowe formy, słyszę melodię, jednak potrzebowałem dużo praktyki, aby ją poczuć. Na początku mózg mi się skręcał, aby zrozumieć kształt i rolę zwykłej zaszewki w spódnicy. Przez trzy lata z wypiekami na twarzy kreśliłem, wycinałem, kleiłem, zszywałem, prułem i poprawiałem, aby dojść do poziomu, który pozwolił mi przynieść Ewce na zakończenie kurtkę zszytą z 72 kawałków i usłyszeć: „No tak, Jachu, ty do wielu rzeczy doszedłeś sam". Te słowa były dla mnie bezcenne, uwierzyłem, że coś potrafię!

Równolegle do konstrukcji, znienawidzonej przez większość studentów, z zapałem uczęszczałem na inne zajęcia traktowane z pobłażaniem przez młodych projektantów: na technologię, czyli szycie. O ile na konstrukcji Ewka trzymała nas krótko i frekwencja była niemal 100-procentowa, o tyle łagodna Edyta widywała na swoich zajęciach 15 procent, w porywach do 20 procent grupy. Dla mnie bomba: każdy miał swoją maszynę i tyle czasu i uwagi prowadzącej, ile potrzebował. Do dziś mam swoje pierwsze mankiety, kieszonki i kołnierzyki uszyte pod okiem Edyty. Nigdy nie rozumiałem, jak można być projektantem i nie pragnąć opanować tych dwóch działów, które przecież dają narzędzia do realizacji swoich pomysłów. Więcej o tym opowiem w kolejnych opowieściach.

Dzięki Ewie i Edycie kończyłem szkołę, może nie jako wirtuoz, ale jako osoba znająca podstawy i nauczona sposobu myślenia, który pozwalał na rozwój we własnym zakresie. Bo szycie i konstrukcja składają się tylko z kilku zasad, a w większości jest to sposób myślenia. Kiedy go złapiesz, otwiera się przed tobą świat pełen możliwości i przygód. Nie podejrzewałem, że kiedyś będę zapraszał do tego świata kolejnych pasjonatów, prowadząc kursy kroju i szycia. A oto jak do tego doszło.

Kilkanaście lat po skończeniu szkoły przeżywałem przygodę w Warszawie, próbując sił jako samodzielny projektant. Jak wiesz z poprzednich opowieści, nie szło mi najlepiej, jednak brak planu awaryjnego nie pozwalał mi się poddać. Żyłem z dnia na dzień, sytuacja trwała na tyle długo, że przestałem budzić się ze ściśniętym żołądkiem, ustały ataki paniki, po prostu powoli się przyzwyczajałem. Nasz showroom stał i się kurzył. Szukając innej drogi, próbowałem swoich sił, szyjąc proste i tanie ubrania pod kątem sprzedaży internetowej, jednak bez większego efektu. Pomimo okoliczności miewałem jeszcze twórcze zrywy, kiedy w napadzie weny robi się spontaniczne i niekoniecznie przemyślane posunięcia. Jedno z nich w zawikłany sposób doprowadziło mnie do bardzo ważnego zwrotu w mojej historii.

Nadszedł w końcu dzień, którego się bałem, od kiedy odszedłem z firmy. Wydałem ostatnie pieniądze. W dodatku na tkaniny! To był spontaniczny zakup, pod wpływem weny właśnie. Czasem mam tego dość (Boże, kiedy przyjdzie czas posuchy w sferze weny, będę oczywiście płakał). Z wiekiem coraz bardziej męczą mnie gorączkowa ekscytacja i pobudzenie, które mnie opanowują, kiedy coś się rodzi w tej mojej nieszczęsnej głowie i spokoju nie daje. Człowiek siąść spokojnie nie może, zasnąć się nie da, jedzenie nie przesuwa się przez gardło i skoncentrować się nie sposób, nic, tylko wybuchnąć! Chodzę wtedy tam i z powrotem jak pacjent psychiatryka i planuję. Obracam manekin w głowie, przeglądam tkaniny na półkach (też w głowie, bo wtedy półek jeszcze nie miałem), patrzę oczami kobiety na sukienkę, potem oczami innej, potem swoimi i zbieram, zbieram i zbieram, COŚ, właściwie nie wiem co. Ale wiem, że musi się tego uzbierać wystarczająco dużo, żebym zaczął działać!

Zbierałem tak dwa dni, aby trzeciego wieczorem gdzieś na styku półkul mojego mózgu wyłoniła się piękna sukienka. Zasnąłem dzięki tabletkom uspokajającym, a rano pognałem rowerem co sił w nogach na Pragę do sklepu, w którym kątem oka dostrzegłem kilka dni wcześniej tkaninę, która do mnie przemówiła. Cieniutka bawełna, szeleszcząca i zadrukowana w linearne maki, której nie byłem gotów odpowiedzieć. Jednak ona niestrudzenie szeptała do mnie przez te trzy dni, nie dając spać, i to właśnie na nią wydałem ostatnie pieniądze. Kolejne dwa dni w malignie szyłem, ponieważ w weekend planowałem sesję zdjęciową. Miałem fotografować koleżankę ubraną w kolejne zestawy do sklepów internetowych. Postanowiłem przy okazji obfotografować moje nowe cudo i pokazać je światu – ktoś musi to poczuć! Sesja poszła jak z bata strzelił i kolejne kilka dni pracowałem nad materiałem informacyjnym, karmiony przez przyjaciół, aby w końcu nowe ubrania trafiły do sprzedaży.

Pierwszego dnia po premierze kolekcji obudziłem się wykończony i zdołowany, z płaczem na końcu nosa. Starałem się sobie tłumaczyć, że się wyeksploatowałem i przejdzie, kiedy odpocznę, że dużo emocji przeze mnie przechodzi, mam za sobą ponad tydzień bardzo intensywnej pracy. Kolejny raz zrobiłem już swoje i pozostało wystawić to na pastwę odbioru, czyli na sprzedaż. Przyszedł moment, kiedy albo w końcu coś zażre, albo kolejny raz okaże się, że to jeszcze nie to i trzeba szukać dalej. Jednym słowem muszę wyjść ze swojej bezpiecznej przestrzeni pełnej nitek, tkanin i szpilek. Niestety pomimo akcji promocyjnych zorganizowanych z kilkoma butikami zainteresowanie moimi ubraniami nadal było znikome.

Po wieczornym spotkaniu z przyjaciółmi, na którym starałem się wdziać maskę dorosłego, zdystansowanego faceta, dowlokłem się na przystanek tramwajowy na moście Poniatowskiego. Dowlokłem się jako smutny, zagubiony chłopiec… i się popłakałem. Stało się coś, czego się po sobie nie spodziewałem: zacząłem się modlić. Dlaczego wcześniej mi to do głowy nie przyszło? Przecież ludzie się modlą, gdy im trudno, czerpią z tego siłę. Przez kilka lat nie potrafiłem tego robić, ponieważ zracjonalizowałem swoje życie. No i, kurczę, samo przyszło. Odważyłem się prosić o pomoc, nie wiem, kogo prosiłem, ale stałem na tym przystanku, płakałem i prosiłem. Nic się nie zmieniło, z wyjątkiem tego, że poczułem się nagle bezpieczny. Wsiadłem do tramwaju i jechałem, patrząc na Warszawę, moją wielką przygodę, którą właśnie przegrywałem. I pozwalałem myślom płynąć przez moją głowę. „Chyba trzeba w końcu zostawić to projektowanie, bo coś błądzisz za długo". Pomyślałem o moim koledze Bartku, który kilka lat wcześniej też odszedł od mody masowej i założył własną markę, projektując i szyjąc koszule męskie. W tamtym czasie często rozmawialiśmy ze sobą o doli i niedoli bycia samodzielnym projektantem. Bartek przyznał się mi, że czasem do swoich koszul musi dorabiać korepetycjami z angielskiego. „Hm, może też bym dorabiał, kiedyś prowadziłem korepetycje z niemieckiego. E, nic już nie pamiętam". Westchnąłem. No to z czego mógłbym jeszcze korepetycje dawać? Co ja jeszcze potrafię? I wtedy grom z jasnego nieba, o który chyba się modliłem na przystanku.

JANEK, PRZECIEŻ TY UMIESZ SZYĆ!

Tak właśnie życie podsunęło mi pomysł, aby uczyć innych konstrukcji i szycia.

ROZDZIAŁ 7

Przygotuj formę
i uszyj bluzkę
oversize

ZADANIE 5.

Przygotuj formę i uszyj bluzkę oversize

Dowiesz się:

- jak szyć dzianinę na maszynie owerlok;
- jak przekształcić formę dopasowanego T-shirta pod kątem bluzki oversize;
- jak poprawnie układać wykrój na materiale podczas krojenia;
- jak obliczyć zużycie materiału;
- jak wykończyć dekolt ściągaczem;
- jak wykonać podwijane mankiety w rękawach;
- jak w prosty sposób wykończyć dół bluzki listewką.

Przygotuj:

- 1 m dzianiny bawełnianej typu dżersej o grubości odpowiedniej na T-shirt i szerokości minimum 1,5 m. Jest to optymalna dzianina dla osoby początkującej, ponieważ nie rozciąga się zbyt mocno, dzięki czemu jest łatwa do szycia na zwykłej maszynie. Jeżeli masz już trochę doświadczenia w szyciu i posiadasz maszynę owerlok, możesz wybrać delikatniejszą i bardziej elastyczną dzianinę, taką jak dżersej z wiskozy z dodatkiem elastanu. W tym rozdziale użyję owerloku, żeby pokazać, jak wyglądają szwy wykonane na tej maszynie, ale podam też wskazówki do szycia na zwykłej maszynie. Zanim kupisz materiał, przygotuj formy i sprawdź, ile dokładnie potrzebujesz dzianiny. W tym rozdziale wyjaśnię, jak obliczać zużycie materiału;
- linijkę, metr krawiecki, papier do form i ołówek;
- wykrój na swój T-shirt;
- mydło krawieckie lub pisak do materiałów, nożyce, szpilki i nici. Te duże szpulki na zdjęciu to nici do owerloku, są nieco cieńsze od zwykłych i znacznie więcej jest ich na szpulce, to dlatego, że maszyna owerlok do wykonania szwu zużywa więcej nici niż zwykła.

Masz już za sobą uszycie prostej torby, zdejmowanie miary, pierwszą bluzkę na bazie geometrycznej formy i przygotowany wykrój dopasowanego T-shirta. Przyszła pora na prawdziwą konstrukcję. Jestem trochę podekscytowany, wypływamy na szerokie wody. **Gotowa? Zaczynamy!**

Najpierw kreska po kresce przeprowadzę cię przez proces tworzenia formy na bazie T-shirta. Używamy go jako podstawy, ponieważ jest on informacją na temat kształtu twojego ciała, formę oversize będziesz budować dookoła swojej sylwetki.

Wymiary, które podaję, sprawdzają się na sylwetkach w rozmiarze 36/38, ale każdy z nich możesz zmieniać pod kątem swoich wymiarów. Po modyfikacji wymiarów rysunek może nieco się różnić kształtem i proporcjami od tego w książce, nie przejmuj się tym. Przygotujesz formę na połówkę bluzki, a następnie pokażę ci, jak wykroić ją z materiału, aby uzyskać symetryczny kształt.

FORMA

Spójrz na **ilustrację 1** i przeczytaj instrukcje do każdego kroku.

» KROK 1.

Przygotuj formę na połowę T-shirta i przerysuj ją na nowym arkuszu papieru (patrz poprzedni rozdział).

» KROK 2.

Na bazie T-shirta narysuj nową formę (różowe linie).

A – ustal szerokość dekoltu. Możesz sprawdzić szerokość dekoltu w swojej ulubionej bluzce. Na wykroju odmierz połowę tej szerokości od linii środka T-shirta do ramienia, mierz ją pod kątem prostym do linii środka T-shirta. Optymalny dekolt łódka zaczyna się mniej więcej w połowie ramienia. A = 14 cm.

Głębokość dekoltu pozostaw taką jak w oryginalnym T-shircie. Możesz ją dopasować podczas szycia.

Narysuj kształt dekoltu przodu. Zaczynając przy ramieniu, narysuj łuk, który skończy się pod kątem prostym do linii środka T-shirta. Dekolt tyłu może być taki sam lub o 3 cm płytszy.

B – ustal długość rękawa i szerokość wywiniętych mankietów. Długość rękawa zmierz na sobie metrem krawieckim od miejsca, gdzie kończy się dekolt, lub od końca ramienia. Na wykroju przedłuż skośną linię ramienia, zachowując jej kąt nachylenia. Wydłuż ją do pożądanej długości rękawa + dwukrotna szerokość mankietu. Im szerszą bluzkę chcesz uszyć, tym dłuższe muszą być rękawy. B mierzone od końca dekoltu = 28 cm.

C – ustal szerokość rękawa. Owiń luźno metr krawiecki wokół bicepsa i rozszerz go do pożądanej szerokości, w ten sposób zmierzysz obwód rękawa. Podziel go na pół. Odmierz tę wielkość pod kątem prostym do skosu ramienia (linia B). Linia szerokości rękawa nie powinna nachodzić na formę T-shirta. Może jednak się tak zdarzyć, jeśli rękaw jest zbyt krótki. Wówczas wydłuż go tak (linia B), aby końcówka szerokości rękawa (linia C) wypadała w odległości co najmniej 8 cm w prawo od formy T-shirta. C = 17 cm.

D – ustal długość bluzki. Na sylwetce mierz ją od najwyższego punktu barku. Na wykroju wprowadź na linii środka T-shirta pożądaną długość bluzki + szerokość listewki wykończeniowej (u mnie 3 cm), również mierząc od najwyższego punktu barku (szczyt dekoltu w formie T-shirta). D = 68 cm.

E – pod kątem prostym do linii środka T-shirta wprowadź szerokość bluzki na dole. Powinna ona być przynajmniej o 1 cm szersza niż ¼ obwodu twoich bioder, aby bluzka nie opinała się na pupie. E = 25 cm.

F – narysuj kształt boku. Najpierw narysuj przerywaną linię pod kątem prostym do szerokości bluzki na dole (linia E) oraz pod kątem prostym do szerokości rękawa (linia C). Przetną się ze sobą pod dosyć ostrym kątem. Rysując linię boku, zacznij od rękawa. Wymiar F to dwukrotna szerokość wywiniętego mankietu. Ważne, aby na tej długości trzymać się linii prostej. Następnie możesz zacząć zaokrąglać ją pod pachą, jak na **ilustracji 1**. Jeżeli twój rękaw jest dłuższy, możesz trzymać się linii prostej na dłuższym odcinku. F = 6 cm.

» KROK 3.

Przerysuj na nowym arkuszu kształt przodu (ten z głębszym dekoltem). Zdecyduj, czy naddatek na szwy dodasz na papierze, czy już wycinając formę z materiału. Potrzebny jest 1 cm naddatku w miejscach zaznaczonych ciemnym obrysem na

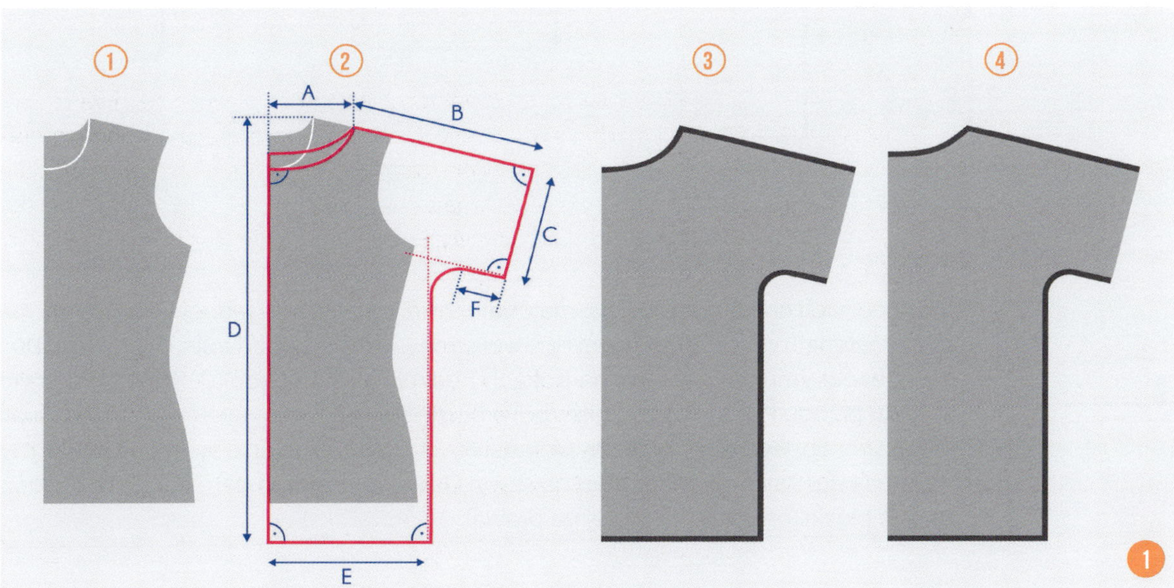

grafice. Krawędzie rękawów będą podwijane, dlatego tam nic już nie dodawaj. Na linii środka też nie ma naddatku, ponieważ tam nie planujemy szwów, wzdłuż tej krawędzi dodasz lustrzane odbicie formy (patrz kolejne kroki).

» KROK 4.

To samo zrób z formą tyłu (ta z płytszym dekoltem).

KROJENIE MATERIAŁU

Przygotowane połówki wykroju ułóż na materiale. Pokazuję dwa przykładowe ułożenia (**ilustracja 2**).

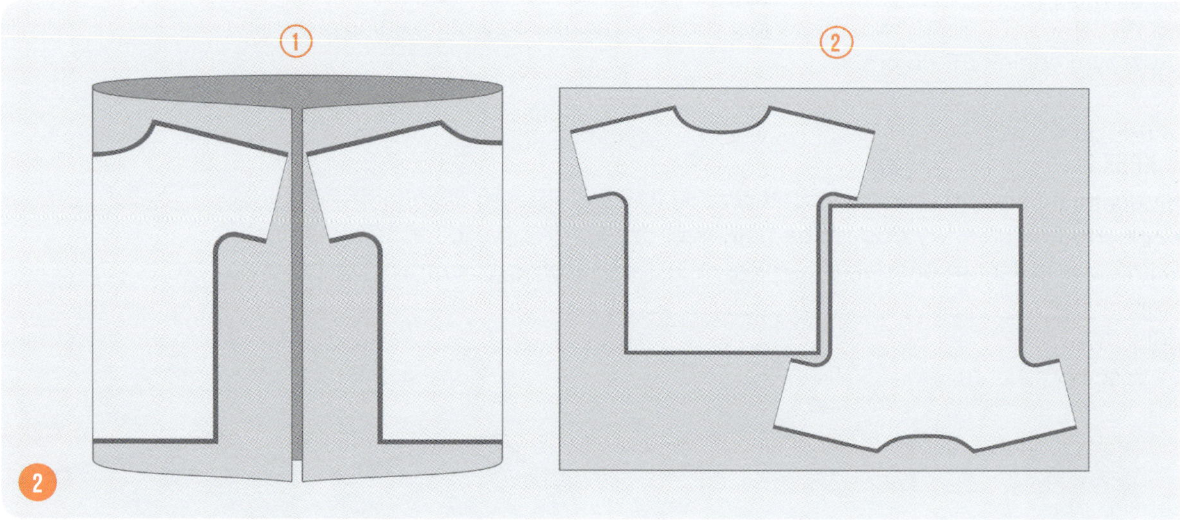

» KROK 1.

Jeżeli pozwoli ci na to szerokość materiału, ułóż elementy w jednej linii. Zagnij krawędź materiału do środka z lewej i prawej strony. Uzyskasz podwójną warstwę dzianiny z zagiętymi krawędziami na bokach i pęknięciem na środku. Przyłóż połówki wykroju przodu i tyłu tak, aby linia środka bluzki stykała się z zagiętymi krawędziami. W ten sposób, wycinając przez dwie warstwy, otrzymasz idealnie symetryczne formy przodu i tyłu. Pamiętaj o dodatku na szwy! Dzianina powinna bardziej się rozciągać wszerz bluzki (na grafice: z lewej na prawą).

Ważne » W ten sposób bardzo często będziesz kroić symetryczne formy. To właśnie dlatego przygotowujesz tylko połówkę wykroju, aby ułożyć ją na złożonym na pół materiale.

Ważne » Pamiętaj o zachowaniu nitki prostej, aby nie wyciąć bluzki ze skosem w strukturze dzianiny. Linie środka przodu i tyłu bluzki powinny być ułożone w pionie na materiale. Jeżeli nie uda ci się rozpoznać pionu w strukturze materiału, znajdź fabryczną krawędź dzianiny (to ta z dziurkami, która się nie strzępi, a nie ta odcięta przez sprzedawcę), wyznacza ona pion. Złóż materiał tak, aby zagięcie było równoległe do krawędzi fabrycznej, wtedy masz pewność, że wytniesz bluzkę poprawnie.

» KROK 2.

Jeżeli materiał jest zbyt wąski, musisz odwrócić jedną z form do góry nogami, aby zsunąć elementy ciaśniej. Potrzebujesz do tego wykrojów na cały przód i cały tył.

Ważne » Możesz taki układ zastosować tylko na materiale gładkim. Jeżeli wytniesz w ten sposób formę z dzianiny we wzorek, na jednej części wzorek wypadnie do góry nogami. Z kolei na dzianinie typu welur (czyli elastyczny aksamit – patrz rozdział o błękitnej sukience), która ma włoski skierowane w dół i pod każdym kątem ma trochę inny kolor, różnica po odwróceniu formy do góry nogami byłaby widoczna w kolorze i wyczuwalna w dotyku. Są też materiały robione z różnokolorowych nici, które zmieniają odcień w zależności od kątu patrzenia na nie. Dlatego zawsze, kupując materiał, sprawdzaj, czy można go odwracać do góry nogami – ma to wpływ na ilość potrzebną do szycia.

JAK OBLICZYĆ ZUŻYCIE MATERIAŁU

Trzeba przewidzieć szerokość poszczególnych elementów (w tym przypadku szerokość przodu i tyłu bluzki od krańca rękawa do jego krańca). Planując szerokość, pamiętaj o dodatkach na szwy. Jeżeli suma tych szerokości mieści się na szerokości beli materiału, oznacza to, że uda ci się ułożyć elementy obok siebie w jednej linii (jak w kroku 1. na **ilustracji 2**). Wtedy zużyjesz ilość równą długości bluzki. Ja zawsze doliczam co najmniej 10 cm na ewentualny wykurcz materiału podczas dekatyzacji. Czasem też się zdarza, że materiał zostanie krzywo ucięty przez sprzedawcę, więc ten zapas jest wskazany.

Jeżeli suma tych elementów nie mieści się na szerokości materiału, trzeba je ułożyć jeden pod drugim, co zwiększa zużycie do dwukrotności długości bluzki + zapas.

Chyba że jest możliwość odwracania elementów do góry nogami (jak w kroku 2. na **ilustracji 2**). Wtedy najprościej to zwizualizować, tzn. przygotować formy i ułożyć na podłodze na fragmencie o szerokości materiału. Ot, cała filozofia. No to kolejny kawałek wiedzy wskoczył, zatem kontynuujmy szycie bluzki.

SZYCIE

W przypadku tej formy szycie jest prościutkie, jednak to wykończenia stanowią wyzwanie.

Na owerloku: dostosuj naprężenie nici do dzianiny. Zazwyczaj naprężenie nici nawleczonych na igły powinno być większe niż nawleczonych na chwytacze, a szew powinien być elastyczny. Wykonaj próbne przeszycie, aby sprawdzić naprężenie nici i dostosować mechanizm dyferencyjny do elastyczności dzianiny tak, aby zniwelować falowanie szwu (patrz rozdział 2). Szyj czteronitkowym owerlokiem.

Na zwykłej maszynie: używaj ściegu zygzak, wykonaj test elastyczności, jak w przypadku nietoperza.

» KROK 1.

Ułóż na sobie tył i przód bluzki tak, aby stykały się prawą stroną materiału. Zepnij szpilkami ramiona i boki (**fot. 1**). Dzianina jest elastyczna, więc podczas krojenia coś mogło się przesunąć i elementy wtedy nie będą idealnie do siebie pasować. Nie przejmuj się tym. Spinając, skoncentruj się na tym, aby równo złożyć ze sobą krawędzie. Jeżeli coś wystaje, jest za długie, możesz to przyciąć. To luksus, na który można sobie pozwolić w formach oversize oraz w dzianinie, która wybacza niedoskonałości.

Zszyj ze sobą ramiona i boki.

Owerlok: uważaj, aby podczas szycia nie wjechać szpilką pod nóż. Na **fot. 2** widać, jak wygląda pacha zszyta owerlokiem – ta maszyna sama obcina, zszywa i od razu pięknie wykańcza krawędzie materiału. Nawet jeśli krzywo wytniesz, owerlok poprawi to za ciebie. Szyjąc na owerloku, zawsze zostawiaj końcówki szwów długie na około 10 cm, ponieważ w tej maszynie nie ma możliwości mocowania ściegu. Można albo zostawić wiszące nitki, albo zasupłać je tuż przy materiale. Są też tacy, którzy przyszywają je ręcznie wewnątrz do naddatków na szwy.

Zwykła maszyna: pamiętaj o nacięciu naddatków na szwy, na łukach pod pachami.

» KROK 2.

Jeżeli dzianina roluje się na krawędziach, a ty lubisz surowe wykończenia, to właściwie bluzka jest już gotowa! Ale chcę ci pokazać jak najwięcej, dlatego wykańczamy ją. Zanim do tego przystąpisz, przymierz bluzkę i sprawdź, czy odpowiada ci jej szerokość oraz szerokość rękawów.

Wykańczanie zacznij od rękawów. Przewróć bluzkę na prawą stronę i wywiń końcówki rękawów dwukrotnie z lewej na prawą stronę.

Aby się nie odwijały, przymocuj je w czterech miejscach (**fot. 3**), wykonując króciutkie szwy na 2 cm. Możesz to zrobić na maszynie lub szyjąc ręcznie. Przymocuj mankiet na szwach na szczycie i na spodzie rękawa oraz na środku jego szerokości z przodu i z tyłu.

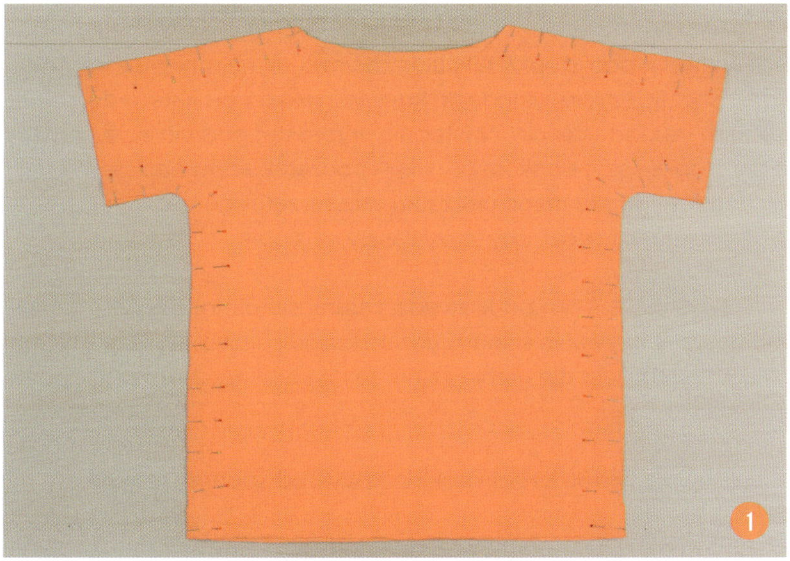
1

2

3

» KROK 3.

Listwa wykańczająca dół. Pozostaw bluzkę na prawej stronie. Wywiń dolną krawędź z lewej strony na prawą. Wywiń ją o dwukrotną szerokość listwy + 1 cm (w mojej bluzce 7 cm). Na **fot. 4** wsunąłem metr krawiecki pod krawędź wywinięcia, aby było widoczne, gdzie ono się kończy. Teraz na dole bluzki jest zagięta krawędź, a 7 cm wyżej znajduje się surowa krawędź wywinięcia.

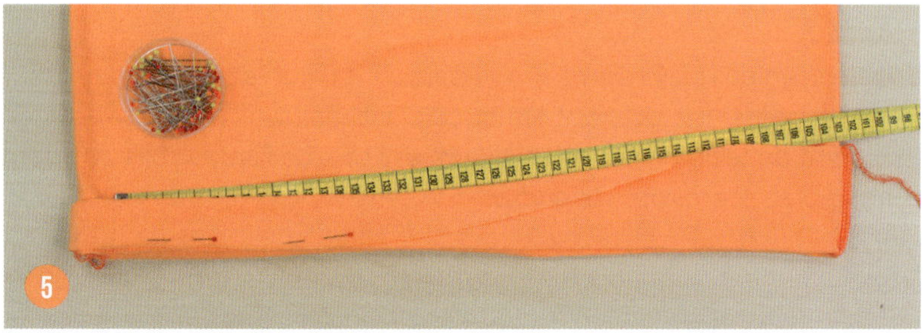

Następnie chwyć górną surową krawędź wywinięcia i złóż je na pół tak, aby przyłożyć tę górną krawędź do zagiętej krawędzi na dole bluzki. Zepnij ze sobą trzy warstwy materiału na dolnej krawędzi bluzki (fot. 5 i 6).

Zszyj te trzy warstwy, wykonując szew dookoła bluzki na dolnej krawędzi (fot. 7).

Owerlok: prowadź materiał pod stopką tak, aby obcinać jak najmniejszy fragment krawędzi. Musisz rozpocząć szycie, układając krawędź lekko pod kątem do stopki, aby wjechać ściegiem na podwinięcie. Następnie wyprostuj podwinięcie tak, aby było równoległe do stopki, i szyj dookoła (fot. 14 – początek szwu na listewce jest skośny). Na końcu dotrzesz do skośnego początku ściegu, zetnij go i przeszyj jeszcze kawałek, już bez obcinania krawędzi, aby szwy zaszły na siebie.

Zwykła maszyna: szyj około 0,5 cm od krawędzi i staraj się nie naciągać dzianiny. Tę samą listwę wykonałem, używając ściegu zygzak w szarej bluzie z aplikacją w rozdziale 10. Jeżeli nie wszystko jest dla ciebie jasne, zajrzyj tam, może inne fotografie ułatwią ci zrozumienie.

Na koniec zaprasuj listewkę w dół, a naddatek na szwy pod spodem w górę (fot. 8).

Ważne » W ten sposób możesz wykańczać wszystkie proste krawędzie.

» KROK 4.

Wykańczamy dekolt. Jego kształt narzuca sposób, w jaki to zrobisz.

Ważne » Łuku nie wykańcza się za pomocą podwinięcia, gdyż otrzymalibyśmy pomarszczony szew z odstającym rantem. Przy łagodnym łuku i elastycznym materiale może udać się podwinięcie o maksymalnie 0,5 cm. Dlatego dekolty wykańcza się najczęściej na trzy sposoby: ściągaczem, odszyciem lub lamówką. O ściągaczu, czyli listewce przyszytej wokół dekoltu, opowiem w tym rozdziale. Jak przygotować

odszycie, dowiesz się w rozdziale 10, przy okazji szycia bluzy z aplikacją. Lamówkę natomiast polecam ci dopiero, kiedy poczujesz się pewnie przy maszynie do szycia, gdyż wymaga ona ogromnej precyzji.

Ważne » Ściągacz to wykończenie tylko do dzianinowych asortymentów. Można wykonać go z tej samej dzianiny co bluzkę, pod warunkiem że listewka nie jest szersza niż 1,5 cm. W przypadku szerszej listwy należy użyć sprężystej i elastycznej dzianiny ściągaczowej. Aby ściągacz nie odstawał po przyszyciu, listewka musi być nieco krótsza niż obwód dekoltu. Podczas szycia będziesz musiała ją delikatnie naciągać, aby po skończeniu położyła się na ciele.

Do dzieła! To będzie najtrudniejsze, jak do tej pory, zadanie, więc uzbrój się w cierpliwość. Przymierz bluzkę i sprawdź, czy kształt dekoltu ci odpowiada. Możesz go jeszcze poprawić.

Rada » Aby symetrycznie wyciąć nowy dekolt, wywiń bluzkę na prawą stronę. Wsuń rękę do wnętrza bluzki przez prawy rękaw i chwyć za krawędź lewego rękawa. Wyciągając rękę, wciągnij lewy rękaw do wewnątrz prawego, tak żeby stykały się lewą stroną bluzki. Złożysz w ten sposób bluzkę na pół, tak że dekolty przodu i tyłu również złożą się na pół. Zepnij je równo i obetnij dzianinę przez dwie warstwy. Pamiętaj, aby zachować kąt prosty do zagięcia na środku przodu i tyłu bluzki, aby w dekolcie nie powstał szpic.

Kiedy dopasujesz dekolt, zmierz jego obwód (przód i tył). Mierz, układając metr krawiecki w pionie 1 cm od krawędzi – tu, gdzie wykonasz szew (fot. 9). Następnie obwód dekoltu pomniejsz o około 12 procent – to standard, jednak przy bardzo elastycznym materiale może okazać się, że listewka musi być jeszcze krótsza. Do wyniku dodaj 2 cm na szwy i wytnij pasek z dzianiny o tej długości, dzianina powinna się rozciągać wzdłuż paska.

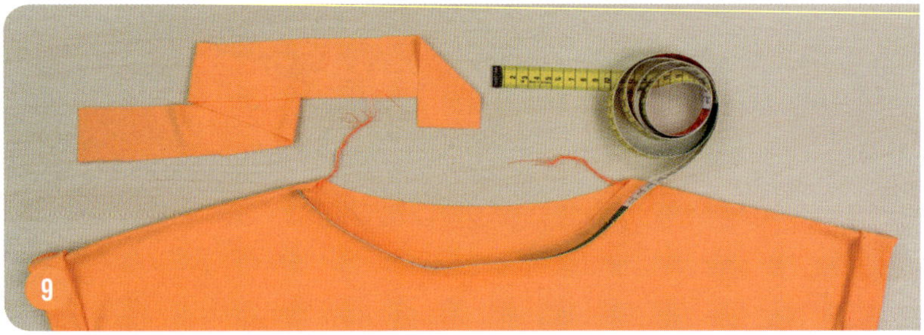
9

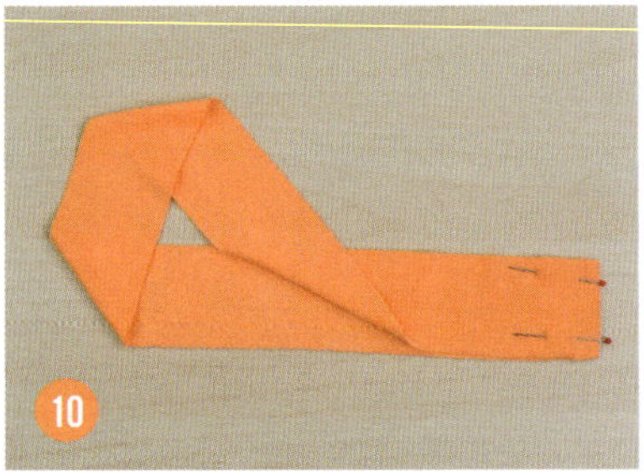
10

Szerokość paska to dwukrotność szerokości ściągacza + 2 cm na szwy (w moim przypadku 5 cm).

Złóż pasek na pół (fot. 10) i zszyj krótsze krawędzie. Powstałą pętlę zaprasuj wzdłuż na pół, tak aby szew schował się wewnątrz (fot. 11). Ułóż pasek wokół dekoltu tak, aby przylegał do prawej strony bluzki, a jego surowe krawędzie stykały się z surową krawędzią dekoltu. Obwody dekoltu i paska są różne.

Rada » Aby równomiernie rozłożyć tę różnicę podczas szycia, podziel pasek na kilka równych części i zaznacz punkty mydłem. Następnie dekolt podziel na tę samą liczbę równych części (będą innej wielkości niż te na pasku). Zepnij ze sobą punkty zaznaczone na pasku i te wokół dekoltu (fot. 12).

Wywiń bluzkę na lewą stronę, między szpilkami powinny być większe fragmenty dekoltu spięte z mniejszymi fragmentami listewki (fot. 13). Jeżeli nie ma widocznej różnicy, skróć nieco listewkę.

Rada » Podczas szycia dekolt lubi uciec spod igły, dlatego aby się przed tym zabezpieczyć, sugeruję fastrygę. Jest to wstępne ręczne przeszycie o dużych odstępach między nakłuciami igły (1,5–2 cm), które przymocuje listewkę do dekoltu we właściwym miejscu, gęściej niż szpilki. Wykonując fastrygę, rozciągaj listewkę tak, aby płasko przylegała do dekoltu. Jeżeli wykonałaś fastrygę, możesz usunąć szpilki.

Szyj, ustawiając stopkę na listewce, to pozwoli ci panować nad jej szerokością. Kontroluj odległość szwu od krawędzi listewki (fot. 14). Jeżeli szyjesz ściegiem zygzak, ważne, aby ścieg był bliżej surowych krawędzi niż brzegu listewki, po to aby naddatek po przyszyciu był węższy niż listewka. Szyjąc, rozciągaj listewkę do szerokości dekoltu, ale nie naciągaj dekoltu.

To naprawdę trudne zadanie, dlatego wykonuj je powoli. Jeśli nie wyjdzie, trudno. Odetchnij chwilę, spruj i spróbuj jeszcze raz. Trening czyni mistrza.

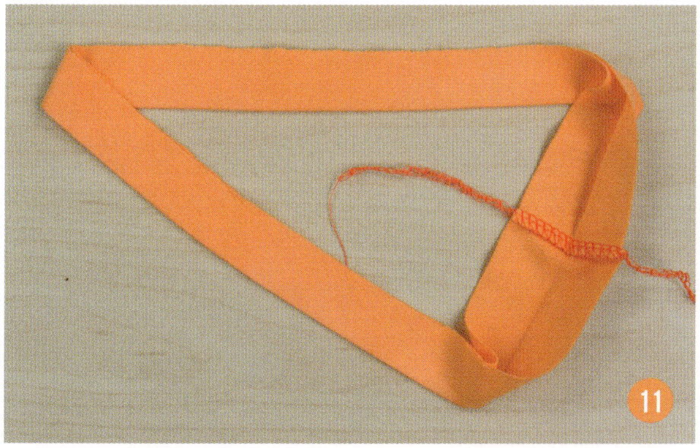
11

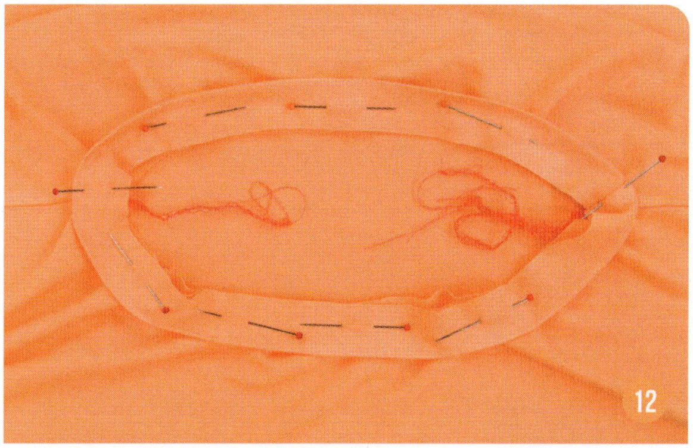
12

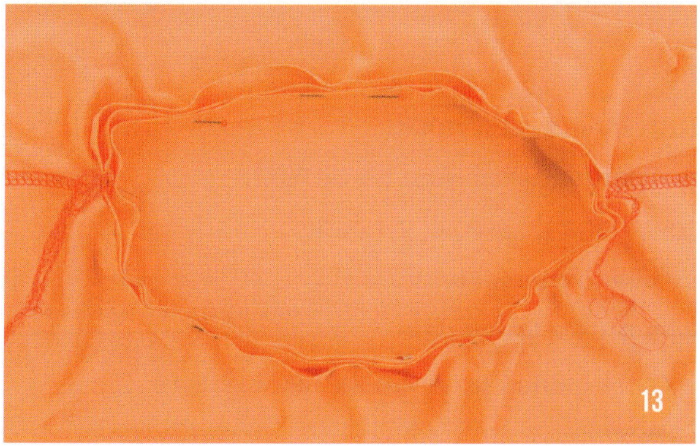
13

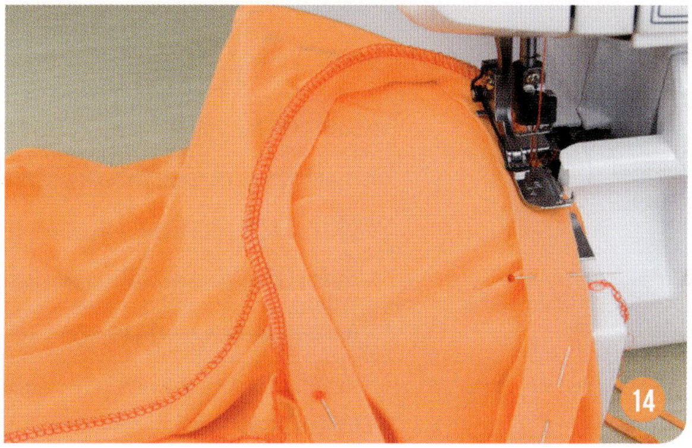
14

Po przyszyciu zaprasuj listewkę w górę, a naddatek – w dół (**fot. 15**). Mocno dociśnij żelazko i użyj pary, aby spłaszczyć szwy.

Rada » Jeżeli naddatek mimo wszystko się wywija, możesz dodać przeszycie dookoła dekoltu. Szyj po prawej stronie, około 2 mm pod szwem łączącym dekolt z listewką, aby przyszyć naddatek po lewej stronie.

Bluzka gotowa i wykończona na 100 procent. To było naprawdę duże wyzwanie. Niezależnie od tego, jak ci poszło, gratuluję przebrnięcia przez ten etap – nie zawsze będzie tak trudno. Pamiętaj też, że na początek możesz zrezygnować z wykańczania lub po przeczytaniu pozostałych rozdziałów zastosować inne sposoby, które bardziej ci odpowiadają.

15

PODSUMOWANIE

- Właśnie przygotowałaś swój drugi wykrój na wymiar!
- Dowiedziałaś się, jak obliczać, ile materiału zużyjesz na projekt.
- Wykroiłaś i uszyłaś bluzkę dostosowaną do swojej sylwetki.
- Dowiedziałaś się, jak uzyskać wywijane mankiety.
- Nauczyłaś się wykańczać listewką proste krawędzie.
- Doszyłaś swój pierwszy ściągacz do dekoltu, co jest naprawdę dużym osiągnięciem.
- Dowiedziałaś się też, jak wygląda szycie na owerloku.

Dużo, nieprawdaż? Powody do zadowolenia chyba są?

Jeżeli podobają ci się spodnie, które ma na sobie Laura na zdjęciu otwierającym rozdział, poradnik dotyczący ich szycia znajdziesz na blogu. Jeżeli wykonasz wszystkie zadania z tej książki, uszycie takich spodni to będzie dla ciebie pestka!

A skoro tyle o wykończeniach i dokładnym szyciu było, to opowiem moją ulubioną historię o tym, co czuje projektant, kiedy przychodzi do niego klient z poprawką krawiecką do wykonania. Przytrafia mi się to dosyć często chyba z powodu błędnych informacji, które zostały umieszczone w sieci na podstawie numerów PKD przypisanych do mojej pracowni. Do wyboru tych numerów podszedłem jak do czarnej magii, którą musi okiełznać każda osoba zakładająca działalność gospodarczą w naszym kraju. Z wielkim trudem przebrnąłem przez tabele i opisy, które momentami brzmiały dla mnie kompletnie niezrozumiale, w poszukiwaniu liczb właściwie określających to, czym miałem zamiar się zajmować. Nie do końca wiem, jak to się stało, ale w sieci wylądowałem automatycznie jako osoba specjalizująca się w skracaniu zasłon oraz obrębianiu poszewek i obrusów! Najwyraźniej to są „tekstylia", które wybrałem, ponieważ nic lepiej pasującego do „projektowania ubrań" nie mogłem znaleźć. I tak przynajmniej raz w tygodniu tłumaczę, że „nie, nie zajmuję się skracaniem nogawek", „nie, nie wszywam zamków" i „nie, nie wymieniam guzików". Pewnego dnia odebrałem telefon:

– Proszę pana, za dwa tygodnie mam ślub, a suknia jest za długa! Chciałabym ją skrócić o jakieś 5 cm.

No ostro! Dwa tygodnie do ślubu, chyba ma wyluzowane podejście dziewczyna. To były moje pierwsze, jakże błędne, myśli. Byłem nieco poirytowany, ponieważ był to już drugi tego dnia taki telefon. Jednak, jak zawsze, uprzejmym tonem wyjaśniłem, że to pomyłka:

– Dzień dobry, pewnie znalazła pani mój numer w internetowej książce telefonicznej. Tam są błędne informacje. Niestety nie zajmuję się poprawkami.

– A, nie. Byłam u pana na stronie.

– O rany! Na moim blogu? I gdzie tam pani znalazła informacje o tym, że wykonuję poprawki?

Zapytałem zaintrygowany tym, jaki jest tok myślenia kogoś, kto po wizycie na stronie projektanta prowadzącego kursy szycia uznaje, że jest on właściwą osobą do skracania sukni ślubnej na dwa tygodnie przed ceremonią.

– No pan szyje przecież.

Ach, no tak. To coś w stylu tekstów, które zdarza mi się słyszeć, kiedy poznaję nowych ludzi. „O, umiesz szyć? Super, wiesz, bo ja właśnie mam spodnie, w których mi zamek strzelił, to byś mi naprawił, co?". Zazwyczaj odpowiadam, że „nie zajmuję się poprawkami, ale mogę cię nauczyć, jak wszyć nowy zamek", co zwykle kończy temat.

– Ma pani rację, ale właściwie to ja uczę szyć, prowadzę kursy. I jestem projektantem. Myślę, że pani szuka raczej zakładu z poprawkami krawieckimi.

– Już obdzwoniłam całe miasto, nigdzie nie mają maszyny. Bo ta suknia jest wykończona takim czymś, to się nazywa mereżka. Nikt nie chce tego zrobić.

O Boże, tylko nie to, nienawidzę sukienek wykończonych mereżką. Współczuję temu, na kogo padnie. Tymczasem pani kontynuuje:

– A to dobrze, że pan jest projektantem. Bo, wie pan, no to jest bardzo ważna suknia. Ja ją sprowadzam specjalnie na tę okazję. Widzi pan, to jest suknia, która należała do Kate Middleton.

Milczenie... Chyba z niemym pytaniem „i co pan na to?". A ja się zastanawiam, kim, do cholery, jest Kate Middleton. Brzmi jakoś znajomo, ale tak na szybko nie mogę sobie przypomnieć, kto to. Sprawdzę, jak się rozłączę.

– Niezależnie od tego, do kogo należała ta suknia, dla mnie to nadal jest poprawianie po kimś, a ja się tym nie zajmuję.

Odpowiedziałem już trochę najeżony z zamiarem zakończenia rozmowy, ale zanim zdążyłem się pożegnać, moja rozmówczyni wytoczyła najmocniejszy argument:

– Hm, no wie pan, skoro jest pan projektantem, to byłoby dla pana zaszczytem móc skrócić suknię, którą miała na sobie Kate Middleton!

Aaa, ha, ha, ha, ha, szczęka opadła mi dwa piętra niżej. Cała irytacja zniknęła zastąpiona rozbawieniem i niedowierzaniem. O rany, tacy ludzie naprawdę istnieją?! Słyszałem o tym, ale nigdy nie zetknąłem się z tego typu snobizmem na żywo. A tu, proszę, dzwoni do mnie pani, której się wydaje, że dotknięcie Kate Middleton czyni suknię wyjątkową, i w dodatku uważa, że byłoby dla mnie zaszczytem móc ją skrócić! Pogodnym tonem wyjaśniłem, że jednak tego zaszczytu się nie podejmę. Złośliwie dorzuciłem na koniec, że może nikt nie chce się tym zająć, ponieważ słysząc, jak wyjątkowa jest to suknia, ludzie po prostu boją się ją zepsuć. Wiedząc, że tak naprawdę nikomu się nie chce użerać z właścicielką owej sukienki. Nawet zrobiło mi się jej trochę żal. Bardzo jestem ciekaw, czy wzięła ślub w za długiej, czy dorwała jakiegoś szczęśliwca, który mógł ją skrócić. Długo się zastanawiałem, jak mógłbym wyjaśnić tej pani, dlaczego jej oferta była oderwana od rzeczywistości. I wpadłem na – moim skromnym zdaniem – genialną analogię. To tak, jakby przyjść do dobrej restauracji z własnym kotletem i poprosić szefa kuchni, żeby go dla nas podgrzał. A kiedy ten w dodatku odmawia, poinformować go, że to dla niego zaszczyt móc odgrzewać tego kotleta, ponieważ Kate Middleton go wcześniej ugryzła. Czyż to nie byłoby absurdalne?

Szczerze podziwiam osoby zajmujące się poprawkami krawieckimi – w moim odczuciu to trudna i męcząca praca. Każdy jednak czuje powołanie do czegoś innego. A ja chciałbym głośno powiedzieć, że projektant cierpi, kiedy ktoś ocenia go jako osobę właściwą do wymiany zamka, ponieważ ma on znacznie więcej do zaoferowania! Więcej o tym opowiem w kolejnych historiach.

PRINCESS
Consuela
BANANA
HAMMOCK
WA
RZYW
KA

ROZDZIAŁ 8

Podkręć swoją bluzkę nadrukiem

ZADANIE 6.

Podkręć swoją bluzkę nadrukiem

Dowiesz się:

» jak poradzić sobie z przygotowaniem projektu nadruku, nawet jeżeli nie potrafisz rysować;

» jak wybrać hasło lub motyw na nadruk;

» jak wykonać nadruk w trzech różnych technikach.

Przygotuj:

» bluzkę lub torbę, na której chcesz wykonać nadruk;

» folię samoprzylepną, matę samogojącą lub inną podkładkę i nożyk introligatorski. Poniżej wyjaśniam, czym są i gdzie szukać tych narzędzi;

» farby do tkanin i pędzel lub pisaki do tkanin albo kredki pastelowe do tkanin;

» ewentualnie komputer z dostępem do internetu.

Tak jak zapowiadałem, w tym rozdziale pojawiają się nowe narzędzia, zatem dwa słowa wyjaśnienia.

Folię samoprzylepną kupisz w każdym dobrym markecie budowlanym lub w sklepach dla plastyków. Użyjesz jej do stworzenia szablonu nadruku. Proponuję przezroczystą, ponieważ podczas wykonywania nadruku pozwala ci kontrolować, czy farba nie wsiąka pod szablon. Kolorowe folie też się nadają, ważne, aby kolor był jasny, łatwiej wtedy przerysować na folię projekt nadruku.

Mata samogojąca to specjalna podkładka do cięcia. Jest wykonana z tworzywa, po którym swobodnie możesz przesuwać ostrzem noża, nie tępiąc go i nie zapadając się w tory poprzednich cięć. Posłuży jako podkładka podczas wycinania szablonu. Można ją kupić w sklepach dla plastyków i dobrych pasmanteriach. Jeżeli jednak twój nadruk nie jest skomplikowany, możesz ją zastąpić podkładką z kartonu.

Nożyk introligatorski dostaniesz w każdym sklepie papierniczym. Do wycinania precyzyjnych kształtów najwygodniejszy jest nożyk na sztyfcie, jak ołówek, taki znajdziesz w sklepie dla plastyków.

Farby, pisaki lub kredki do tkanin kupisz w sklepie dla plastyków lub w dobrej pasmanterii.

Do wycięcia szablonu w folii możesz użyć też urządzenia **ScanNCut** opisanego w rozdziale 2.

No to masz za sobą już sporo pracy z maszyną. Myślę, że dla odmiany przyszła pora na odrobinę zabawy z farbami. Zrobimy coś jeszcze bardziej kreatywnego i ekspresyjnego niż samo szycie: NADRUKI!

Co wolisz: obrazki czy napisy? A może chcesz połączyć jedno z drugim? Żaden problem. Nie przejmuj się, jeżeli nie potrafisz rysować. Mimo że od 15 lat pracuję jako projektant, daleko mi do rysownika i muszę przyznać, że nadruki to jedna z moich słabych stron. Projektując głównie ubrania z dzianiny dla masowych marek odzieżowych, musiałem znaleźć sposób na opracowanie grafik, inaczej nie przetrwałbym sezonu! Dzięki temu mogę dzisiaj podzielić się z tobą kilkoma sposobami „na skróty", które nieraz mi pomogły. Zacznijmy więc od koncepcji.

POMYSŁ NA NADRUK

Za pomocą nadruku na ubraniu wysyłasz światu informację. To element mogący dopełniać twój styl i ekspresję, wpływając na twoje samopoczucie, kiedy będziesz go nosiła. Dlatego warto dobrze się zastanowić nad tym, co chcesz o sobie powiedzieć. Przede wszystkim robisz go dla siebie, aby wkładając tę bluzkę, podkreślić coś w sobie. To, czy inni ten sygnał zrozumieją, jest, moim zdaniem, kompletnie nieistotną sprawą. Ważne, aby tobie dodawał skrzydeł dzięki temu, co nim wyrażasz.

Uwielbiam zabawy czcionką, ale wymyślanie haseł to dla mnie nie lada wyzwanie. Jednak dzięki pracy nad nadrukami z moimi kursantkami udało mi się wyłuskać kilka wskazówek, które mogą ułatwić ci znalezienie pomysłu na własną grafikę.

» POMYSŁ 1.

Symbol. Uważam, że nadruk w kontekście określania siebie jest naprawdę ważną i fajną sprawą, dlatego zadam ci pytania, których w tej książce mogłaś się nie spodziewać. Zamknij oczy i zastanów się, kim jesteś. Co w sobie lubisz i cenisz? Co w tobie sprawia, że prostujesz się z dumą? Co daje ci poczucie, że jesteś wyjątkowa? Wybierz coś, co DLA CIEBIE ma wartość. Pomyśl, w jaki symbol mogłabyś tę cechę ubrać. Może jakieś zwierzę albo roślina, może jakiś kształt geometryczny lub ornament, a może słowo lub zdanie? Szukając, nie staraj się, aby nadruk „był fajny" w oczach innych, on ma być fajny dla ciebie i wystarczy, że tylko ty wiesz, o co w nim chodzi. Jeśli będziesz w tym szczera, właściwi ludzie zrozumieją. Poszukaj koloru dla siebie. Jaki kolor ma emocja, nastrój czy energia, którą czujesz, kiedy myślisz o sobie, „to coś", co wybrałaś?

Nie kombinuj zbyt długo, zwykle pierwsze obrazy, które przychodzą do głowy, są strzałem w dziesiątkę. Ja np. mam ogromną ochotę na obrazek skrzydlatego węża o łuskach w kolorze papugi ary. Kiedy skończę pisać tę książkę, obiecałem sobie taki T-shirt.

» POMYSŁ 2.

Kod. Czyli nadruk, za pomocą którego powiesz coś o swoich zainteresowaniach, fascynacjach czy hobby. Może masz ulubiony film, książkę, postać, grę komputerową, kraj, kulturę starożytną, melodię, a może ulubione równanie matematyczne opisujące jakiś dział fizyki kwantowej? Zawrzyj w tym nadruku cytat, obraz lub inne nawiązanie do swoich zainteresowań, które zrozumieją tylko ci, których kręci to samo. Porozumiewaj się z nimi. Dobry przykład to drugi nadruk w tym rozdziale „Princess

Consuela Banana Hammock", osoby, które znają kontekst tego hasła, reagują zwykle entuzjastycznie.

» POMYSŁ 3.

Tym razem kod zrozumiały tylko dla twojej grupy przyjaciół. Na pewno macie wspólne przeżycia czy hasełka, które krążą tylko w waszym gronie. Coś, co wszystkim przypomina ten sam moment lub tę samą osobę. Ten nadruk będzie lepszym wspomnieniem i podkreśleniem więzi niż zdjęcia. Może to być też świetny prezent dla kogoś.

Takim hasłem jest dla mnie pierwszy nadruk w tym rozdziale „wiedźma czy niewiasta". Bez kontekstu to hasło nie robi większego wrażenia. Kiedy poznaje się, co za nim stoi, nabiera mocy. Podczas pewnych warsztatów, na których byłem z grupą przyjaciół (właściwie tam się zaprzyjaźniliśmy), prowadzący rzucił takim oto wyjaśnieniem tych dwóch słów: „wiedźma" to kobieta, która „WIE", a kobieta, która wie, w średniowieczu była uznawana za niebezpieczną i palona na stosach. Kobieta akceptowana wówczas społecznie to „niewiasta", czyli kobieta, która „NIE WIE". Niezależnie od tego, czy taka rzeczywiście jest etymologia tych słów, kiedy uszyłem bluzkę dla przyjaciółki z tym hasłem, reszta grupy nie miała wątpliwości, którą z tych kobiet jest Marta.

To tyle filozofowania, bierzemy się do roboty. Zarówno w przypadku obrazków, jak i napisów możesz wykonać szkic nadruku ołówkiem. Kiedy będziesz już zadowolona z kształtu, ostateczną formę popraw czarnym pisakiem i wymaż ołówek. Jeżeli masz komputer i dostęp do internetu, poniżej opisuję obiecane sposoby na skróty.

OBRAZKI

Jeżeli nie potrafisz rysować, podstawowym źródłem obrazków będzie internetowa wyszukiwarka grafik. Komponentów do nadruków w komercyjnym wydaniu szuka się w banku zdjęć, gdzie za każdy element trzeba zapłacić – prawa autorskie i te sprawy. Jednak na własny użytek można zaszaleć za darmo w internecie. **Uwaga, nie mówię tu o kopiowaniu wyrafinowanej pracy artystów, ale o inspiracji i pomaganiu sobie w rysowaniu**. Szukaj bardzo prostych obrazków, ponieważ jeżeli nie chcesz malować na bluzce odręcznie, będziesz potrzebować szablonu. Dlatego kształty, na których będziesz bazować, powinny być proste. Najlepiej, żeby była to jednolita plama, bez efektów artystycznych, takich jak przecierki, rozmycia i cieniowania. Najwygodniej byłoby, aby obrazek składał się tylko z dwóch kolorów i nie miał małych elementów. Wpisz w wyszukiwarce nazwę szukanego elementu, najlepiej po angielsku – dostaniesz znacznie więcej trafień. Dopisz **„black and white"**, a po spacji dodaj jedną z tych fraz: **„stencil", „pictogram", „clip art", „silhouette"** lub coś, co nakieruje wyszukiwarkę na szablonowe proste kształty.

Grafikę możesz wydrukować lub powiększyć na ekranie (klawisz ctrl + pokrętło na myszy) i przerysować delikatnie, przykładając cienką kartkę do monitora i rysując miękkim ołówkiem lub cienkopisem. Ostrożnie, aby nie uszkodzić matrycy.

NAPISY

Znajdź w sieci stronę z bezpłatnymi czcionkami. Większość takich stron umożliwia wprowadzenie własnego hasła i wyświetlenie go w każdej dostępnej czcionce. Wybierz swoją czcionkę i powiększ ją na ekranie komputera, aby przerysować napis na kartkę tak, jak w przypadku obrazka. Jeżeli masz drukarkę i program do tworzenia plików tekstowych, w którym możesz wybrać dowolną czcionkę, zainstaluj czcionkę na komputerze i przygotuj wydruk. W razie problemów poszukaj instrukcji instalacji czcionek w sieci. W programie do tworzenia plików tekstowych wpisz hasło, wybierz czcionkę, dostosuj rozmiar, układ i wydrukuj.

Stwórz projekt nadruku, komponując wybrane obrazki i (lub) napisy w układ, jaki chcesz mieć na bluzce. Zrób to, przerysowując je na nową kartkę lub folię samoprzylepną (patrz krok 1).

Opiszę trzy metody wykonywania nadruków, które można stosować na materiałach bawełnianych. Po impregnacji żelazkiem (patrz dalsza część instrukcji) nadruki te się nie spierają. Jeżeli chcesz drukować na dzianinie o innym składzie, wykonaj test, aby sprawdzić odporność nadruku na pranie:

» nadruki wykonane farbami – są lekko wyczuwalne w dotyku, zależy, ile farby nałożysz;
» nadruki wykonane pisakami są niewyczuwalne w dotyku;
» kredki pastelowe są wyczuwalne w dotyku.

Dwie pierwsze metody radzę wykonywać na jasnych materiałach, a najlepiej na białym. Można wtedy uzyskać nawet fluorescencyjne kolory (takie są moje nadruki, ale niestety te kolory są nie do odwzorowania na zdjęciach).

Ważne » Większość kolorów farb i pisaków do tkanin nie ma właściwości kryjących, co oznacza, że kolor materiału przebija przez kolor pisaka lub farby. Jeśli zrobisz rysunek żółtą farbą na czarnej bluzce, będzie on niewidoczny. Im ciemniejszy kolor pisaka lub farby, tym mocniej kryje. Czarnym kolorem można drukować na każdym kolorze dzianiny. Wyjątkiem są białe farby, które bywają gęste i dzięki temu kryjące, lecz przez to tworzą skorupkę i nadruk jest wyczuwalny w dotyku (kupując, sprawdź, czy wybierasz farbę kryjącą). Kredki pastelowe najmocniej kryją spośród tych technik, jednak też nie w pełni.

1. NADRUK WYKONANY FARBAMI

» KROK 1.

Wykonaj szablon z folii samoprzylepnej. Najpierw musisz przenieść projekt nadruku na folię. Przyklej taśmą projekt do szyby okna tak, aby prawa strona stykała się z szybą. Następnie przyłóż do niego folię samoprzylepną, aby folia stykała się z kartką, a w twoją stronę był skierowany papier transportowy. Dzięki światłu słonecznemu rysunek będzie przebijać przez folię (**fot. 1**). Przerysuj projekt.

Ważne » Jeżeli przerysowujesz projekt na papier transportowy, musi on być ułożony tak, abyś przerysowała go w lustrzanym odbiciu (**fot. 1** i **2**). Dzięki temu, przyklejając folię do bluzki, otrzymasz czytelny napis.

Wytnij szablon z folii, używając nożyka introligatorskiego i podkładki (**fot. 2**). Zacznij od wycinania wewnętrznych, mniejszych elementów, takich jak brzuszek litery „a" i „d" (**fot. 3**). Zachowaj elementy wewnętrzne, będą potrzebne.

1

2

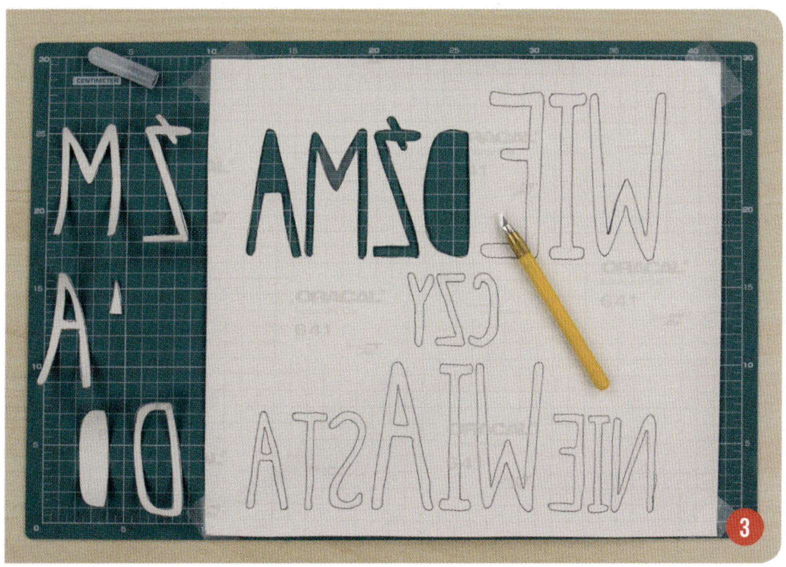
3

» KROK 2.

Przyklej szablon do bluzki. Kiedy cały nadruk został już wycięty (**fot. 4**), zaplanuj umiejscowienie grafiki na bluzce. Delikatnie odklej tylko kawałek papieru transportowego i przyklej górną krawędź folii do bluzki.

Z pomocą drugiej osoby powolutku odklejaj papier transportowy i przyklejaj folię do bluzki. Zwróć uwagę na jej kształt, czasem trzeba dodatkowo podważyć niektóre elementy folii, aby odkleiły się od papieru. Kiedy przykleisz główną część szablonu, doklej mniejsze elementy (**fot. 5**). Teraz przez bardzo cienką szmatkę przyprasuj szablon żelazkiem rozgrzanym do temperatury prasowania bawełny (**fot. 6**). Prasuj na płaskiej powierzchni, aby folia równo się dokleiła. Dociskaj mocno i nie trzymaj żelazka zbyt długo w jednym miejscu, aby nie stopić folii. Folia jest dokładnie doklejona, kiedy patrząc pod światło, zobaczysz, że na jej powierzchni odbiła się struktura dzianiny (**fot. 7**).

4

5

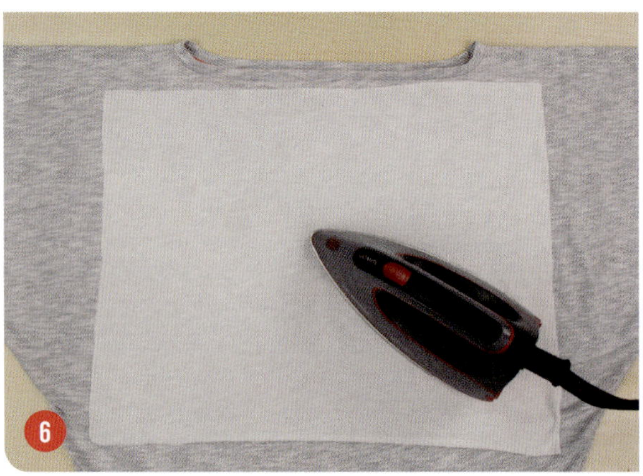
6

7

» KROK 3.

Malujemy. Wsuń papier do wnętrza bluzki, aby farby nie odbiły się na plecach (**fot. 8**). Używając pędzla lub gąbeczki, nakładaj farbę na materiał (**fot. 9**). Staraj się wykonywać raczej ruchy z szablonu na dzianinę, a nie w przeciwnym kierunku, aby nie wepchnąć pędzlem farby pod szablon, w razie gdyby gdzieś był niedoklejony. Kiedy wypełnisz cały szablon, poczekaj około godziny, aż farba podeschnie, i sprawdź, czy gdzieś nie trzeba uzupełnić. Pozostaw do całkowitego wyschnięcia (sprawdź w instrukcji na opakowaniu farb).

8

9

10

» KROK 4.

Zedrzyj szablon i zaimpregnuj nadruk. Kiedy farba jest już sucha, odklej szablon od dzianiny (**fot. 10**). Prawdopodobnie ulegnie on zniszczeniu, ale jeżeli postarasz się, może się okazać, że będziesz mogła ponownie go użyć. Zaimpregnuj nadruk, prasując go przez cienką szmatkę żelazkiem rozgrzanym do temperatury prasowania bawełny (**fot. 11**). Przytrzymaj żelazko 7–10 sekund w jednym miejscu, aż poczujesz specyficzny zapach – i nie chodzi o spaleniznę, jeżeli poczujesz spaleniznę, to klops.

Nadruk gotowy (**fot. 12**)!

11

12

2. NADRUK WYKONANY PISAKAMI

» KROK 1.

Usztywnij dzianinę. Aby swobodnie rysować pisakami po miękkiej dzianinie, trzeba najpierw zablokować jej elastyczność. Wywiń bluzkę na lewą stronę i w miejscu, gdzie planujesz nadruk, naklej kawałek folii samoprzylepnej. Wystarczy dobrze docisnąć rękami, ale jeżeli chcesz mieć pewność, że dzianina nie będzie się naciągać pod końcówką pisaka podczas rysowania, przyprasuj folię żelazkiem przez szmatkę (**fot. 13**).

» KROK 2.

Wzór lub szablon. Przewiń bluzkę na prawą stronę. Wsuń pod spód projekt nadruku wykonany czarnym kolorem (**fot. 14**). Teraz możesz, rysując odręcznie, przenieść projekt na bluzkę. Tworząc nadruk pisakami, można wykorzystać charakter odręcznej kreski.

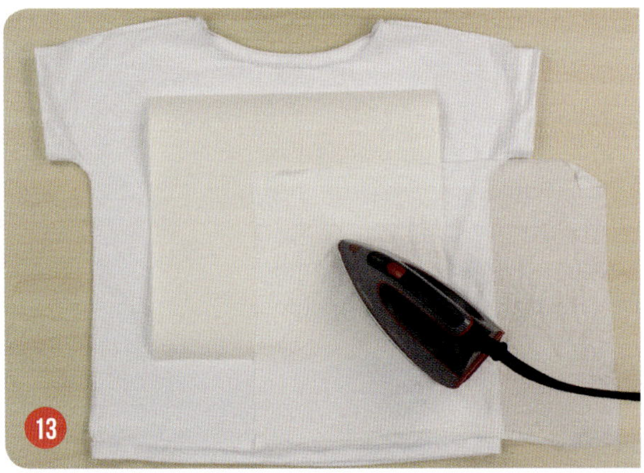

13

14

Lubię mieć wszystko pod kontrolą, więc po prawej stronie dzianiny też przykleiłem szablon przygotowany tak samo, jak do nadruku wykonanego farbami.

» KROK 3.

Rysuj. Wypełnij szablon na swój sposób. Możesz np. wykorzystać efekt kreskowania pisakiem. Możesz też szkicować, zaczynając napis od pełnego, mocnego koloru, a potem wykonując coraz rzadsze maźnięcia pisakiem (**fot. 15**). Na zdjęciach tego nie widać, ale pisaki, których użyłem, mają fluorescencyjne kolory i są tak soczyste, że nie mogłem się oprzeć, i ostatecznie cały szablon dokładnie wypełniłem mocnym kolorem, łącznie z serduszkami ręcznie dorysowanymi do projektu.

» KROK 4.

Jeśli używałaś szablonu, zedrzyj folię, gdy rysunek wyschnie (**fot. 16**). Następnie również zaimpregnuj, prasując suchy nadruk przez szmatkę – w ten sam sposób co w poprzedniej instrukcji (**fot. 17**).

15

16

Princess Consuela gotowa (**fot. 18**).

17

18

3. NADRUK WYKONANY KREDKAMI PASTELOWYMI

» KROK 1.

Ramka. Zainspirowałem się instrukcją obsługi z pudełka kredek i postanowiłem wykonać nadruk na zasadzie kolorowanki. Dlatego najpierw za pomocą farb i szablonu z folii samoprzylepnej nadrukowałem zieloną ramkę na torbie (**fot. 19**). Kiedy farba wyschła, odkleiłem wnętrza liter (**fot. 20**).

19

20

» KROK 2.

Kolorowanie. Następnie zacząłem wypełniać wnętrza liter, rysując półokręgi. Kredki pastelowe są bardzo miękkie i zostawiają specyficzne ślady, jeśli nie dociskasz ich zbyt mocno. W tej technice warto wykorzystać efekt niedociągnięć kredką, jako atut nadruku, aby miał charakter rysunku odręcznego (**fot. 21**).

» KROK 3.

Po wypełnieniu wszystkich liter (**fot. 22**) zedrzyj folię samoprzylepną. Jeżeli nadruk wykonałaś tylko kredkami, bez użycia farby, to możesz go sprać, w razie gdyby ci się nie spodobał, i zacząć od nowa.

» KROK 4.

Impregnacja. Jeżeli jesteś zadowolona z dzieła, przygotuj półpergamin lub papier śniadaniowy. Potrzebny jest cienki i chłonny papier, ponieważ kredki są tłuste i podczas prasowania na szmatce zostawiłyby plamy i mogłyby ją zabrudzić, a papier wchłonie tłuszcz i ewentualne odbarwienia. Impregnuj nadruk żelazkiem rozgrzanym

do temperatury bawełny (**fot. 23**). Tym razem prasuj delikatnie, masując, nie zatrzymując się w miejscu, aby krawędzie żelazka nie odbiły się w konsystencji rysunku. Kiedy nadruk jest już twardy, możesz przestać.

I zabawna torba na warzywka jest już gotowa!

Bardzo lubię takie zabawy w ZPT, a to nie koniec. W kolejnym rozdziale pokażę trzy sposoby farbowania ubrań. Ale zanim zaszalejemy z barwnikami, podsumujmy. No i będzie jakaś historyjka.

PODSUMOWANIE

- Wykonałaś swój pierwszy, indywidualny nadruk.
- Co więcej, sama opracowałaś koncepcję i zaprojektowałaś grafikę.
- I mam nadzieję, że na tym nie poprzestaniesz, poznałaś trzy z całej masy technik, którymi można żonglować do woli.

Mam nadzieję, że jesteś choć trochę podekscytowana tym osiągnięciem. Ja zawsze piszczę z zachwytu, kiedy zdzieram szablon, nawet jeśli farba wejdzie pod folię albo kształt obrazka trochę się zmieni. Tak naprawdę nikt nie wie, jaki był plan, a efekt zawsze robi wrażenie, w końcu zrobiłaś to własnoręcznie! Ilu spośród twoich znajomych może się pochwalić nadrukiem dopasowanym do ich osobowości, w dodatku wykonanym tylko w jednym egzemplarzu?

Noś swój z dumą!

I oczywiście, jak zawsze – jeżeli podobają ci się sukienki Ewki, Ikuko lub spódniczka Laury – wiesz już, gdzie szukać instrukcji!

OPOWIEŚĆ

Opowiem o tym, jak trafiłem do miejsca, gdzie musiałem produkować 5–10 grafik dziennie i ku mojemu zdziwieniu szefowa była zadowolona. Uwierzyła we mnie po tym, jak wymęczyłem jednorożca w rozbłyskach magicznej mgiełki i cekinów... Boli mnie do dziś wspomnienie tego kiczu. Ale zacznijmy od początku.

Połowa sierpnia, emocje po otwarciu naszego showroomu opadły, a ich miejsce zajęły emocje typu „niech się dzieje wola nieba". Wakacje, mały ruch w interesie, ale dzięki Bogu znaleźli się chętni do indywidualnej nauki szycia. Nawet się już wtedy nie martwiłem, że za miesiąc będzie zero kasy na koncie, a Warszawa nadal nie rzuciła się na mnie z zachwytem. Jeździłem na rowerze z Woli do centrum, gdzie przeniosłem pracownię ze względu na korepetycje z szycia, jak wówczas je nazywałem, i cieszyłem się zdrowiem. Pewnego dnia, gdzieś na tyłach Dworca Zachodniego, tory kilku myśli w mojej głowie się przecięły i z tego przecięcia powstał pomysł rozwinięcia korepetycji do wersji kilkuosobowej, zwanej kursem. Chwilowo pomysł jeszcze nie dotykał rzeczywistości, bo skąd wziąć dodatkowe maszyny? Gdzie te zajęcia prowadzić? Jakieś stoły by się przydały. No i czy znajdzie się tylu chętnych? Ach, natrętne pytania, precz! W okolicach Muzeum Powstania Warszawskiego odpędziłem te myśli i zacząłem mocniej pedałować z jakąś taką ekscytacją dziwną.

Kilka dni później, ni stąd, ni zowąd, dzwoni telefon. Po drugiej stronie pani Barbara przyjaznym głosem zaprasza mnie na rozmowę kwalifikacyjną. Gdzie? „O rany, nie przywołuję z pamięci", oczywiście się nie przyznałem. Dobrze, że pani Basia podała nazwę firmy. Szybkie śledztwo internetowe, adresy sklepów, do rozmowy trzeba się przygotować!

Jak zawsze wziąłem się do tego z zapałem. Postanowiłem nie powtórzyć błędu, jaki popełniłem na poprzednim spotkaniu kwalifikacyjnym, do którego przygotowałem się, dokładnie przeanalizowawszy największy outlet tej marki (buhahaha). Dla wyjaśnienia: w outletach ląduje to, co się nie sprzedało, czyli najsłabsze końcówki kolekcji. Wnioski, którymi podzieliłem się z główną projektantką podczas rozmowy, miałem porażające, byłem podłamany poziomem kolekcji i cen... Cóż... Dowiedziałem się, że byłem w outlecie, a nie flagowym sklepie, jak mi się wydawało. Wjechałem jedno piętro za wysoko, ale co poradzić, ruchome schody wciągają.

Tym razem upewniłem się, że trafiłem do właściwego sklepu, dokładnie przejrzałem, co było do przejrzenia, przeanalizowałem: styl, trendy, ceny, jakości, układ, wynotowałem sobie wady, zalety, pytania i spostrzeżenia, i jak zwykle z poczuciem, że mógłbym lepiej się przygotować, wybrałem się na spotkanie kwalifikacyjne.

To była jedna z tych rozmów, na których z jakiegoś powodu człowiek się nie stresuje. Nie wiem, czy to kwestia miejsca, czy osób, z którymi się rozmawia. Grunt, że zrobiłem dobre wrażenie i jeszcze tego samego dnia dostałem pracę! Jak w pysk strzelił! Pierwsza wypłata kilka dni po tym, jak na koncie kolejny raz zaświeciły pustki. Później dowiedziałem się od szefowej, że ująłem ją tym, iż jak to określiła, „miałem odwagę, aby się przyznać na rozmowie kwalifikacyjnej na stanowisko projektanta, że mi to właściwie już się nie chce projektować i z wielką radością popracuję na gotowych wzorach". Bo taki rodzaj „projektowania" uprawiała ta firma, zresztą jak większość masowych marek. Pod tym względem rozumieliśmy się dobrze – tak cynicznie do tematu podchodzi projektant, który już dawno zrozumiał, że w biznesie nie chodzi o sztukę. Nie mówiłem tego z pozycji odwagi, szczerze się ucieszyłem, że w tej firmie gra się w otwarte karty i nie trzeba owijać w bawełnę faktu, że projektowanie polega tak naprawdę na wyborze najbardziej komercyjnych wzorów. No wreszcie konkrety!

Moja praca polegała między innymi na produkowaniu zawrotnej liczby nadruków, czyli tego, czego się bałem najbardziej, ponieważ zawsze wydawało mi się, że jestem w tym beznadziejny. Siedziałem w związku z tym zestresowany, jak na szpilkach i bardzo się przejmowałem każdą krytyką. Przełom nastąpił, kiedy na moje biurko trafiła inspiracja w postaci zdjęcia czarnej bluzy z fotograficznym nadrukiem białego jednorożca.

– Zrób mi to, proszę, na dzisiaj.

– Coooo???? Gdzie ja znajdę zdjęcie białego jednorożca?! Nawet banki zdjęć mają swoje granice. (Swoją drogą, chyba nie ma innych jednorożców niż białe, nie?)

– Jaaanek, chłopie! Weź jakiegoś konia przerób.

Doradziła mi szefowa. Więc kilka godzin przeczesywałem bazę zdjęć w poszukiwaniu białych koni z rozwianymi grzywami. Koło południa zaprezentowałem jej z dumą szeroką paletę białych rumaków:

– Nie, temu grzywa oczy zasłania. Nie, ten ma głupią minę. Nie, dziwnie zad mu się układa. Nie, nie, nie, szukaj dalej.

Ale jak to, przecież już przejrzałem wszystkie białe konie w bazie. Nie poddawaj się, powiedziałem sobie, poszukamy jasnoszarych, coś tam w Photoshopie rozbielisz i będzie git. Szefowa, przechodząc obok mojego komputera, kątem oka dostrzegła właściwe proporcje, układ kopyt i lśniącą sierść.

– O TEN! Widzisz, jaki ładny?

– Aga, ale on jest CZARNY!!

– To co z ciebie za projektant, jak ty z czarnego konia białego jednorożca nie potrafisz zrobić?!

– No, beznadziejny – odparłem z sarkazmem.

Wtedy coś puściło. Szefowej ulżyło na myśl, że jednak mam dystans do siebie i poradzę sobie z krytyką mojej pracy. Ja z kolei odpuściłem jakieś niebotyczne wymagania, które sam sobie postawiłem. Znalazłem szarego konia, wybieliłem go, jakimś cudem zdjęcie artefaktu z muzeum okazało się świetnie grać rolę rogu, dorzuciłem jezioro i rozbłyski światła. A na koniec dnia usłyszałem, że piękny nadruk zrobiłem i że jak chcę, to potrafię.

Kiedy przestałem podchodzić do sprawy nadruków tak śmiertelnie poważnie, praca nad nimi zaczęła mi nawet sprawiać przyjemność, a efekty były coraz lepsze. Tak przetrwałem okres próbny, na którego koniec szefowa poinformowała mnie, że jej zdaniem nadruki są jedną z moich najmocniejszych stron. Dostałem umowę i dzięki tej pracy mogłem pozwolić sobie na mały kredycik na zakup maszyn. Zamieściłem ogłoszenie, aby przetestować swój pomysł z grupową wersją kursu szycia – odzew był natychmiastowy! Dogadałem się z pozostałymi projektantkami, że na próbę poprowadzę zajęcia w naszym showroomie. Tak naukę rozpoczęła moja pierwsza grupa eksperymentalna, na której wieczorami testowałem program kursu szycia, który niebawem stał się największą przygodą, jaką do tej pory przeżyłem.

ROZDZIAŁ 9

Zafarbuj coś

ZADANIE 7.

Zafarbuj coś

Dowiesz się:

» jak farbować ubrania na trzy nietypowe sposoby:
- na kostkach lodu;
- na półsucho;
- na mokro z efektem cieniowania koloru.

Tym razem bez filozofowania i długich wstępów. Z farbowaniem jest prosto, to czysta ekspresja! Wybierz swój ulubiony kolor lub ten, w którym czujesz się najlepiej, i do dzieła. Zanim wykonasz jedno z tych cudeniek, musisz wiedzieć kilka rzeczy.

Ważne » Barwniki są najlepiej wchłaniane przez bawełnę i len, dlatego przygotuj bluzkę z bawełnianej dzianiny. Możesz uszyć coś sama lub kupić biały T-shirt i na nim poćwiczyć.

Rada » Szyjąc bluzkę, użyj nici w kolorze zbliżonym do tego, na który planujesz ją farbować, ponieważ poliestrowe nici nie przyjmują barwnika, którym barwi się bawełnę.

Ważne » Barwniki bardzo mocno farbują, również skórę, dlatego cały czas używaj gumowych rękawic i fartucha ochronnego (lub włóż stare ubranie, które możesz zniszczyć). Miejsce pracy zabezpiecz folią lub, jeżeli to możliwe, wykonuj prace w ogrodzie, aby nie pobrudzić mebli, dywanów i innych tekstyliów domowych. O ile kolor ze skóry i paznokci zmyje się po kilku dniach, o tyle z drewna i tkanin nie spierze się już nigdy.

Rada » Jeżeli chcesz uzyskać intensywne, nasycone kolory, podstawa musi być biała. Użyj co najmniej kilku torebek barwnika (nie według informacji na opakowaniu).

Ważne » Po skończeniu farbowania kilkakrotnie dokładnie wypłucz ręcznie bluzkę, aż woda będzie słabo zabarwiona. Wtedy możesz wrzucić ją do pralki na cykl płukania. Emalia i plastik prawie w ogóle nie przyjmują barwnika, dlatego możesz płukać bluzkę w wannie lub misce. Wyszoruj ją od razu mocnym detergentem.

Ważne » Trwałość farbowanych kolorów zależy od barwnika, którego używasz. W większości przypadków nie jest niestety idealna, tym bardziej że farbujemy na zimno, bez gotowania. Warto poszukać w sieci informacji o sprawdzonych markach. Można również namoczyć bluzkę w roztworze octu i soli (informacje są na opakowaniach). Ja tego nigdy nie robię, ponieważ nie chcę prać bluzki od razu po farbowaniu. Można pogodzić się z tym, że kolory z każdym praniem będą troszkę bledsze. Bardzo lubię efekt lekko spłowiałego koloru, jakby wypalonego słońcem – kojarzy mi się z latem i wakacjami.

Ważne » Pamiętaj, aby nie prać farbowanych rzeczy z białymi.

Rada » Jeżeli chcesz sprawdzić, jaki kolor w przybliżeniu uzyskasz, rozpuść łyżeczkę barwnika w małej szklance gorącej wody i na chwilę zamocz kawałek białej dzianiny. Potem wypłucz. Kolor w farbowaniu może różnić się intensywnością i nasyceniem, ale barwa będzie zbliżona.

1. FARBOWANIE NA KOSTKACH LODU

Przygotuj:

- białą bawełnianą bluzkę do farbowania;
- barwniki w proszku;
- około 400 g kuchennej sody oczyszczonej;

- rękawice gumowe;
- folię do zabezpieczenia stołu;
- pojemnik lub miskę do namoczenia bluzki;
- kratkę z podstawką (patrz kroki 3–5), może to być np. suszarka do naczyń;
- mnóstwo kostek lodu (patrz krok 4).

» KROK 1.

Dobór kolorów. Do farbowania na kostkach lodu dobrze jest wybrać co najmniej dwa odcienie barwnika, ale może też ich być znacznie więcej.

Rada » Ponieważ w tym procesie barwniki będą się ze sobą mieszać i przenikać, radzę dobrać kolory, które ładnie się łączą. Pierwsza opcja to zestaw kolorów z jednej gamy, np. cytrynowy, żółty, pomarańczowy i czerwony. Albo błękit, niebieski i granat, itd. Drugą opcją jest dobranie kolorów, które mieszając się, tworzą nowe czyste barwy, np. błękitny i żółty, które dadzą zielony. Jeśli nie wiesz, jak mieszają się kolory, poszukaj w sieci wyjaśnienia, czym jest „koło barw" i jak je czytać. Nie wybieraj kolorów, które mieszając się, mogą dać brudne odcienie, np. niebieski i pomarańczowy, szary i żółty.

» KROK 2.

Namocz bluzkę w roztworze sody. Żeby go uzyskać, rozpuść sodę w wodzie w proporcjach 100 g sody na litr wody (**fot. 1** i **2**). Włóż rękawice, zamocz bluzkę w roztworze i ugniataj ją chwilę, aby dokładnie nasiąkła (**fot. 3**). Pozostaw ją zamoczoną na około 20 minut. Robisz to po to, aby zmiękczyć materiał i wypłukać impregnaty, którymi często jest powleczona dzianina ze sklepu. Gdybyś tego nie zrobiła, barwniki bardzo słabo lub w ogóle by nie wsiąkały w materiał.

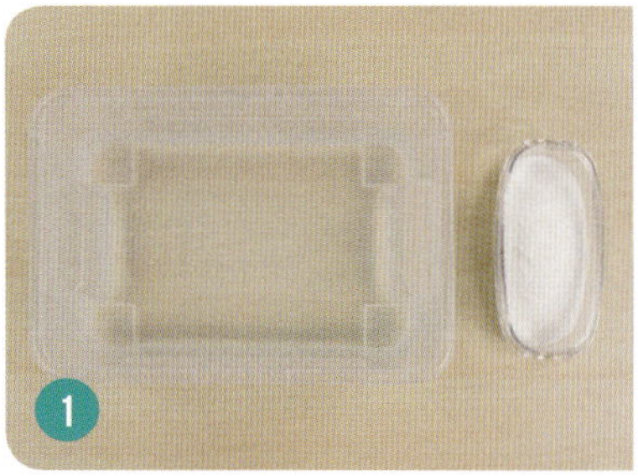

» KROK 3.

Przygotuj kratkę z podstawką. Zabezpiecz kratkę tak, aby lód po wysypaniu na nią nie spadał na boki (**fot. 4**). Następnie lekko odsącz bluzkę i rozłóż na kratce. Staraj się ułożyć ją równomiernie, tak aby nie było zbyt wielu warstw na sobie. Lepiej, żeby była bardzo pognieciona niż ułożona warstwowo (**fot. 5**).

4

5

» KROK 4.

Rozsyp lód na bluzce. Wysyp go tak dużo i tak gęsto, żeby nigdzie nie było widać materiału (**fot. 6** – następna strona). Za chwilę rozsypiesz na lodzie barwniki. Bardzo ważne, aby żaden proszek nie wszedł w bezpośredni kontakt z materiałem, dlatego lód musi być gęsto ułożony i zakrywać całą dzianinę.

Ważne » Upewnij się, że podstawka pod kratką jest wystarczająco pojemna i po stopieniu całego lodu woda nie wyleje się poza nią.

» KROK 5.

Teraz rozsyp barwniki na lodzie. Syp obficie, aby cały lód był pokryty kolorowym proszkiem. Pozostaw na kilka godzin, a może i dłużej, to zależy od temperatury powietrza. Lód, topniejąc, będzie powolutku rozpuszczał barwniki i kolorowa woda w niekontrolowany sposób zacznie się sączyć na bluzkę. Fascynujące.

Rada » Jeżeli chcesz uzyskać efekt przenikających się kolorów, zrób wyspy kolorystyczne, np. z żółtego i pomarańczowego barwnika, a na koniec wypełnij przestrzeń między nimi cytrynowym. Czerwony, jako że jest najciemniejszy, podsyp tylko na brzegach. Jeżeli rozsypiesz wszystkie kolory barwników zamaszyście i równomiernie, efekt plam kolorystycznych będzie słabszy, ponieważ barwniki pomieszają się równomiernie.

Ważne » Jest to proces, którego w pełni nie da się skontrolować, licz się więc z niespodzianką... Większą lub mniejszą. Polecam zrobić to wieczorem, bo w ciągu dnia

6

7

8

będziesz siedzieć jak na szpilkach. Korci, żeby co chwilę sprawdzać, oglądać, przesuwać, dosypywać. No i martwi, że coś z tego wychodzi albo nie. A jeżeli proces spokojnie odbywa się w nocy, to rano masz takie uczucie, jakby Święty Mikołaj przyszedł, i nie wiesz, co ci przyniósł. Biegniesz podekscytowana do łazienki albo ogrodu i mam nadzieję, że się cieszysz! Ja się cieszyłem. Przygotowałem dwie wersje, pomieszałem barwniki: cytrynowy, żółty, pomarańczowy i czerwony (fot. 7), w drugim podejściu rozsypałem błękit, seledyn, turkus i niebieski (fot. 8).

9

» KROK 6.

Po stopieniu lodu bardzo dokładnie wypłucz bluzkę. Jeżeli pozostały jakieś miejsca, do których nie dotarł barwnik, nie martw się – podczas płukania zabarwią się na delikatny odcień. I gotowe (**fot. 9**)! Jeżeli chcesz zobaczyć więcej efektów takiego farbowania, wpisz w wyszukiwarce internetowej frazę „dye on ice".

2. FARBOWANIE NA PÓŁSUCHO

Przygotuj (fot. 10):

- białą bawełnianą bluzkę do farbowania;
- barwniki w proszku;
- około 400 g kuchennej sody oczyszczonej;
- rękawice gumowe;
- folię do zabezpieczenia stołu;
- pojemnik lub miskę do namoczenia bluzki;
- spryskiwacz (może być butelka po płynie do mycia okien ze spryskiwaczem).

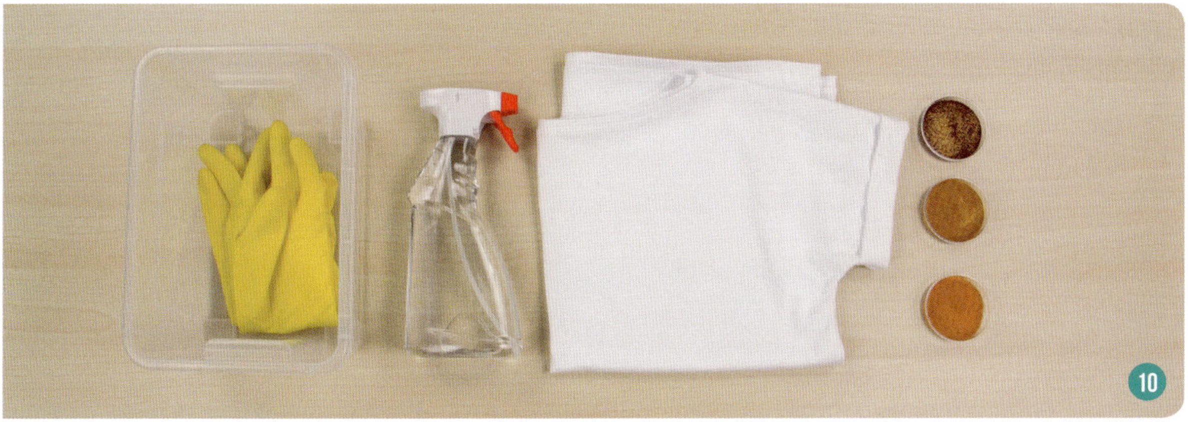

» KROK 1.

Podczas stosowania tej metody dobierz kolory na podobnej zasadzie jak w przypadku farbowania na kostkach lodu. Ja wybrałem cytrynę i błękit oraz seledyn, jednak ten ostatni kompletnie zginął w procesie.

» KROK 2.

Namocz bluzkę w roztworze sody (patrz poprzednia metoda i fot. 11). **Nie płucz, tylko dokładnie wysusz.**

» KROK 3.

Zabezpiecz stół folią (do zdjęć nie używałem folii, dopóki do gry nie weszła woda). Wysuszoną bluzkę rozłóż na folii (fot. 12) i przygotuj barwniki. Zanim rozsypiesz barwniki, upewnij się, że materiał nigdzie się nie zagina. Każda fałda na dzianinie może blokować dostęp barwnika lub wody i powstaną niedobarwione miejsca. Oczywiście możesz to potraktować jako efekt zamierzony. Można np. nie dosypać barwnika na krawędziach, położyć kieszonkę z dzianiny albo zawinąć mankiety i zablokować miejscowo dostęp barwnika. Po skończeniu farbowania w tych miejscach kolory będą ewidentnie bledsze.

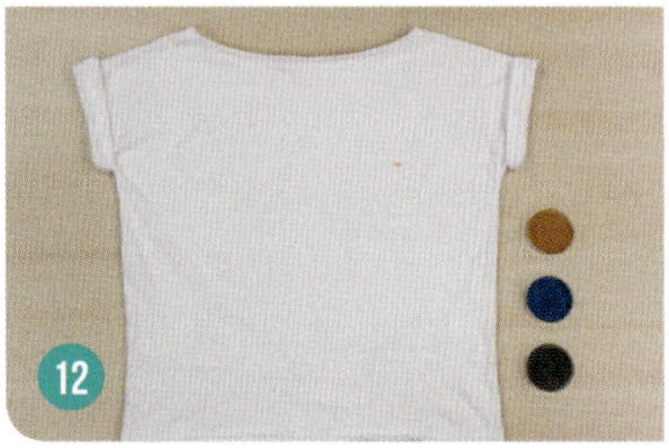

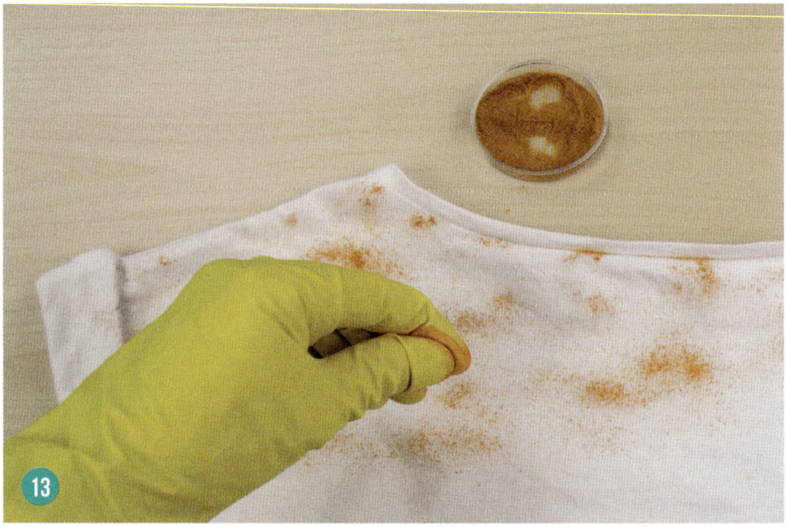

Rozsyp barwniki na suchej bluzce szczypta po szczypcie (fot. 13). Górę bluzki zasypałem cytrynowym barwnikiem, środek błękitem, dół seledynem. Między barwnikami są pola, gdzie dwa kolory się mieszają. Jeżeli wysypiesz za dużo barwnika w jednym miejscu, możesz suchym pędzlem go rozprowadzić dookoła (fot. 14).

» KROK 4.

Wlej zwykłą wodę do spryskiwacza i zacznij rozpylać ją na barwniki. Obficie, aż dokładnie się rozpuszczą (fot. 15). Kierunek, w jakim pryskasz wodą, może mieć wpływ

14

15

na rysunek, który powstanie po rozpuszczeniu barwników (fot. 16). Widać, że błękit kompletnie wchłonął seledyn na dole bluzki, jednak na granicy cytrynowego i błękitnego powstał zielony pas.

» KROK 5.

Ostrożnie odwróć bluzkę na drugą stronę, tak aby farbowana warstwa nie zetknęła się sama ze sobą. Rozsyp barwniki po drugiej stronie i rozpyl wodę. Zakryj wierzch folią. Teraz masz kanapkę: folia–bluzka–folia. Możesz zrolować lub złożyć ją w pionie (na zdjęciu z lewej na prawą) tak, aby między warstwami dzianiny zawsze znajdowała się folia separująca barwniki.

Przenieś w bezpieczne miejsce lub zostaw na stole. Ważne, aby bluzka leżała w poziomie, żeby kolory nie ściekały. Pozostaw na co najmniej godzinę lub dwie, żeby barwniki dobrze wsiąkły w dzianinę.

16

17

» KROK 6.

Dokładnie wypłucz bluzkę. Kolory po wyschnięciu będą bledsze niż podczas farbowania. Tak dzieje się zawsze – czyste barwniki mają ekstremalnie intensywne kolory. Gotowe (**fot. 17** – poprzednia strona)! Drugiej takiej nie ma nikt, a nawet jeśli zastosuje tę samą metodę, nie uzyska takiego efektu, jaki ty otrzymałaś!

Zdradzę wam, że robiłem to pierwszy raz w życiu – eksperymentowałem przed obiektywem. Metoda, którą zaplanowałem do książki, okazała się mało efektowna i w ostatniej chwili poszedłem na żywioł. Czasem warto postawić wszystko na jedną kartę, bo efekt przeszedł moje oczekiwania.

3. FARBOWANIE IMITUJĄCE EFEKT DIP-DYE

Przygotuj (fot. 18):

- » białą bawełnianą bluzkę do farbowania;
- » barwniki w proszku;
- » około 400 g kuchennej sody oczyszczonej;
- » rękawice gumowe;
- » folię do zabezpieczenia stołu;
- » pojemnik lub miskę do namoczenia bluzki;
- » spryskiwacz (może być butelka po płynie do mycia okien ze spryskiwaczem);
- » trzy szklanki lub słoiki.

Aby uzyskać na bluzce efekt tonalnej gradacji koloru, w produkcji stosuje się proces, który w uproszczeniu polega na zanurzaniu asortymentu w kadziach z barwnikami o różnym stopniu intensywności. Stąd nazwa tego efektu (w języku angielskim **dip** oznacza zanurzyć, zamoczyć, **dye** – farbować).

W warunkach domowych znacznie prościej zastosować pryskanie barwnikami o różnej intensywności koloru. Działamy!

» KROK 1.
Zaczynamy tak jak w poprzednich metodach. Namocz skrojoną, ale nie zszytą bluzkę w roztworze sody (**fot. 19**).

Ważne » Ponieważ chcemy zafarbować dokładnie całą powierzchnię bluzki i jest to metoda „bardzo mokra", najlepiej zafarbować osobno przód i osobno tył. Dlatego najpierw skrój bluzkę, ale nie zszywaj jej. Zafarbuj elementy i dopiero po farbowaniu zszyj. Jeżeli korzystasz z gotowej bluzki, w kroku 4. i kroku 5. rozpyl barwniki tak intensywnie, aby przesiąkły przez dwie warstwy bluzki (przód i tył).

» KROK 2.
Wysusz elementy (pamiętaj, aby nie płukać ich po namoczeniu w roztworze sody). Rozprasuj je. Rozłóż folię na stole i przygotuj na niej przód oraz pasek ściągacza. Ułóż je tak, aby leżały płasko (**fot. 20**), osobno przygotuj tył.

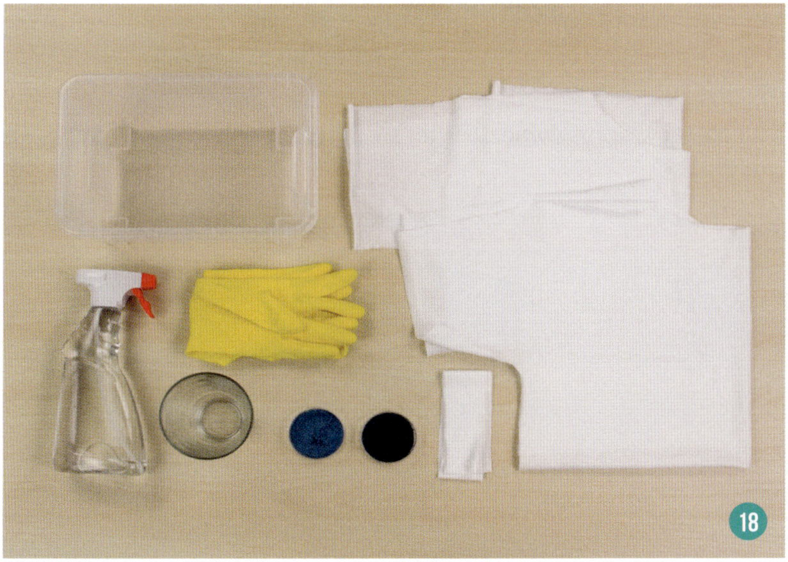
18

19

20

» KROK 3.
Przygotuj trzy roztwory barwnika (**fot. 21** – następna strona). Różnice w ich intensywności muszą być naprawdę duże. W pierwszej szklance rozpuściłem zaledwie 0,5 łyżeczki do herbaty błękitnego barwnika, w drugiej są już trzy łyżeczki, w ostatniej – osiem.

» KROK 4.

Przelej najsłabszy roztwór do spryskiwacza (fot. 22). Rozpyl barwnik równomiernie i w miarę szybko na górnym fragmencie bluzki oraz na pasku do ściągacza (fot. 23).

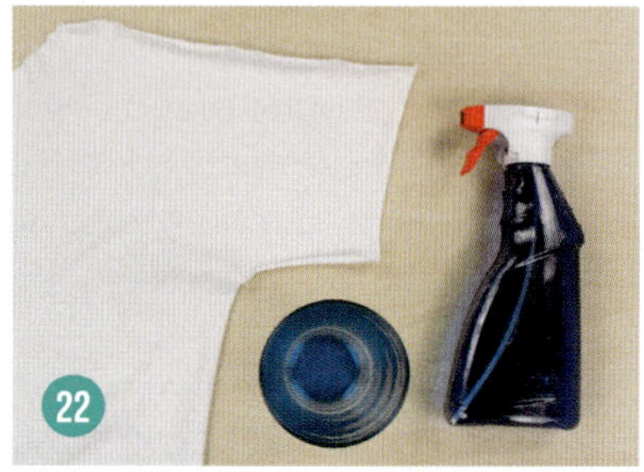

Zrób to szybko, aby nie powstały plamy – pierwsze momenty kontaktu płynnego barwnika z dzianiną są najważniejsze w farbowaniu i dają mocny efekt. Rozpyl go tak dużo, aż dzianina będzie zupełnie mokra (fot. 24). To samo zrób z elementem tyłu.

» KROK 5.

Wylej barwnik, jeśli został w spryskiwaczu. Wlej średni roztwór i spryskaj środkową część przodu i tyłu (fot. 25).

Na koniec najmocniejszym roztworem spryskaj dolne części przodu i tyłu (fot. 26).

» KROK 6.

Zakryj folią dzianinę z wierzchu, aby farbowany element znalazł się między dwiema warstwami folii, i złóż lub zroluj bluzkę w pionie (patrząc na **fot. 26**, roluj od lewej do prawej). Powieś element na wieszaku lub sznurku tak, aby najjaśniejszy fragment był na górze. Barwnik będzie swobodnie ściekał w dół, w stronę najciemniejszego koloru. Podstaw miskę, do której będzie skapywać. Pozostaw na około 2 godziny. To samo zrób z elementem tyłu.

» KROK 7.

Dokładnie wypłucz elementy. Wysusz, rozprasuj i zszyj je, tworząc bluzkę. Voilà, pięknie przenikające się odcienie błękitu, które zrobiłaś sama bez użycia kadzi produkcyjnych (**fot. 27**).

Czyż ten rozdział nie był nieco alchemiczny? Odświeżające, prawda?

26

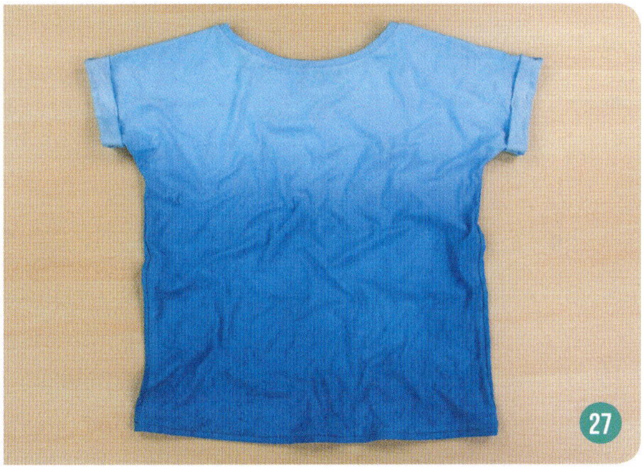

27

PODSUMOWANIE

- Dowiedziałaś się, jak farbować ubrania w kolorowe plamy. Poznałaś trzy egzotyczne metody.
- Mam nadzieję, że przetestowałaś jedną z nich i możesz się pochwalić egzemplarzem, którego nigdy nikomu nie uda się odtworzyć.

Mam nadzieję, że dla ciebie również to była ZA-BA-WA. Trochę się pewnie pobrudziłaś, ale czyż nie fajnie jest czasem poczuć się znów jak dzieciak majstrujący coś z przygryzionym językiem cały w kolorowych plamach?

Czułem się dokładnie tak, kiedy pierwszy raz testowałem metodę farbowania na kostkach lodu. Usłyszałem o niej od jednej z moich kursantek (ile od dziewczyn już się nauczyłem). Nazwa brzmiała bardzo egzotycznie i intrygująco.

„Więc to tak się robi te kolorowe plamy", odezwało się coś w mojej głowie, kiedy wyszukiwarka internetowa wyświetliła zdjęcia ubrań barwionych tym sposobem. Od dawna się zastanawiałem, jak osiągnąć taki efekt. Świetnie, już nie mogłem się doczekać, kiedy spróbuję. Okazja pojawiła się niebawem.

Zaczęło się od Ulki i Gosi z Outletu Tkanin w Warszawie. Dziewczyny właśnie zdobyły większy lokal na swój sklep i robiły huczne otwarcie. Wiele moich kursantek było również klientkami Outletu i mimo że nigdy się nie spotkaliśmy, nasłuchaliśmy się już o sobie masę rzeczy. Właściwie zaocznie już się polubiliśmy. Dziewczyny zaproponowały mi poprowadzenie warsztatów podczas otwarcia sklepu. Miała to być reklama mojego kursu szycia, a dla nich dodatkowa atrakcja podczas dnia otwartego. Zazwyczaj unikam pracy bez wynagrodzenia, jednak tym razem intuicja podpowiadała mi: zrób to! Warsztaty poszły na tyle fajnie, że kilka tygodni później zorganizowaliśmy kolejne, tym razem finansowane już przez producenta maszyn do szycia. Wysyłając fakturę do firmy, nieśmiało wspomniałem, że oprócz kursów prowadzę bloga, który wtedy był jeszcze w powijakach. Po kilku dniach przyszła odpowiedź:

„Właśnie potrzebujemy osoby, ktorzy przygotuję dla nas tutorialu szycia. I mamy kilka pomysłów na tym tutorialu. Czy możemy się spotkać i porozmawiać na tym temat?" (pisownia oryginalna).

Tak poznałem Ikuko Leską, Japonkę, która mieszka w Warszawie i z niesamowitą sprawnością realizuje przeróżne pomysły związane ze swoją pracą. W mojej książce Ikuko wystąpiła m.in. w roli modelki. Postanowiliśmy na próbę przygotować instrukcję, aby sprawdzić, jak się nam współpracuje. Na początek zaproponowałem jej właśnie farbowanie na kostkach lodu.

„Hm, to jest interesujący", powiedziała, patrząc zamyślona w przestrzeń. Po spotkaniu z nią pognałem do pasmanterii i nakupiłem mnóstwo barwników. Ulka i Gosia ucięły mi kilka metrów białej dzianinki, a w domu zapchałem zamrażalnik naczyniami z wodą. Szybko przygotowałem prostą sukienkę i wieczorem rozłożyłem instalację. Nie przyszło mi do głowy poczytać w internecie, jak przeprowadzić cały proces. Rano pobiegłem podekscytowany zobaczyć moje cudo! I szczęka mi opadła. Lód się stopił, a barwnik ściekł z dzianiny, nie zostawiając nawet śladu. Czary-mary?!

Ach, no tak, przecież materiały są impregnowane! Dopiero wtedy wstukałem w Google'a pytania dotyczące roztworu sody. Już się pogodziłem z tym, że kiedy coś robię pierwszy raz, to zawsze musi być drugie podejście. Na szczęście miałem jeszcze barwniki. Tym razem, postępując zgodnie z instrukcjami, przygotowałem wszystko jak należy. Cały dzień chodziłem jak na szpilkach wokół topniejącego lodu, poprawiałem, przesuwałem, dosypywałem barwniki i martwiłem się o efekt. Udało się! Sukienka wyglądała, jakby płonęła!

Tutorial bardzo się spodobał Ikuko, umówiliśmy się więc na spotkanie, aby przedyskutować szczegóły współpracy i jej „pomysły na tym tutorialu". Podczas naszej burzy mózgów z jednego tutorialu zrobiła się seria, zamieniając się w minikolekcję ubrań, do których to ubrań miał powstać cykl instrukcji szycia. Co więcej, instrukcje te mieliśmy wydać w formie katalogu w języku angielskim. O rany! Byłem podekscytowany, że hu hu! Takie zadanie! Ikuko jasno określiła, jaki styl ją interesuje. Podała mi wymogi dotyczące objętości, ponieważ katalog nie mógł być za gruby: tylko 10 sztuk odzieży, trzy stopnie trudności, w miarę spójna kolekcja, w każdym korzystam z innej maszynki i w każdym staram się pokazać ciekawe wykończenie albo trik, no i oczywiście trzeba zawrzeć w tym osobowość Leśniaka. Jednym słowem łamigłówka na całego. Masę szkiców, próbek, ogryzionych ołówków, kilka spotkań z Ikuko i kolekcja się wykrystalizowała. Zacząłem szycie i fotografowanie. Opis katalogu może brzmieć znajomo, gdyż wtedy jeszcze nie miałem pojęcia, że kiedyś wydam książkę, a współpraca z Ikuko stanie się poligonem doświadczalnym. Pamiętam, jak wieczorem po burzy mózgów nie mogłem zasnąć. Zaczynałem odkrywać projektowanie na nowo.

Z jednej strony, prowadząc bloga, mogłem wymyślać proste rzeczy, które nie musiały się nikomu podobać. Chodziło przede wszystkim o bezpłatne przekazywanie informacji. Zacząłem używać mocnych kolorów, z których ze względów komercyjnych wcześniej musiałem rezygnować. Z drugiej – podczas kursów szycia, będących moim źródłem utrzymania, pomagałem dziewczynom o różnych osobowościach i sylwetkach dobierać projekty, które realizowały podczas zajęć. To była świetna okazja, aby obserwować i się uczyć. Praca z klientką była moją piętą achillesową. W tej sferze czułem się niepewnie, ponieważ moje doświadczenie wiązało się z pracą w firmach. Tam natomiast projektowałem ubrania, które musiały zyskać zainteresowanie co najmniej 1500 osób. Nie musiałem brać pod uwagę indywidualnej sylwetki i osobowości tych klientek, zwłaszcza że osobiście mogłem spotkać co najwyżej kilka z nich.

Podczas kursu uczyłem się słuchać, klarownie opowiadać o wizji i pomyśle, wprowadzać poprawki w formach i wspólnie poszukiwać właściwego stylu. Byłem kiedyś u znajomej na szkoleniu dla stylistów, z którego wyniosłem cenną informację o równoważeniu proporcji ciała. Jednak dużo cenniejsze były informacje od kursantek, w czym czują się dobrze, w czym nie i dlaczego. Ubranie to nie tylko dobór formy do proporcji sylwetki. Ubranie wyraża naszą osobowość.

Wieczorem po burzy mózgów z Ikuko zrozumiałem, że chcę być projektantem, który będzie się dzielił tym, co potrafi. Bo tak naprawdę szczerym pragnieniem każdego artysty jest to, aby efekty jego pracy szły w świat i trafiały do ludzi! Chcę projektować i pokazywać, jak te projekty realizować. Chcę dotrzeć z moimi pomysłami i instrukcjami szycia do jak największej liczby osób, bo straszną frajdę sprawia mi pokazywanie innym, że to jest prostsze, niż mogłoby się wydawać. Że ty również możesz!

Tej nocy przyśniła mi się książka „O SZYCIU".

torbA
Na
Zakupy

ROZDZIAŁ 10

Wykonaj aplikację na uszytej rzeczy

ZADANIE 8.

Wykonaj aplikację na uszytej rzeczy

Dowiesz się:

- jak wykonać aplikację na trzy różne sposoby;
- jak wykańczać krawędzie aplikowanych elementów, używając stopki do aplikacji;
- jak zrobić lampasy w bluzce;
- jak wykańczać dekolt za pomocą odszycia;
- jak wykonać doszywany mankiet w rękawach.

Aplikacje to temat wymagający dużej precyzji i czasu, więc uzbrój się w cierpliwość. W tym rozdziale przedstawię trzy sposoby wykonywania aplikacji. Przy okazji zrobimy lampas i wykończymy dekolt odszyciem. Najpierw kilka słów o nowych materiałach, które się pojawią. Do dwóch pierwszych metod będziesz potrzebować **termofolii**. To rodzaj kleju w formie arkusza z jednej strony zabezpieczonego papierem. Polecam poszukać termofolii w sklepach internetowych – wystarczy wpisać w wyszukiwarce frazę „termofolia do przyklejania na gorąco naszywek i aplikacji" – lub odwiedzić hurtownię pasmanteryjną.

W przypadku trzeciej metody trzeba się zaopatrzyć we **flizelinę z klejem** – to tak zwany wkład odzieżowy, czyli tworzywo służące do usztywniania elementów z materiału podczas szycia. Ważne, aby wybrać flizelinę powleczoną klejem po jednej stronie, o grubości pasującej do twojego materiału. Grubość flizeliny określa się, tak jak w przypadku papieru, podając liczbę gramów na metr kwadratowy. Optymalna grubość to około 30 g/m² i pasuje do większości dzianin. Jeżeli szyjesz coś delikatnego, to wybierz o grubości 20 g/m². Flizelina jest sprzedawana tylko w kolorach białym, szarym i czarnym. Kupisz w dobrych pasmanteriach i sklepach z tkaninami.

Mam nadzieję, że wszystko jasne. Zaczynamy!

1. MAŁE NAKLEJKI

To najszybszy sposób. Jeżeli nie lubisz za długo dłubać w jednej rzeczy, polecam tę technikę.

Przygotuj (fot. 1):

» torbę lub bluzkę do wykonania aplikacji;

» materiały, z których chcesz wykonać aplikację;

» arkusz termofolii;

» matę samogojącą lub inną podkładkę oraz nożyk introligatorski lub ostre nożyczki.

1

» KROK 1.

Przygotuj projekt aplikacji, tak jak w przypadku nadruków. Poszczególne elementy wytnij z papieru, gdyż trzeba je przerysować na materiał. Na torbę przygotowałem napis skomponowany z różnych czcionek, aby przypominał anonim wykonany za pomocą liter wyciętych z gazety. Takie listy często pojawiają się w filmach kryminalnych.

» KROK 2.

Wytnij kawałek materiału i taki sam kawałek termofolii (**fot. 2**).

Ważne » Uprasuj materiał, z którego robisz aplikację. Po przyklejeniu termofolii lub flizeliny rozprasowanie zmarszczek będzie niemożliwe.

Zabezpiecz stół półpergaminem, połóż na nim materiał lewą stroną do góry, przyłóż do niego termofolię klejem do tkaniny, a papierem do góry. Przyklej termofolię do materiału, dociskając ją żelazkiem rozgrzanym do temperatury prasowania bawełny przez około 10 sekund (**fot. 3**).

» KROK 3.

Przerysuj mydłem element aplikacji na podklejony materiał (**fot. 4**).

Używając nożyka i podkładki lub nożyczek, wytnij ten element i usuń z niego papier zabezpieczający klej (**fot. 5**). Skomplikowane elementy łatwiej będzie wyciąć za pomocą **ScanNCut** (patrz rozdział 2).

» KROK 4.

Kiedy skompletujesz cały napis lub obrazek (**fot. 6**), ułóż aplikację na torbie. Żelazkiem rozgrzanym do temperatury prasowania bawełny przyklej naklejki. Dociskaj bardzo mocno, tym razem nieco dłużej niż 10 sekund, ponieważ materiał jest grubszy niż papier i trzeba więcej czasu, aby roztopić klej (**fot. 7**). Sprawdź, czy litery się przykleiły (**fot. 8**). Po 48 godzinach termofolia uzyskuje pełną odporność na pranie. Dzięki temu, że klej został rozprowadzony równomiernie na całej powierzchni naklejki, krawędzie tkaniny nie będą się strzępić w praniu.

Ważne » Rzeczy z naklejkami możesz prać w pralce w 30 stopniach Celsjusza.

Torba z naklejkami gotowa (**fot. 9**).

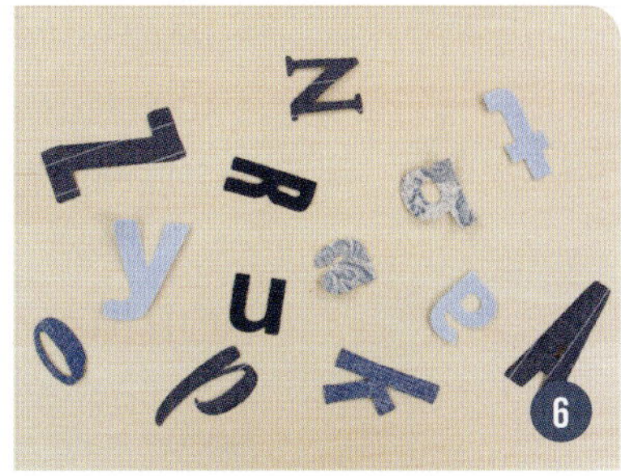

2. APLIKACJA NASZYTA NA BLUZKĘ Z LAMPASEM

Postępujemy podobnie jak w poprzednim zadaniu, ale na końcu dodajemy haft na krawędzi aplikacji. Ten element ją wzbogaci, jednak jego wykonanie wymaga dużej precyzji i zajmie trochę czasu.

Przygotuj:

» dzianinę na bluzkę (patrz rozdział 7);

» materiał, z którego wykonasz aplikację i lampasy – ilość zależy od twojego projektu;

» arkusz termofolii;

» papier do form, ołówek i linijkę;
» metr krawiecki, mydło krawieckie, nożyce, szpilki i nici;
» stopkę do przyszywania aplikacji (patrz instrukcje poniżej).

FORMA

Spójrz na **ilustrację 1** i przeczytaj instrukcje do każdego kroku.

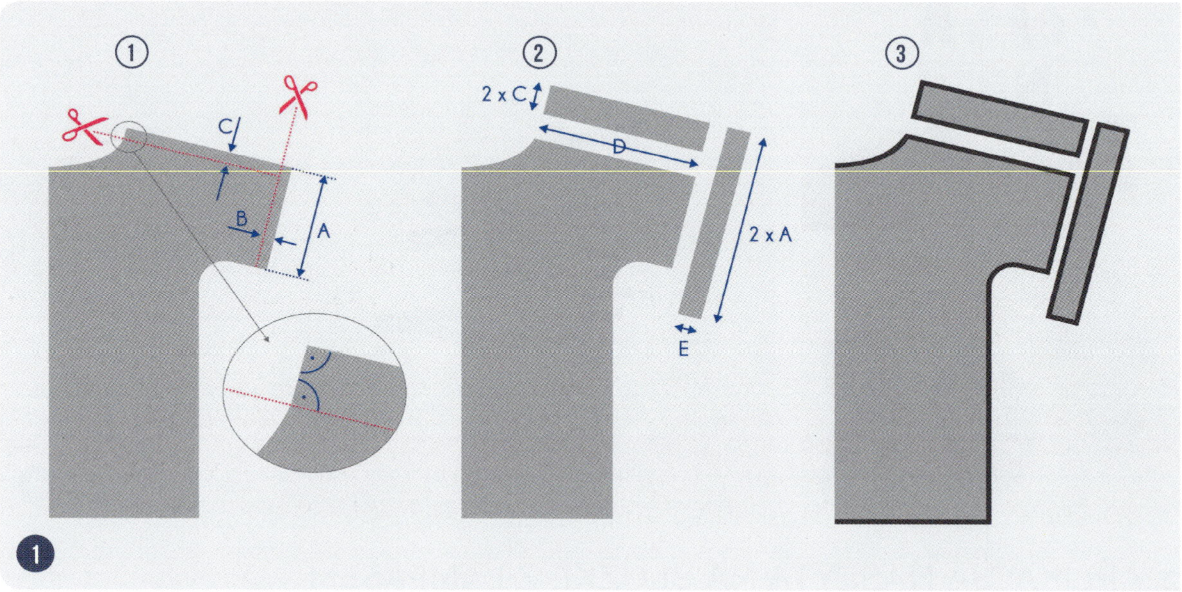

» KROK 1.

Przygotuj formę na bluzkę oversize zgodnie z instrukcją zamieszczoną w rozdziale 7. Dla ułatwienia zadania dekolt przodu i tyłu będzie taki sam – przód i tył są symetryczne.

Zmierz szerokość rękawa A. Następnie skróć go do pożądanej długości, odcinając prosty odcinek o szerokości B. W rozdziale 7 długość rękawa planowałaś, uwzględniając podwójne wywinięcie, tym razem mankiet zostanie doszyty.

Ustal szerokość lampasa, w moim przykładzie ma 5 cm. C to połowa jego szerokości, odetnij odcinek wzdłuż ramienia. Przed odcięciem popraw kształt dekoltu tak, aby zachować kąty proste przy krawędzi lampasa, w miejscach zaznaczonych na grafice.

» KROK 2.

Przygotuj formę lampasa. Powinien to być prostokąt o długości D, równej długości ramienia w bluzce, oraz o zaplanowanej szerokości (2 x C).

Przygotuj formę mankietu. Powinien to być prostokąt o długości 2 x A, czyli dwa razy pierwotna szerokość rękawa. Ustal szerokość mankietu, w moim projekcie ma 2 cm. E to dwukrotna szerokość mankietu.

» KROK 3.

Dodaj 1 cm naddatku na szwy dookoła wszystkich elementów, z wyjątkiem środka bluzki.

SZYCIE

Do lampasów dobrałem prostą sportową aplikację, wielką literę A. Sugeruję wybierać proste kształty o równych krawędziach, aby ułatwić obszywanie brzegów. Ten typ aplikacji łatwiej wykonać przed zszyciem bluzki, ponieważ można swobodnie manewrować materiałem pod igłą podczas obszywania krawędzi.

» KROKI 1.–4.

Są dokładnie takie jak w przypadku poprzedniej aplikacji: podklej materiał termofolią i wytnij z niego kształt aplikacji. Usuń papier z kleju i przyprasuj aplikację do przodu bluzki.

» KROK 5.

To zadanie dla tych, którzy lubią piękne i dokładne wykończenia oraz detale. Na krawędziach aplikacji wykonaj haft, możesz tu dobrać kontrastowe nici. Do przyszywania aplikacji skorzystaj ze ściegu drabinki (patrz rozdział 2 – pierwsze kroki z maszyną do szycia). To zadanie ułatwi ci stopka do przyszywania aplikacji. Jest ona otwarta z przodu, w związku z czym będziesz dokładnie widzieć krawędź, którą obszywasz (**fot. 10** – następna strona). Ta czynność może nieco potrwać, ale warto poświęcić na nią czas, ponieważ aplikacja będzie wyglądać znacznie lepiej niż zwykła naklejka (**fot. 11** – następna strona).

Szyj tak, aby tylko boczne uderzenia igły wypadały na aplikacji, a pionowa część szwu znajdowała się na bluzce, tuż przy krawędzi aplikacji. Na zakrętach musisz szyć bardzo powoli, aby nie wyjechać szwem poza formę. Wyczuj ścieg – to sekwencja pięciu uderzeń igły: przód/tył/przód/bok i z powrotem. Na ostrych zakrętach zatrzymuj się po tej sekwencji z wbitą igłą, podnoś stopkę i koryguj ułożenie aplikacji, aby cały czas szyć zgodnie z krawędzią – dlatego właśnie trwa to tak długo.

» KROK 6.

Kiedy aplikacja jest już przyszyta, zszyj bluzkę. Zacznij od doszycia lampasa do ramienia tyłu i przodu (**fot. 12**).

» KROK 7.

Doszyj mankiety. Najpierw złóż mankiety wzdłuż na pół i zaprasuj, tak aby lewa strona materiału znalazła się wewnątrz (**fot. 13**).

Rozprasuj ramiona z doszytym lampasem i ułóż zszyte przód i tył tak, aby lewa strona materiału znalazła się na wierzchu, czyli lewą stroną materiału do góry. Następnie przyłóż zaprasowany mankiet do krawędzi tak, aby jego surowe brzegi stykały się z surowym brzegiem bluzki (**fot. 14**). Przyszyj go 1 cm od surowych krawędzi.

Mankiet doszyty na lewej stronie bluzki odwiń z rękawa i rozprasuj szew łączący rękaw z mankietem (**fot. 15**). Teraz ten szew będzie widoczny na prawej stronie rękawa (**fot. 16**). Na prawej stronie zagnij mankiet na bluzkę, ukrywając szew pod spodem (**fot. 17**), zepnij krótkie krawędzie mankietu z krawędzią rękawa.

12

13

14

15

16

17

» KROK 8.

Złóż tył i przód bluzki razem i zszyj boki (**fot. 18**). Na krawędzi rękawa, tu, gdzie są mankiety, jest dużo warstw, ustaw więc mocny docisk stopki i szyj powoli. Przyszyj mankiety w pozycji zaprasowanej na bluzkę, by już się nie odwijały. Jeżeli mimo wszystko się odwijają, ręcznie przymocuj je do krawędzi lampasa.

» KROKI 9. i 10.

Wykończ dół bluzki listewką, a dekolt ściągaczem zgodnie z instrukcją zamieszczoną w rozdziale 7.

Sportowa bluzka z lampasem i aplikacją gotowa (**fot. 19**)! To było zadanie wymagające największej precyzji i chyba nie ma trudniejszego w tej książce. Efekt wart jest napięcia, które zapewne czułaś podczas obrębiania aplikacji. Zwykle mam wrażenie,

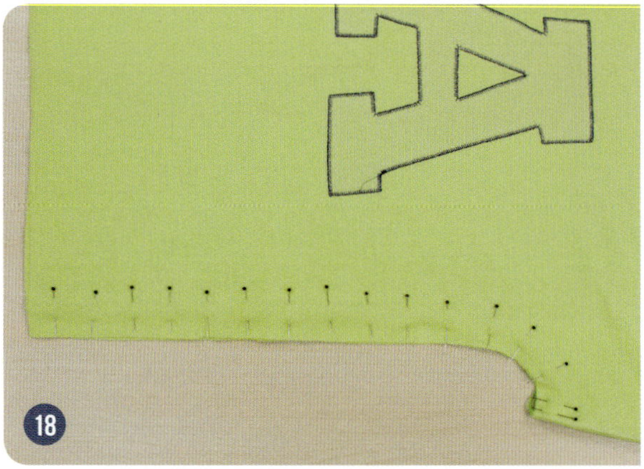

18

19

że cały świat znika i pozostaje tylko ja, krawędź i igła stukająca w tej hipnotycznej sekwencji. To jak medytacja, tylko z namacalnym efektem końcowym, no i bólem pleców na pamiątkę.

Po wykonaniu tej bluzki uszycie błękitnej spódniczki, którą ma na sobie Ikuko na zdjęciu otwierającym ten rozdział, będzie dla ciebie bułką z masłem, wręcz relaksem. Jeśli ci się podoba, instrukcję znajdziesz sama-wiesz-gdzie.

3. APLIKACJA PODSZYTA OD SPODU I DEKOLT WYKOŃCZONY ODSZYCIEM

To moja ulubiona forma aplikowania. Pierwsza bluza, którą sprzedałem, miała właśnie takie cudo wykonane z turkusowego aksamitu. W tym rozdziale zmienię nieco formę nietoperza, ponieważ wykonam bluzę z dzianiny dresowej i chcę, aby była nieco mniej obszerna niż bluzka z rozdziału 5.

Przygotuj:

» dzianinę na bluzkę – wybierz koniecznie taką, która się nie strzępi, ponieważ w tej metodzie wokół aplikacji zostawisz surowe brzegi. Nie podaję zużycia, to potrafisz już obliczyć sama;

» materiał na aplikację, wybierz np. coś, co ma inną strukturę niż dzianina na bluzkę, aby wzmocnić kontrast. Ja wybrałem welur, czyli włochatą dzianinę podobną do aksamitu;

» około 0,5 m flizeliny z klejem;

» papier do form, ołówek i linijkę;

» metr krawiecki, mydło krawieckie, nożyce, szpilki, nici i igłę do szycia ręcznego.

FORMA I KROJENIE

Spójrz na **ilustrację 2** i przeczytaj instrukcje do każdego kroku. Podane wymiary dotyczą formy dla rozmiaru 36/38. Możesz modyfikować je według własnego uznania.

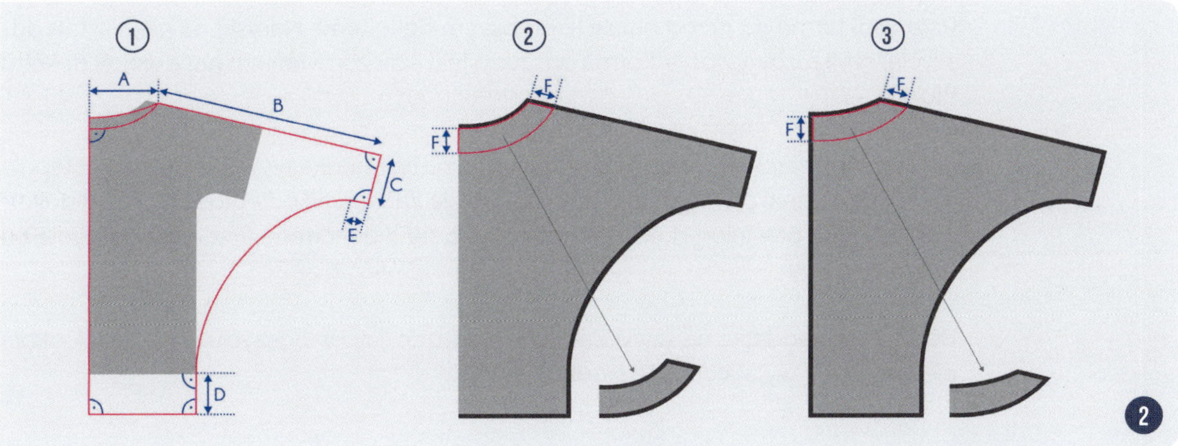

2

» KROK 1.

Tym razem jako podstawę użyj formy bluzki oversize (ciemnoszary kształt). Przygotuj formę na połowę tyłu i przekształć ją pod kątem nietoperza (różowe linie).

A – poszerz dekolt. Chcę, aby bluzka opadała z jednego ramienia, więc poszerzyłem dekolt aż do 34 cm. Wprowadź połowę szerokości dekoltu, mierząc ją pod kątem prostym od linii środka bluzki do ramienia. A = 17 cm.

Narysuj dekolt tyłu, zachowując oryginalną głębokość, następnie narysuj dekolt przodu o 3 cm głębszy niż tył. Pamiętaj, aby linie dekoltu łączyły się z linią środka bluzki pod kątem prostym.

B – ustal długość rękawa (pamiętaj, że ogranicza cię szerokość materiału – patrz rozdział 5). Mierz od końca dekoltu. B = 54 cm;

C – ustal szerokość rękawa na jego końcu. C = 12 cm;

D – dodaj dodatek na wykonanie tunelu z gumą. Wydłuż dół bluzki, zachowując kąty proste zaznaczone na grafice, o dwukrotną szerokość tunelu, który planujesz. Tunel powinien być nieco szerszy od gumy. Guma w moim modelu ma 5 cm, tunel będzie zatem na 5,5 cm. D = 11 cm;

E – zacznij rysowanie linii boku pod kątem prostym do szerokości rękawa (C). Na długości E = 4 cm zachowaj linię prostą, a potem narysuj łuk, łącząc linię E z linią D.

» KROK 2.

Przerysuj formę na przód bluzki (z głębszym dekoltem). Narysuj na niej kształt odszycia, czyli różowy obrys. Forma odszycia jest odwzorowaniem pasa wokół dekoltu bluzki.

F – odmierz szerokość odszycia na ramieniu i na linii środka bluzki. F = 6 cm. Następnie połącz te odcinki płynnym łukiem, starając się zachować odległość 6 cm od dekoltu. Górny łuk powinien dokładnie pokrywać się z dekoltem. Przerysuj odszycie na osobnej kartce.

Dodaj 1 cm naddatku na szwy. Zarówno w bluzce, jak i w odszyciu dodaj go dookoła elementów, z wyjątkiem linii środka przodu.

» KROK 3.

To samo zrób z formą tyłu (płytszy dekolt).

Dodając naddatki, w formie tyłu bluzki dodaj też 1 cm na linii środka tyłu. W kolejnym kroku wyjaśnię, w jakim celu trzeba to zrobić.

» KROK 4.

Na **ilustracji 3** jest pokazane ułożenie elementów na materiale złożonym na pół. Dzianina powinna się rozciągać mocniej wszerz elementów (na **ilustracji 3** z góry na dół). Aby do minimum ograniczyć zużycie, tył zszyj z dwóch elementów, a jedynie przód i odszycia ułóż przy zagięciu dzianiny. Dlatego na środku tyłu jest również potrzebny naddatek na szwy. W takim układzie zmieściłem się na 1,2 m dzianiny szerokiej na 1,5 m, a ty?

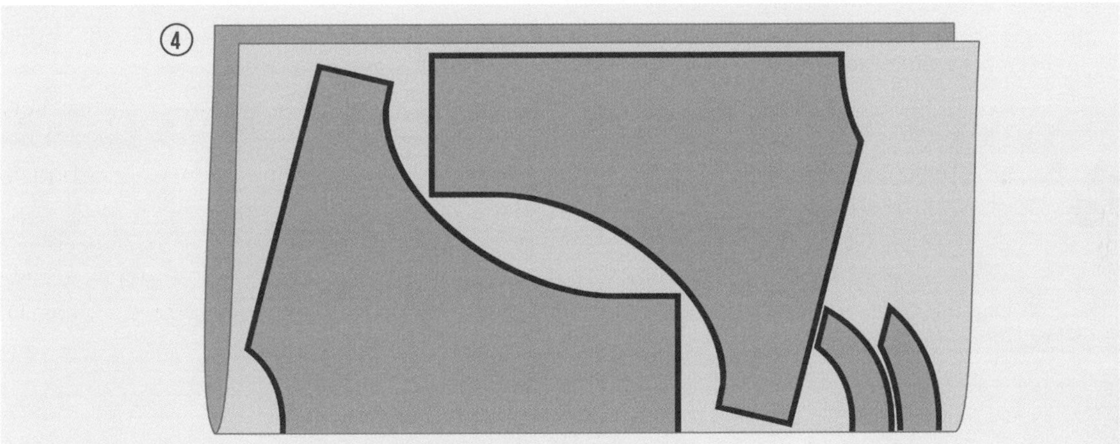

3

SZYCIE

Tę aplikację również o niebo łatwiej wykonać przed zszyciem bluzy. Będzie to wymagać dosyć dużo zakrętów i obrotów podczas szycia.

» KROK 1.

Materiał, z którego chcesz wykonać aplikację (będę go nazywał welurem zgodnie z tym, czego użyłem), podklej flizeliną. W efekcie usztywnisz welur i zniwelujesz jego elastyczność, co ułatwi proces wyszywania aplikacji i zabezpieczy krawędzie przed pruciem. Z weluru i flizeliny wytnij kawałki większe niż aplikacja, co najmniej po 5 cm z każdej strony (**fot. 20**). Ułóż welur lewą stroną do góry, połóż na nim flizelinę, aby warstwa z klejem (ta błyszcząca) stykała się z lewą stroną weluru. Sklej je razem, korzystając z żelazka (**fot. 21**).

Najpierw wykonaj testy na próbce, aby ustawić odpowiednią temperaturę, która roztopi klej, ale nie spali flizeliny (między temperaturą prasowania wełny i bawełny). Przyklejaj, dociskając żelazko miejscowo przez około 10 sekund. Nie przesuwaj żelazka, musisz dobrze rozgrzać kawałek po kawałku, aby klej się stopił i dokładnie związał flizelinę z welurem.

» KROK 2.

Zaplanuj położenie aplikacji na formie przodu bluzki wyciętej z dzianiny. Po lewej stronie formy przypnij szpilkami welur podklejony flizeliną tak, aby pokrywał cały obszar, na którym wykonasz aplikację. Przypnij go w ten sposób, by prawa strona weluru zetknęła się z lewą stroną bluzki (**fot. 22**).

20

21

22

Przygotuj projekt aplikacji i wytnij go z papieru (**fot. 23**). Odrysuj mydłem wszystkie elementy aplikacji na dzianinie. Następnie wykonaj fastrygę dookoła rysunku, zszywając warstwę bluzki i welur pod spodem (**fot. 24**). Dzięki temu podczas wyszywania aplikacji welur nie będzie się przesuwał i marszczył pod spodem.

» KROK 3.

Używając prostego wzmocnionego ściegu (patrz rozdział 2 – pierwsze kroki z maszyną do szycia), wyszyj kształt aplikacji, zszywając wierzchnią warstwę bluzki z welurem pod spodem (**fot. 25**). Pomoże ci w tym rysunek wykonany mydłem, a dzięki fastrydze i flizelinie materiały nie będą się rozciągać i przesuwać.

» KROK 4.

Bardzo ostrymi nożyczkami ostrożnie wytnij dzianinę wewnątrz każdego elementu aplikacji, odsłaniając welur pod spodem (**fot. 26**). Staraj się wycinać w równej odległości od szwu, 3–4 mm, i uważaj, aby nie przeciąć weluru. Mnie przy tej czynności zawsze drżą ręce z ekscytacji i napięcia. To ostateczne cięcia, które mogą wszystko zniweczyć.

» KROK 5.

Po lewej stronie wytnij niepotrzebny welur (**fot. 27**), przyklejona flizelina uchroni przed jego strzępieniem. Aplikacja gotowa (**fot. 28**).

27

28

» KROK 6.

Zajmijmy się bluzką. Zacznij od zszycia dwóch połówek tyłu (**fot. 29**).

» KROK 7.

Przygotuj odszycie i podklej je flizeliną (**fot. 30**). Używam czarnej, aby była lepiej widoczna na zdjęciach. Podklej oba elementy odszycia, by nie wywijało się ono z dekoltu podczas noszenia bluzki, a dekolt się nie naciągał.

29

30

31

Następnie ułóż elementy jeden na drugim, aby stykały się prawą stroną (**fot. 31**), i zszyj krótsze krawędzie. Otrzymasz odwzorowanie dekoltu bluzki (**fot. 32**), rozprasuj naddatki na szwy na boki.

» KROK 8.

Zszyj przód i tył bluzki na ramionach, a następnie rozprasuj wszystkie naddatki na boki (**fot. 33**).

Odwróć bluzkę na prawą stronę i upnij odszycie dookoła dekoltu tak, aby bluzka i odszycie stykały się prawymi stronami materiałów (**fot. 34**).

Zszyj je ze sobą w odległości 1 cm od krawędzi, a następnie ponacinaj naddatek w poprzek (**fot. 35**), aby szew nie marszczył się po zaprasowaniu odszycia do wewnątrz.

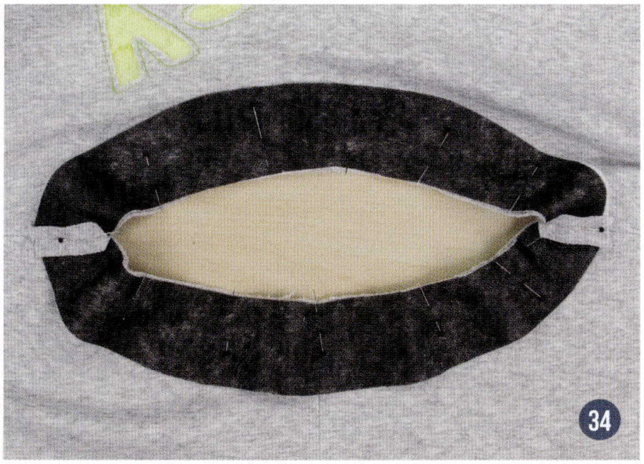

Teraz rozprasuj szew między odszyciem a dekoltem i zawiń odszycie do środka bluzki (**fot. 36–37** – następna strona).

Zaprasuj dekolt z użyciem pary. Jeżeli mimo wszystko odszycie się wywija, dodaj przeszycie wokół dekoltu, aby przyszyć je pod spodem (**fot. 38**).

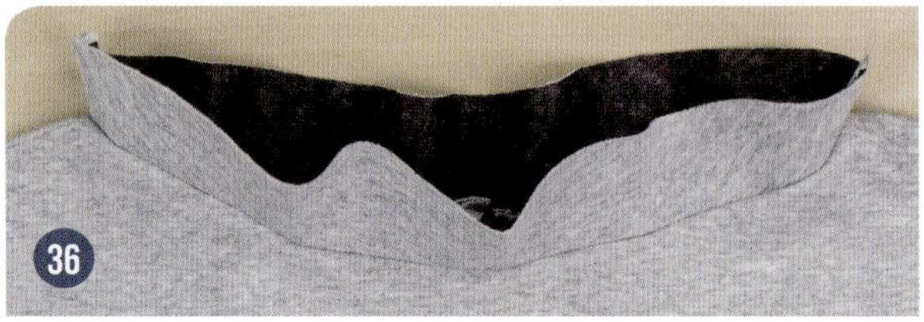
36

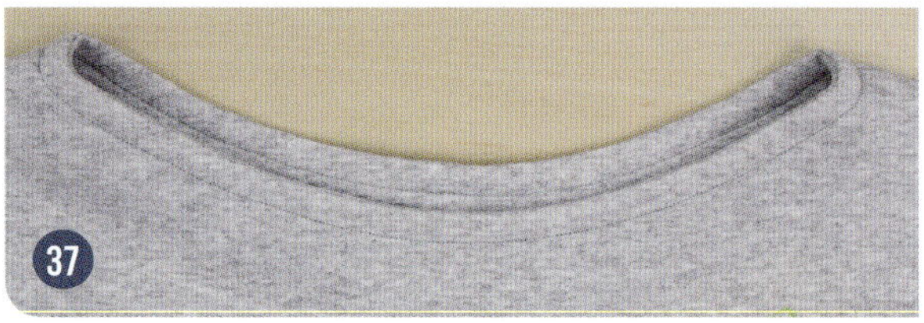
37

38

Ważne » Za pomocą odszycia możesz wykańczać wszelkie kształty dekoltów oraz pachy w ubraniach bez rękawów. Należy pamiętać, aby zawsze było ono odwzorowaniem fragmentu formy wykańczanej odzieży.

» KROK 9.

Zszyj boki bluzki i wykończ jej dół listwą, podobnie jak w bluzce z rozdziału 7.

Wywiń dolną krawędź z lewej strony na prawą o podwójną szerokość listwy + 1 cm na szew (**fot. 39**). Złóż wywinięcie na pół, spinając jego górną surową krawędź z zagiętą krawędzią dołu bluzki (**fot. 40**).

39

40

Zszyj dookoła zygzakiem 0,5 cm od dolnej krawędzi, łącząc trzy warstwy dzianiny. Pozostaw niezaszytą szczelinę, przez którą agrafką wsuniesz gumę do tunelu (**fot. 41**). Zaszyj końcówki gumy na płasko i umieść całość w tunelu, następnie zaszyj szczelinę. Tunel z gumą gotowy.

41

» KROK 10.

Rękawy wykończ dokładnie tak jak w bluzce nietoperz z rozdziału 5.

Finito! (**fot. 42**)

42

Było trochę stresu i dłubania, ale chyba warto?

PODSUMOWANIE

» Potrafisz wykonać aplikację naklejki.

» Umiesz wykonać haft krawędzi aplikowanego elementu.

» Potrafisz wykonać lampas.

» Znasz kolejny sposób robienia wywijanych mankietów w krótkich rękawach.

» Wiesz, jak przygotować aplikację podszywaną od spodu.

» Wiesz, na czym polega odszycie dekoltu.

Poznałaś mnóstwo informacji i wykorzystałaś je w praktyce, możesz więc być z siebie dumna. Absolutnie wskazanym odczuciem będzie zmęczenie, ale mam nadzieję, że połączone z satysfakcją.

To był trzeci rozdział, w którym troszeczkę zahaczamy o projektowanie. Mam nadzieję, że udało mi się zaszczepić w tobie ducha kreowania i podobało ci się to, co robiłaś.

Tak właśnie zaczyna się przygoda z tworzeniem mody indywidualnej. W tej książce chcę cię zaprosić w podróż od tworzenia rzeczy najprostszych do obszarów coraz bardziej skomplikowanych i kreatywnych. Podróż, w którą wiele razy zapraszałem moje kursantki.

Kursy kroju i szycia, które prowadziłem, były przygodą zarówno dla kursantek, jak i dla mnie. To był złoty czas. Od pomysłu w tramwaju z korepetycjami szycia, który ewoluował, poprzez testową grupę, kursy wakacyjne, warsztaty weekendowe, wreszcie męskie szycie i finalnie do kursu projektowania, to była długa i fascynująca przygoda pełna emocji, pomysłów, pracy i przede wszystkim niezwykłych ludzi.

OPOWIEŚĆ

Podczas przygotowań do kursu wróciłem do mojej mistrzyni Ewy, aby odświeżyć wiedzę. Szyjąc, wiele rzeczy robiłem na oko, ponieważ jestem fanem raczej wyczucia niż postępowania zgodnie z zasadami. Dla osoby początkującej zasady są jednak ważne. Przypominałem sobie zasady rządzące tym światem, aby zakreślić obszar moim przyszłym kursantkom. Nie spodziewałem się, jak wiele nauczę się właśnie od nich.

Pierwsza grupa krzesała pioruny z oczu, szyjąc sukienki na podszewce i ucząc mnie, że wykonanie podszewki to zadanie dla zaawansowanych. Druga skrytykowała mnie za dzianinę ulokowaną na końcu zajęć, od kolejnej dostałem opieprz za zbyt skomplikowaną konstrukcję rękawa, od jeszcze innej – za słabo przygotowane materiały informacyjne. I tak grupa za grupą, krytyka za krytyką, doskonaliłem zajęcia, aż osiągnąłem poziom profesjonalny. Niektóre z moich uczennic i uczniów mieli już za sobą różne kursy, w związku z czym zdarzało się, że znali rozwiązania inne od moich. Tak było ze Zbyszkiem, który przepięknie szył, a do mnie przyszedł opanować konstrukcję. Nie zapomnę, jak podchodząc do niego, aby pokazać mu kolejny krok podczas wszywania zamka, zobaczyłem, że sam już poskładał elementy i szył, w dodatku w dużo bardziej logiczny i prosty sposób, niż ja robiłem to do tej pory. Oczywiście zmodyfikowałem program, a Zbyszkowi podziękowałem w imieniu wielu pokoleń moich przyszłych uczniów za ułatwienie im życia.

Oprócz wiedzy była też zabawa. Zanim grupa się dotarła i nabrała śmiałości, zwykle mijało kilka zajęć spokojnej nauki, jednak wcześniej czy później dziewczyny zaczynały się kumplować. Wtedy często, na życzenie moich kochanych kursanteczek, miejsce herbaty zastępowało winko, a mnie coraz trudniej było się przebić z instrukcjami szycia przez ploteczki. Ale nigdy nie traciłem z oczu celu tych zajęć: zarazić bakcylem szycia. Wiele razy słyszałem, że dla dziewczyn szycie jest super, ale jeszcze bardziej podoba im się czas spędzony w gronie innych kobiet. Czas relaksu, kreatywnego działania i oddechu od codzienności, że to dla nich lepsze niż wizyta u psychologa. Każda grupa była wyjątkowa i specyficzna, jednak zauważyłem pewną zasadę. Nazwałem ją KLĄTWĄ ŚRODY. Z jakiegoś powodu właśnie w środy spotykały się najbardziej szalone zestawy. To przyprawiające mnie o schizofrenię tak zwane wyzwanie pedagogiczne. Z jednej strony przesympatyczne dziewczyny, które uwielbiałem, z drugiej – najtrudniejsze uczennice doprowadzające mnie do szału brakiem koncentracji i zadawaniem pytań, na które już dawno znały odpowiedzi.

– Janek, podziwiam cię za cierpliwość i podzielność uwagi.

Mówiły ze skruchą, kiedy czuły, że przeginają. A gdy byliśmy już zaprzyjaźnieni, odpowiadałem im szczerze:

– Ja nie sikam pięć razy w trakcie zajęć. Zamykam się w toalecie, aby wznosić ręce do nieba w bezgłośnym krzyku furii.

Po kilku minutach WC-oddechu wychodziłem uspokojony do mojego rozbrykanego stadka i kontynuowaliśmy naukę. Środowe grupy, choć trudniejsze do opanowania, dzięki bliskim relacjom umożliwiały bezpośredniość. To z nimi opracowaliśmy system komunikacji polegający na tym, że „jeżeli profesor Jasiek wywraca oczami, nie starając się tego ukryć, oznacza to, że znasz już odpowiedź na pytanie, które zadałaś". To z jedną ze środowych grup podczas pożegnalnych zajęć odkryliśmy nieznaną dotychczas zasadę konstrukcji: „Łuki najlepiej się modeluje na lekkiej bani". To środowe grupy wpadały z tortem i szampanem w moje urodziny i pozowały do zdjęć ze spódnicami na głowach. One też zostawiały mnie w pracowni wyczerpanego i bliskiego płaczu, ale i napawały mnie dumą, kiedy przychodziły na kolejne zajęcia w nowo uszytych rzeczach. Jak tu ich nie kochać?

Przyznaję, że podczas kursu odkryłem w sobie niesamowite pokłady cierpliwości i wyrozumiałości. Pierwszą osobą, która kazała mi zaczerpnąć z fontanny cierpliwości, była Ela. Jedna z pierwszych uczennic, które do mnie trafiły. Elka podeszła do szycia na ekstremalnym luzie, czyli jak do hobby należy, krojąc materiał w tempie bardzo zrelaksowanego żółwia. Uczęszczała na korepetycje, w związku z czym nie miałem się czym zająć, kiedy przez godzinę wycinała kwadrat na spódnicę, i w środku dostawałem kociokwiku. Kiedyś nie wytrzymałem i wypaliłem:

– Dlaczego tak wolno?

– A gdzież ja się mam śpieszyć? Przecież robię to dla przyjemności.

To było cudowne, ponieważ z czasem udzieliło się również mi. Od tej pory zacząłem szanować tempo swoich kursantek. Były błyskawice i były ślimaczki, a ja dbałem o to, aby każda z nich niezależnie od tempa nauczyła się jak najwięcej. Choć czasem było to okupione skręcającymi się wnętrznościami, jak w przypadku mojej absolutnej ulubienicy Mery, która dziś jest zdolniachą, rozwinęła się niesamowicie. Do mnie trafiła jako maturzystka szukająca drogi do tego, aby stać się projektantką. Bardzo jej zależało, więc zadawała masę pytań i niesamowicie starała się wszystko zrozumieć, była jednak pełna obaw, więc ślimak był przy niej torpedą i potrzebowała potwierdzenia, zanim zaczęła każdy szew:

– Janek, dobrze stopkę postawiłam?

– Janek, czy ten pierwszy centymetr szwu jest dobry?

– Janek, mogę szyć dalej?

– Janek, a tutaj milimetr dłuższy jest ten kawałek, co zrobić?

– Janek, Janeek, Janeeeek...

Wtedy jeszcze nie wiedziałem, jakim talentem się okaże. Pomimo że koleżanki z grupy wywracały oczami z irytacją, słysząc kolejny raz „Janeeek", a moje kiszki skręcały się, podchodziłem i sprawdzałem ten pierwszy centymetr szwu. No dobra, żeby nie było tak anielsko. W wyobraźni waliłem głową Mery w maszynę, krew tryskała na boki, a drugą ręką wyrywałem sobie urojone włosy. Jednak moja fontanna cierpliwości była wtedy na tyle pełna, że łagodnym głosem potwierdzałem:

– Tak, jest dobrze, możesz szyć.

Z czasem zacząłem zachęcać Mery, żeby nie bała się podejmować decyzji. Jeśli coś nie wyjdzie, to poprawimy, utniemy, sprujemy albo nie będziemy się przejmować, bo będzie WYSTARCZAJĄCO DOBRZE. Warto było! Podczas wakacyjnego kursu uszyła przepiękną sukienkę, komplet składający się z bluzki i spódnicy oraz szorty, wszystko własnego projektu. Uwierzyła w siebie na tyle, żeby zgłosić się na praktyki u pewnej projektantki. Kiedy spotkaliśmy się kilka miesięcy później, opowiadała z zapałem, że szyje bardzo dużo i dostaje coraz poważniejsze zadania. Ze ślimaka przepoczwarzała się w torpedę! Byłem z niej bardzo dumny. Jak zresztą z większości moich uczennic.

Powoli zaczynałem rozumieć, czego wiele osób potrzebuje, i z uporem maniaka przekonywałem dziewczyny, że nie należy się przejmować drobnymi błędami, to nie apteka. Pewnego dnia Gośka, moja była kursantka, z którą zaczęliśmy współpracę, po wspólnych warsztatach zauważyła: „Janek, twoje kursantki cię uwielbiają. Ty nawet, jak ktoś tak strasznie krzywo szyje, mówisz, że tak też może być. One właśnie tego potrzebują: instrukcji, które mogą przetestować, a na koniec usłyszeć, że to, co zrobiły, jest dobre!".

Nie kłamałem. Kiedy coś było nie do przyjęcia, poprawialiśmy, jednak przede wszystkim starałem się patrzeć z wyrozumiałością. Przecież kiedy się uczymy, nie od razu wszystko wychodzi perfekcyjnie. Szyję już piętnaście lat i nadal zdarzają mi się błędy. Niedawno jedna z dziewczyn, oglądając sukienkę, którą uszyłem do tutorialu, z radością krzyknęła:

– Janek! Jezu, jak ja ci dziękuję! Tobie też się szwy mijają?! Myślałam, że tylko ja jestem taka beznadziejna. Nawet nie wiesz, jak jestem ci wdzięczna za te krzywe szwy!

Ha, ha, ha. Tak, mijają mi się, falują i nie zawsze wszystko się zgadza. I co z tego? Jeśli efekt końcowy wygląda dobrze, to drobnostkami nie ma sensu się przejmować. Oczywiście kiedy szyję ubranie na czyjeś zamówienie, wtedy każdy szew musi być perfekt, ale kiedy szyję dla przyjemności, nie lubię się spinać.

„No nie wiedziałam, że ty tu tak ciekawie masz" – komentowała, podnosząc brwi, moja przyjaciółka, za każdym razem, kiedy opowiadałem jej historie z zajęć. Fakt, było bardzo ciekawie. Mimo zmęczenia po warsztatach uwielbiam ten kreatywny szał, kiedy biegam między kursantkami, pokazuję, radzę, podpowiadam, a one działają z wypiekami na twarzy, w powietrzu iskry lecą, a na podłodze coraz więcej ścinków i nitek się kłębi. I choćby nie wiem, jak było trudno i frustrująco po drodze, zawsze na końcu, kiedy wkładają na siebie to, co uszyły, promieniejemy: one radością, a ja dumą! Bo w mojej pracowni nigdy nie chodzi o zasadniczość i perfekcjonizm, ale o zabawę, kreatywność i luz! Czego i tobie życzę w dalszej podróży z tą książką.

BANANA
HAMMOCK

ROZDZIAŁ 11

Uszyj kardigan oversize

ZADANIE 9.

Uszyj kardigan oversize

Dowiesz się:

» jak wszywać proste rękawy;

» jak wykonać mankiety ściągaczowe w rękawach.

Przygotuj:

» dzianinę o szerokości 1,5 m – jeżeli nie zmienisz wymiarów, zużyjesz około 2 m długości; wybierz niezbyt grubą, elastyczną, miękko się układającą;

» linijkę, metr krawiecki, mydło krawieckie i nożyce;

» nici i szpilki.

To wdzianko jest uniwersalne i w zależności od materiału, jakiego użyjesz, może być kardiganem w stylu dziennym, elegancką wieczorową narzutką lub sportową bluzą. Jest zszyte z prostych geometrycznych kawałków. Możesz wcześniej przygotować formy na papierze lub od razu rysować na dzianinie.

FORMA

Na **ilustracji 1** podaję konkretne wymiary. Dziewczyny o różnych sylwetkach nieraz szyły ten kardigan na moich warsztatach. Wierzcie mi, te same wymiary pasowały na prawie każdą z nich, dlatego z czystym sumieniem polecam je jako uniwersalne. Zwróć uwagę, że wdzianko ma bardzo długie marszczone rękawy. Jeżeli nie lubisz drapowanych ubrań, możesz je skrócić lub zrezygnować z nich. Spójrz na **ilustrację 1** i przeczytaj opis każdego kroku. Naddatki na szwy są uwzględnione w podanych wymiarach.

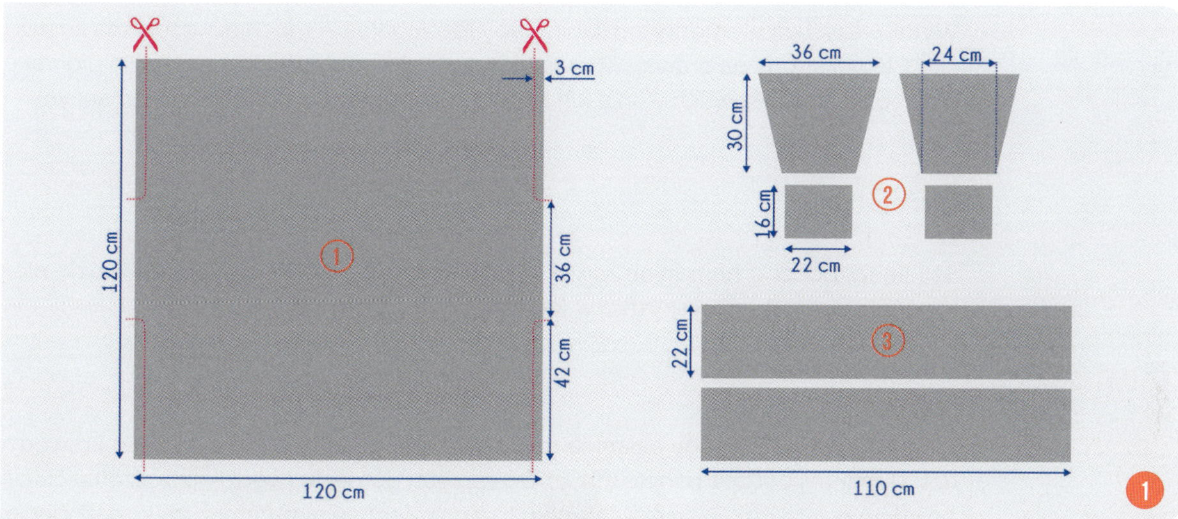

» KROK 1.

Główna część narzutki to kwadrat o wymiarach 120 cm x 120 cm. Przerywaną różową linią zaznaczyłem wąskie panele po bokach, które należy odciąć, aby utworzyć wypustki, do których doszyjesz rękawy. Proponuję najpierw wyciąć kwadrat, a panele odciąć dopiero przed szyciem (patrz dalsze instrukcje).

» KROK 2.

Rękawy i mankiety. Rękawy lewy i prawy są symetryczne. Zwróć uwagę, że szerokość górnej krawędzi rękawa (36 cm) jest równa szerokości wypustki, która powstanie na boku kwadratu z kroku 1., po odcięciu paneli bocznych.

Jeżeli chodzi o mankiety, ich szerokość (22 cm) powinna być nieco mniejsza niż szerokość dolnej krawędzi rękawa (24 cm), aby otrzymać efekt ściągacza. Wysokość

(16 cm) to tak naprawdę dwukrotność wysokości mankietu z uwzględnionym naddatkiem na szwy (7 cm + 1 cm).

» KROK 3.

Panele do wykończenia krawędzi wdzianka powinny być nieco krótsze (110 cm) niż dolna i górna krawędź kwadratu z kroku 1. po odcięciu paneli bocznych. Ich szerokość (22 cm) to dwukrotność docelowej szerokości mankietu (10 cm) z uwzględnionym naddatkiem na szwy (1 cm).

Wytnij wszystkie elementy z dzianiny, aby rozciągała się mocniej wszerz (na ilustracji 1 z lewej strony na prawą). W prostokątnych elementach nitką prostą są pionowe krawędzie, a w rękawach – linia ich środka (złóż formę na pół, aby ją wyznaczyć).

SZYCIE

Szycie rozpocznę na miniaturowej wersji (podobnie jak w przypadku bluzki nietoperz), aby zmieścić wszystko w kadrze.

» KROK 1.

Złóż kwadrat na pół, aby dzianina rozciągała się mocniej wzdłuż zagiętej krawędzi (fot. 1). Odetnij boczne panele (fot. 2). Od zagiętej górnej krawędzi do początku cięcia powinno być 18 cm. Szerokość panelu to 3 cm. Zachowaj zaokrąglony kształt cięcia.

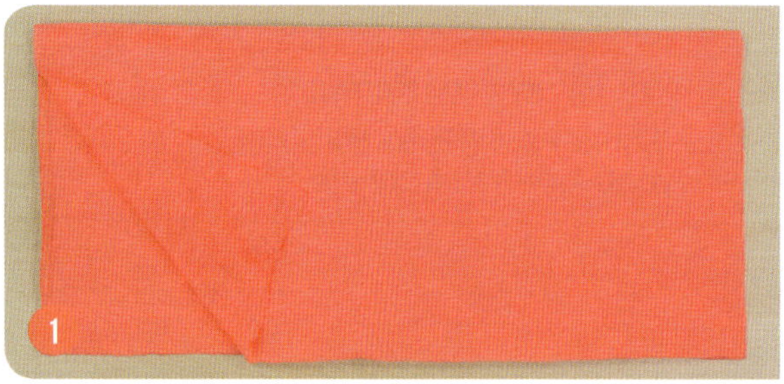

1

2

» KROK 2.

Rozłóż kwadrat, który teraz na dwóch bokach ma wypustki o szerokości 36 cm. Przygotuj rękawy (fot. 3). Ułóż rękaw na kwadracie tak, aby stykały się prawą stroną materiału, i przypnij jego krawędź do wypustki (fot. 4). Przyszyj oba rękawy do wypustek i zaprasuj na bok (fot. 5).

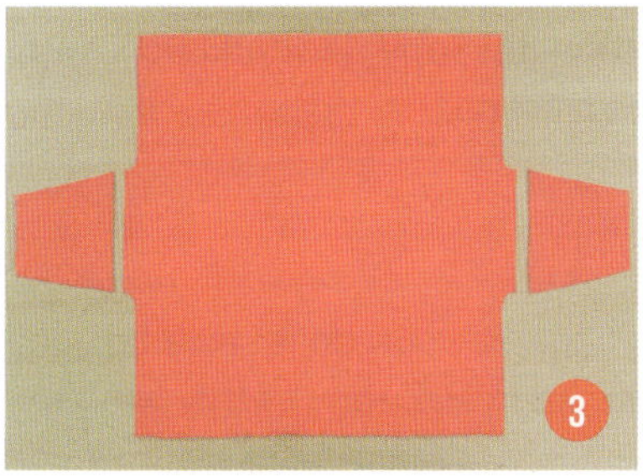

» KROK 3.

Kwadrat z doszytymi rękawami złóż na pół do pozycji takiej, jak w kroku 1. Pamiętaj, aby prawa strona materiału znalazła się wewnątrz (fot. 6). Zszyj jednym szwem dolną krawędź rękawa i bok.

» KROK 4.

MANKIETY ŚCIĄGACZOWE. Przygotuj mankiety. Złóż prostokąt na pół, wzdłuż boku o długości 16 cm, i zszyj krawędzie o długości 16 cm razem (fot. 7). Otrzymasz tunel.

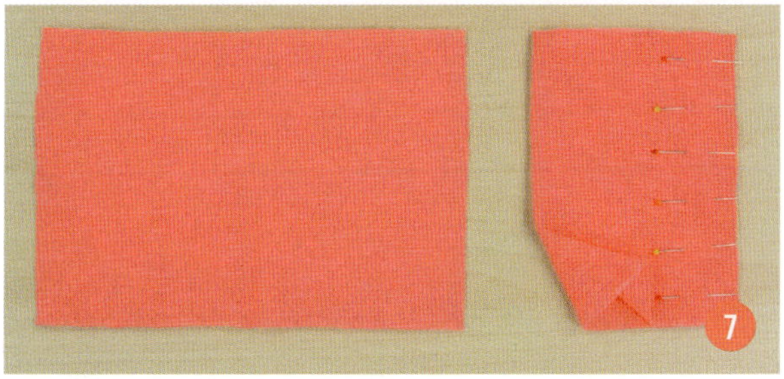

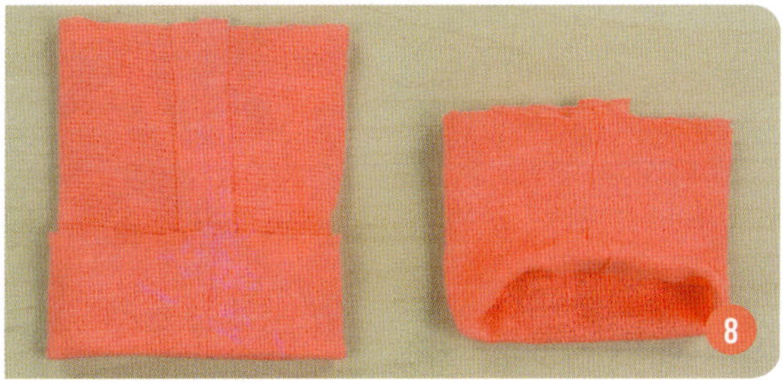

Rozprasuj naddatki na boki i wywiń mankiet do połowy tak, aby naddatki schowały się między złożonymi warstwami (fot. 8 – poprzednia strona).

» KROK 5.

Pozostaw wdzianko na lewej stronie. Przygotowany mankiet wsuń do rękawa tak, aby surowe krawędzie rękawa i mankietu się zetknęły (fot. 9 i 10). Zepnij te trzy warstwy szpilkami. Mankiet jest nieco węższy niż rękaw, wsunięcie go do środka rękawa powinno rozwiązać sprawę różnic w obwodach i krawędzie powinny równo do siebie przylegać. Jeżeli mimo wszystko różnica w obwodach jest widoczna, podczas szycia delikatnie go rozciągaj, aby zrównał się szerokością z rękawem.

Zszyj mankiet z rękawem. Szyj tak, aby ustawić stopkę wewnątrz mankietu, zachowując 1 cm od krawędzi (fot. 11). Mankiety ściągaczowe gotowe (fot. 12).

9

10

11

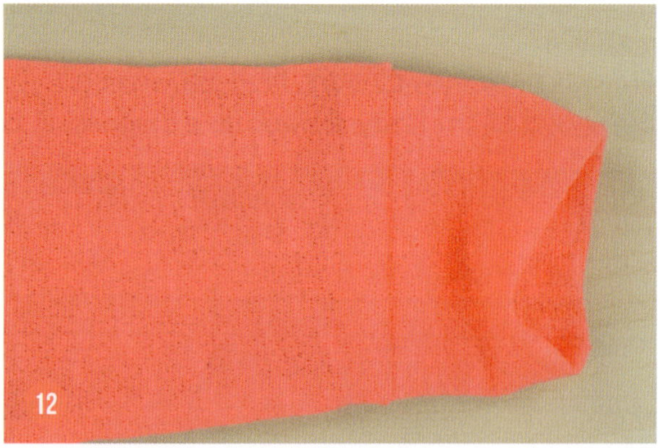

12

» KROK 6.

Listwa wykańczająca krawędź kardiganu. Złóż ze sobą pozostałe dwa pasy dzianiny i zszyj je na krótszych krawędziach (fot. 13). Rozprasuj naddatki na boki.

Powstałą pętlę złóż i zaprasuj wzdłuż na pół (fot. 14) tak, aby naddatki schowały się wewnątrz. Procedura jest podobna jak przy mankietach, tylko skala nieco inna.

Przewiń wdzianko na prawą stronę i wyznacz środek dolnej krawędzi. Ułóż zaprasowaną listwę tak, aby szwy wypadały w tym samym miejscu co środek dolnej krawędzi wdzianka. To miejsce zaznaczyłem szpulką nici (fot. 15).

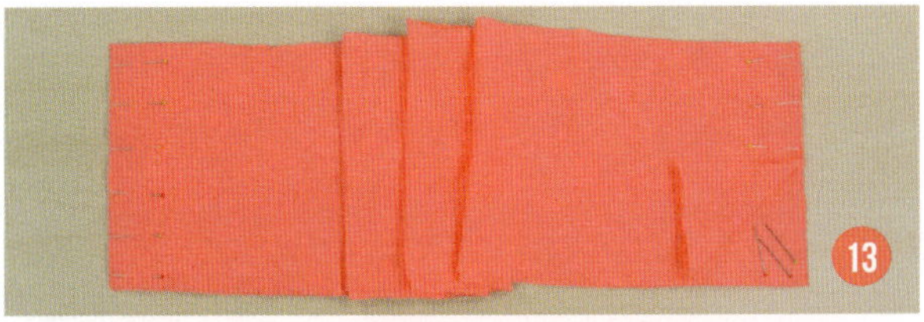

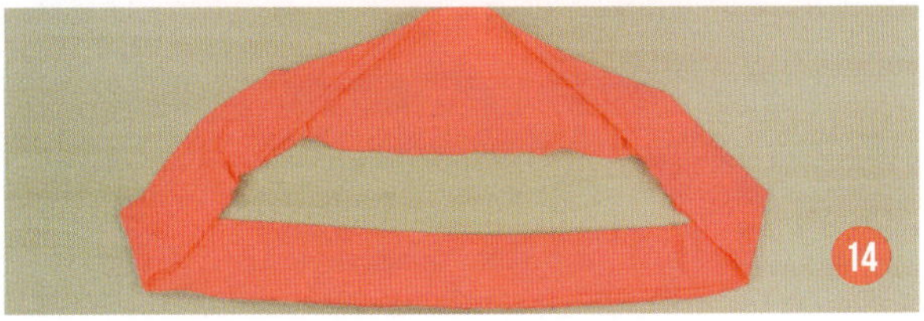

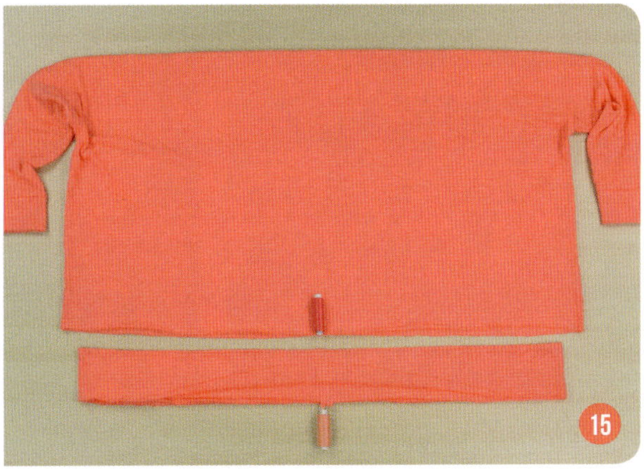

Zwróć uwagę, że listwa jest węższa niż dolna krawędź wdzianka. Upnij ją podobnie jak ściągacz wokół dekoltu bluzki w rozdziale 7. Surowe krawędzie listwy i dolna krawędź wdzianka powinny się pokrywać, a różnicę w obwodach należy równomiernie rozprowadzić między szpilkami (fot. 16 i 17). Przy tak dużych obwodach tak mała różnica zniknie podczas szycia i prawdopodobnie nawet nie będziesz musiała naciągać listwy.

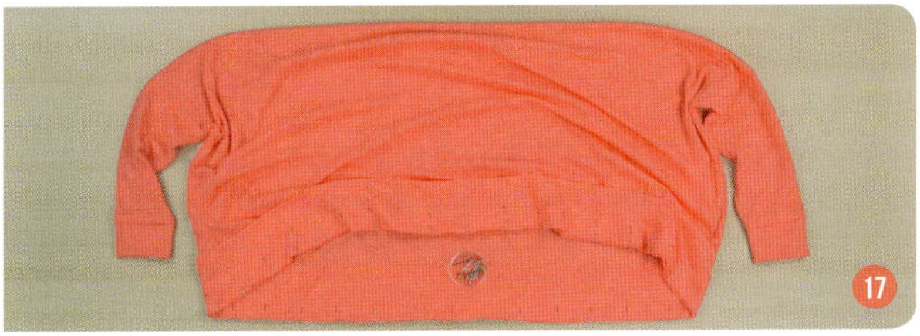

» KROK 7.

Po przyszyciu rozprasuj szew między listwą a kardiganem. Gotowe. Teraz ułóż kardigan na stole (**fot. 18**), chwyć za szwy na środku listwy i rozciągnij wierzchnią oraz spodnią warstwę wdzianka (**fot. 19**), aż do otrzymania kształtu takiego jak na **fot. 20**.

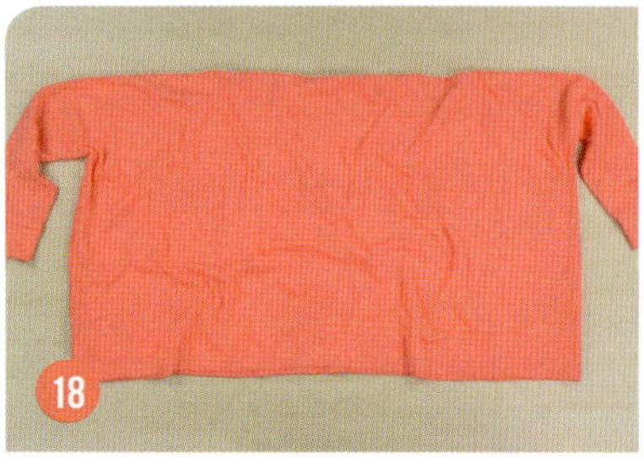
18

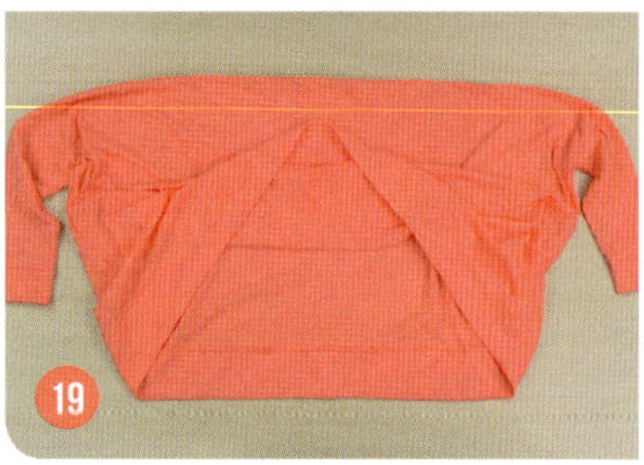
19

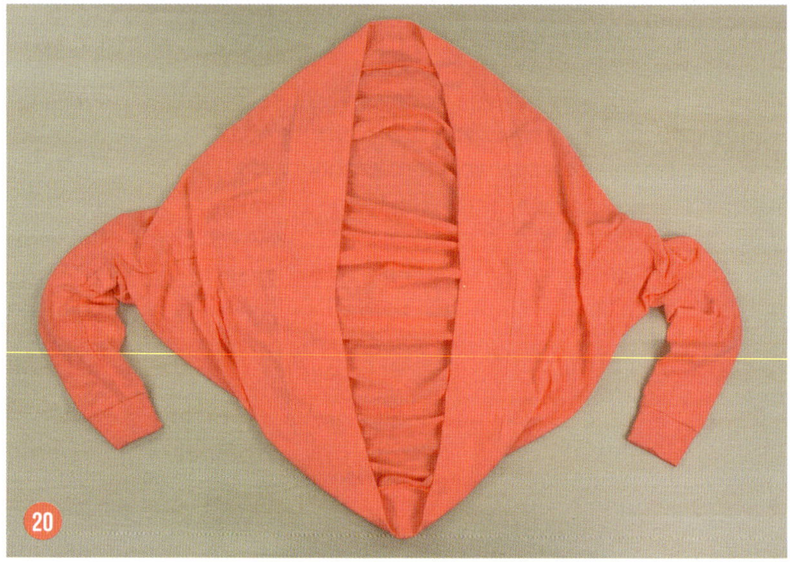
20

Narzutka gotowa! To był ekspres!

PODSUMOWANIE

- Uszyłaś sweter kardigan, łącząc ze sobą dużo elementów.
- Pierwszy raz przyszyłaś rękawy.
- Dowiedziałaś się, jak wykonać mankiet ściągaczowy.

Należy ci się pochwała! Na tym etapie to zadanie prawdopodobnie wydało ci się dość proste, nabierasz wprawy! W kolejnych rozdziałach czeka cię jeszcze kilka ciekawych i prostych rozwiązań. Obserwując moje kursantki, zauważyłem, że prostota i wygoda to dwie najbardziej cenione przez nie cechy w ubraniach. Przyjemnie rozpoczyna się przygodę z maszyną od czegoś, co możesz uszyć w jedno czy dwa posiedzenia.

Bardzo lubiłem, kiedy dziewczyny przychodziły na zajęcia w czymś nowym, co w przerwie same wymyśliły i uszyły. Tak było, kiedy Ania weszła na swoje trzecie zajęcia w prostej sukience z surowymi wykończeniami. Dzianina troszkę się pruła i kieszenie były nieporadnie przyszyte, jednak jak na dzieło początkującej osoby sukienka zasługiwała na pochwałę.

– O rany! Ekstra. Sama uszyłaś?!

– To? Nie, kupiłam w weekend na targach „od projektanta".

Ojej, smutno mi się zrobiło, że gdzieś jest projektant sprzedający ubrania, które można pomylić z dziełem osoby, która ma za sobą trzy spotkania z maszyną do szycia. Nie odejmuje to wartości ubraniu, każdy kiedyś zaczynał. Kiedy jednak chcesz nazywać siebie projektantem i oczekujesz, że ludzie będą kupować twoje ubrania, wypadałoby najpierw troszkę poćwiczyć. Ponieważ sprzedając takie wynalazki, wpływasz na to, co ludzie myślą o projektantach w ogóle. Żeby stać się projektantem, trzeba przejść bardzo długi proces, aby skutecznie kreować styl. W tym procesie należy opanować konstrukcję i szycie jako narzędzie do realizacji pomysłów. Projektowanie wypływa ze sztuki krawieckiej. Moim zdaniem bez jej znajomości trudno być dobrym projektantem. Największą modę, tę wizjonerską, tworzy trio PROJEKTANT–KONSTRUKTOR–KRAWIEC. W tym łańcuchu każde ogniwo potrafi wykonać pracę pozostałych, jednak jest wybitne w swojej dziedzinie, dzięki czemu wszystkie świetnie się komunikują i uzupełniają. Wizje i mgliste pomysły projektanta często bujają w obłokach i potrzebują, aby konstruktor i krawiec sprowadzili je na ziemię. Projekt często ulega modyfikacjom przy zderzeniu z igłą – i jest to fascynujący proces.

Po latach pomyłek i rozczarowań potrafię ocenić, czy moja wizja jest realna. Jeżeli oczami wyobraźni widzę mój projekt na konkretnej osobie, gdy idzie w nim ulicą, oznacza to, że mogę zacząć szyć. Być może niektórzy rodzą się z taką umiejętnością, ja musiałem się jej długo uczyć.

Pierwszym etapem, tuż po studiach, było tak zwane **myślenie na papierze**. W myśl zasady: projektowanie równa się rysowanie. Wiele bolesnych rozczarowań kosztowało mnie wychodzenie z tego etapu. Papier przyjmie wszystko, natomiast ludzkie ciało, materiał, grawitacja i kilka innych zasad fizyki już niekoniecznie. Kolejnym było **myślenie elementami** polegające na komponowaniu elementów, które znam i których kształtu oraz funkcjonalności jestem pewien. Okazuje się, że człowiek z potrzebą twórczego poszukiwania często łączy ze sobą elementy, które niekoniecznie współgrają, w dodatku zazwyczaj jest ich za dużo! Etapem przełomowym był trzeci, kiedy zacząłem projektować koszule. **Myślenie wzorem i kolorem**. Decydowanie o tym, które wzory kratki nadają się do wprowadzenia do produkcji na podstawie próbek 10 cm x 10 cm, zmusza początkującego projektanta do niesamowitego wysiłku umysłowego. Mówię to całkiem poważnie, po prostu czułem, jak mój mózg się zwija, żeby zwizualizować koszulę na podstawie takiej próbki (tak pewnie czują się osoby z działu sprzedaży, któremu projektant tłumaczy podczas zamówienia, że nadruk na koszulce zmieni kolor).

Kiedy zacząłem pracować z dzianiną, rozpocząłem etap **myślenia tworzywem**. Sprawdzałem, łącząc doznania organoleptyczne z wyobraźnią, czy dana konsystencja, grubość bądź sztywność materiału będzie pracować zgodnie z założeniami projektu. Powoli zaczynałem czuć się jak fachowiec i odkryłem, że najczęściej, gdy biorę materiał do ręki, w mojej głowie pojawia się potok obrazów – zazwyczaj są to ciuchy. Po kilku wpadkach z formą odkryłem **myślenie proporcjami**. Czyli opracowywanie ubrania, które okrywa ciało, ma różne funkcje, a przede wszystkim jest tworem 3D, który funkcjonuje w ruchu. Ostatecznie kilkanaście lat pracy dla firm odzieżowych nauczyło mnie tak zwanego **myślenia klientem**. Bardzo ważna sprawa dla każdego, kto chciałby, aby jego praca poszła w świat. Polega to na zrozumieniu, że to nie klienci są dla projektanta, to projektant jest dla klientów. Kiedy połączyłem te wszystkie rodzaje myślenia, dorzucając to, z czym się chyba już urodziłem, czyli **myślenie detalem**, nareszcie liczba nieudanych realizacji spadła do minimum. Dziś potrafię wyobrazić sobie ubranie w ten odpowiedni sposób, który powie mi, czy jest to projekt trafiony i wart realizacji. Nie jest to jednak umiejętność niezawodna...

Dlaczego o tym piszę? Z jednej strony chciałbym przekazać, jaka wiedza i praca stoi za projektowaniem ubrań, z drugiej – chcę podzielić się swoim doświadczeniem, aby ułatwić ci przygodę z modą, którą sama kreujesz.

W Polsce kultura hobbystycznego rękodzieła z roli marginalnej powoli zaczyna stawać się mocnym nurtem społecznym. Zachodzą ważne zmiany, nasze babcie i mamy szyły, ponieważ w sklepach nic nie było. Dziś kolejne pokolenia osiągają przesyt centrami handlowymi i sklepami sieciowymi oferującymi zunifikowaną i powtarzalną modę. Polska zaczyna szyć, gdyż w sklepach jest za dużo. Zaczynamy szukać indywidualności i wyjątkowości, uczymy się wyrażać i podkreślać naszą niepowtarzalność. Bardzo mnie to cieszy i chcę być częścią tych przemian. To właśnie dlatego prowadzę bloga o szyciu i piszę tę książkę. Mam nadzieję, że ty też dołączysz na stałe do radosnego wyzwalania naszej indywidualności.

ROZDZIAŁ 12

Uszyj prostą sukienkę z kapturem

ZADANIE 10.

Uszyj prostą sukienkę z kapturem i kieszeniami

Dowiesz się:

- jak uszyć prostą sukienkę;
- jak przyszyć kaptur;
- jak uszyć najprostsze kieszenie wpuszczane w szew.

Przygotuj:

- dzianinę – ja wybrałem welur, czyli materiał pokryty gęstymi włoskami, co daje mu nietypowy połysk; stawiam przed tobą dodatkowe zadanie: przygotuj formy i oblicz zużycie dzianiny;
- 0,5 m dzianiny na podszewkę do kaptura i na kieszenie;
- bluzę z kapturem, od której odbijesz formę kaptura;
- papier do form, linijkę, metr krawiecki, mydło krawieckie i nożyce;
- nici i szpilki.

FORMA

Spójrz na **ilustrację 1** i przeczytaj opisy każdego kroku. Podane wymiary odpowiadają rozmiarowi 36/38. Możesz je modyfikować według własnych potrzeb, zweryfikuj każdy, mierząc na sobie. Forma sukienki jest podobna do formy bluzki oversize, z kilkoma drobnymi wyjątkami.

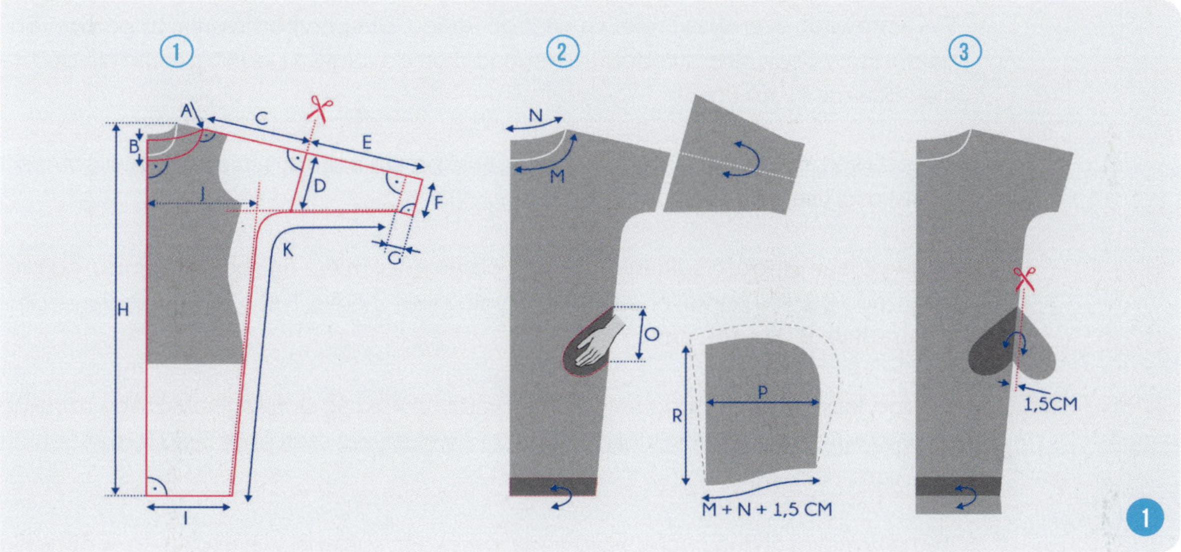

» KROK 1.

Przygotuj formę na połowę T-shirta (patrz rozdział 6) – to ciemnoszary element. Przekształć ją pod kątem formy sukienki (różowe linie) w następujący sposób:

A – wyznacz środek ramienia w formie T-shirta, aby poszerzyć dekolt;

B – pogłęb dekolty przodu i tyłu o 1–2 cm.

Narysuj nowy, głębszy dekolt przodu w takim kształcie, aby zaczynał się pod kątem prostym do linii ramienia i kończył również pod kątem prostym do linii środka T-shirta. Dekolt tyłu jest płytszy, więc nie musisz zachować kąta prostego przy ramieniu, ale musisz pamiętać o kącie prostym przy linii środka T-shirta.

C – wyznacz długość, na jakiej chcesz wprowadzić cięcie między rękawem a sukienką. Mierz od środka ramienia (czyli od końca dekoltu). Przedłuż ramię do pożądanej długości, zachowując jego kąt nachylenia. C = 26 cm;

D – pod kątem prostym do wydłużonej linii ramienia wprowadź szerokość rękawa w bicepsie. Dla przypomnienia: to połowa obwodu, jaki planujesz. Rękaw nie powinien być zbyt obcisły, ponieważ cała sukienka jest dosyć luźna. D = 16 cm;

E – wydłużaj skos ramienia do pożądanej długości rękawa + szerokość listewki wykańczającej. E = 30 cm. To rękaw ⅞ z listewką szeroką na 2 cm;

F – wprowadź szerokość rękawa na jego końcu. Dla przypomnienia: to połowa obwodu, który pozwoli ci swobodnie wsunąć dłoń do rękawa i jednocześnie nie będzie cię obciskał. F = 10 cm;

G – pod kątem prostym do linii F narysuj linię prostą o długości równej dwukrotności szerokości listewki. G = 4 cm;

H – wyznacz długość sukienki. Dla przypomnienia: mierz na sobie z przodu, od najwyższego punktu barku, przez biust. Wydłuż linię środka T-shirta do pożądanej długości sukienki. H = 100 cm;

I – pod kątem prostym do linii H wprowadź szerokość dołu sukienki. Aby uzyskać ołówkowy kształt sukienki, dół powinien być węższy niż szerokość dołu formy T-shirta o 2–3 cm. I = 20 cm;

J – na wysokości dna pachy wprowadź szerokość sukienki w biuście – to ¼ obwodu biustu powiększona o 4–6 cm. Poszerz formę T-shirta o około 5 cm. J = 28 cm;

K – wyznacz dwie proste, które się przetną, w celu narysowania linii boku. Połącz linią przerywaną szerokość dołu (I) z szerokością w biuście (J). Końcówkę linii G połącz z końcówką linii D i poprowadź linię aż do przecięcia z poprzednią. Rysując linię K, trzymaj się linii przerywanych, rysując łagodny łuk jedynie pod pachą, tam gdzie linie przerywane się przecinają.

» KROK 2.

Zmierz obwód pogłębionego dekoltu zarówno z tyłu (N), jak i przodu (M).

Odetnij rękaw i dodaj lustrzane odbicie wzdłuż linii skosu ramienia. Forma rękawa jest gotowa.

Zaplanuj kształt i umiejscowienie kieszeni. Przyłóż formę do ciała i ułóż na niej dłoń tak, jakbyś wkładała ją do kieszeni. Obrysuj dłoń, aby zaznaczyć wysokość i głębokość kieszeni (ciemnoszary kształt). O = 18 cm.

Zaplanuj szerokość listewki wykańczającej dół sukienki (ciemnoszary kształt na dole). W mojej sukience listewka ma 4 cm szerokości.

Odbij formę kaptura ze swojej bluzy. Zrób to, korzystając z instrukcji odbijania formy T-shirta w rozdziale 6. Złóż kaptur na pół i dokładnie rozprostuj na kartce. Obrysuj kontur, a kształt szwu łączącego kaptur z dekoltem przebij szpilką, robiąc nią dziurki w papierze.

Ważne » Zwróć uwagę, aby dół kaptura układał się w falę, jak na rysunku.

Zmierz długość fali i porównaj z obwodem dekoltu przodu i tyłu w formie sukienki (M + N). Jeżeli jest za krótka, wydłuż ją, poszerzając kaptur z przodu. Jeżeli jest za długa, skróć ją, ścinając kaptur równo z przodu i z tyłu.

Ważne » Kształt kaptura możesz modyfikować, wydłużając go i poszerzając do woli (na ilustracji szara linia przerywana). Zadbaj jedynie o to, aby kształt fali na dole kaptura pozostał niezmieniony, a jej długość pokrywała się z obwodem dekoltu.

W moim projekcie krawędzie kaptura zachodzą na siebie, na środku dekoltu przodu (patrz finałowe zdjęcie). Dlatego wydłużyłem falę z przodu kaptura o 1,5 cm, stąd jej długość M + N + 1,5 cm. Wysokość mojego kaptura R = 35 cm, jego szerokość P = 29 cm.

Rada » Zanim wykroisz kaptur z właściwej dzianiny, wykonaj prototyp. Wytnij formę dwukrotnie z jakiegokolwiek materiału i zszyj oba elementy na grzbiecie (**fot. 4**), aby sprawdzić rozmiar i kształt kaptura.

» KROK 3.

Przerysuj lustrzane odbicie kieszeni na zewnątrz sukienki. Odetnij je w odległości 1,5 cm od linii boku sukienki.

Dorysuj na dole listewkę do wykończenia w odbiciu lustrzanym.

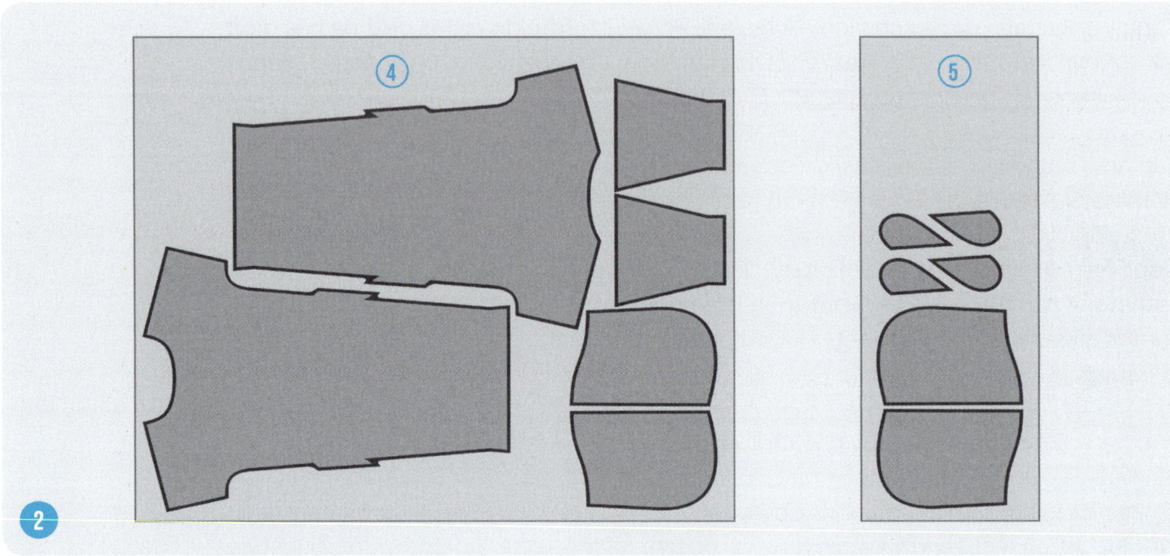

» KROK 4.

Spójrz na **ilustrację 2**. Rozdziel formę sukienki na przód (dekolt głębszy) i tył (dekolt płytszy). Dodaj lustrzane odbicia, aby uzyskać pełne formy przodu i tyłu. We wszystkich elementach dodaj 1 cm naddatku na szwy dookoła. Z podstawowej dzianiny wytnij przód, tył, dwa symetryczne rękawy i dwie połówki kaptura.

Jeżeli jak ja szyjesz z weluru, nie możesz odwracać formy tyłu sukienki (patrz rozdział 7 – krojenie materiału).

Ważne » Zwróć uwagę, że potrzebujesz lewej i prawej połówki kaptura, nie jest więc on symetryczny.

» KROK 5.

Z podszewki wytnij połówki lewą i prawą kaptura oraz kieszenie – potrzebujesz dwóch lewych i dwóch prawych. **Szyjemy!**

SZYCIE

» KROK 1.

Zszyj przód i tył sukienki na ramionach (**fot. 1**).

» KROK 2.

Rozprasuj szwy i rozłóż sukienkę. Podobnie jak w przypadku wdzianka z poprzedniego rozdziału doszyj rękawy (fot. 2 i 3 – żółty materiał jest po to, aby krawędzie rękawa były widoczne).

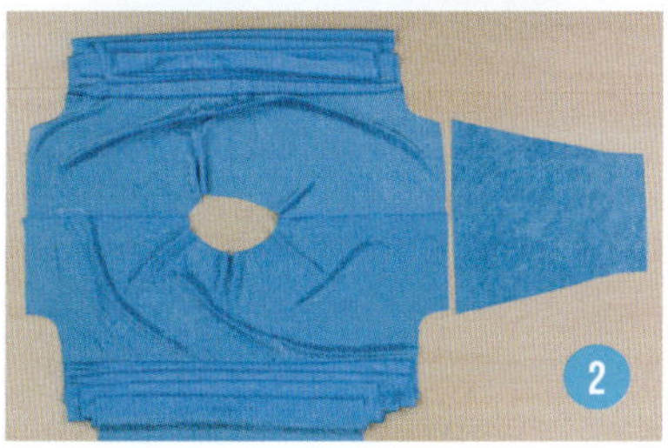

» KROK 3.

Kaptur. Najpierw zszyj ze sobą połówki wierzchniej warstwy i połówki podszewki. Złóż połówki ze sobą, zepnij krawędzie i zszyj grzbiety kapturów (fot. 4). Wierzchnią część pozostaw na lewej stronie, a podszewkę przewróć na prawą (fot. 5). Wsuń

podszewkę do środka wierzchniej warstwy tak, aby stykały się prawymi stronami materiałów. Zepnij i zszyj przednią krawędź kaptura, łącząc podszewkę z wierzchem (fot. 6). Przewróć kaptur na prawą stronę (fot. 7) i wsuń podszewkę do środka (fot. 8). Będzie nieco wystawać na dole, ale nie przejmuj się tym – obetniesz później.

Pozostaw sukienkę na lewej stronie. Wyznacz środek dekoltu tyłu i przodu. Wsuń kaptur do wnętrza dekoltu (fot. 9). Upnij kaptur dookoła dekoltu tak, aby jego dolna krawędź pokrywała się z krawędzią dekoltu – w kapturze weź pod uwagę krawędź krótszej, zewnętrznej warstwy i to ją równaj z krawędzią dekoltu. Zacznij od przypięcia szwu na kapturze do środka dekoltu tyłu. Następnie upinaj go dookoła (fot. 10). Końcówki kaptura powinny na środku dekoltu przodu zachodzić na siebie o około 3 cm.

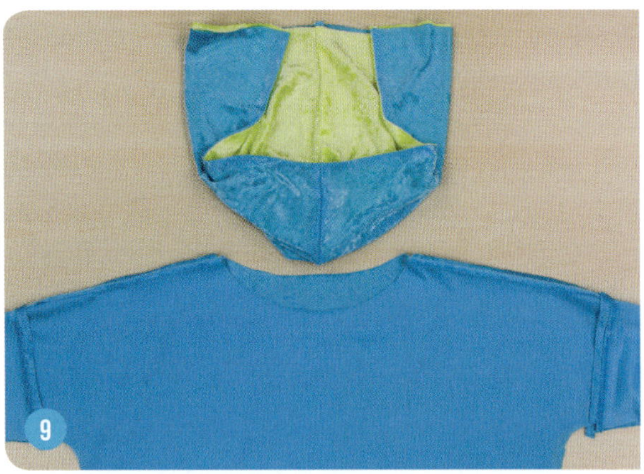

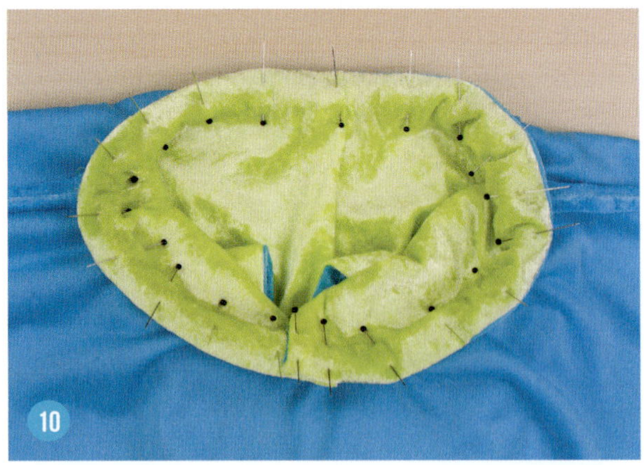

Przyszyj kaptur do dekoltu, szyjąc 1 cm od krawędzi i upewniając się, że zszywasz wszystkie trzy warstwy dzianiny razem.

» KROK 4.

Kieszenie. Zacznij od doszycia kieszeni do formy przodu i formy tyłu (**fot. 11**). Jak widać na zdjęciu, po dodaniu naddatków szerokość wypustki w sukience, do której będę przyszywał kieszeń, oraz szerokość krawędzi kieszeni się różnią. Nie martw się tym. Wyznacz środek krawędzi wypustki i krawędzi kieszeni. Zepnij je razem tak, aby środek jednej pokrywał się ze środkiem drugiej (**fot. 12**). Doszyj kieszenie, szyjąc 1 cm od krawędzi. Rozprasuj naddatki na boki (**fot. 13**).

11

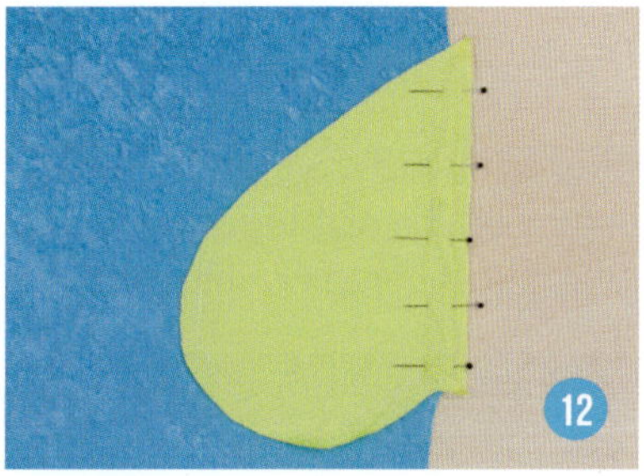
12

13

Złóż sukienkę tak, aby przód i tył leżały na sobie, i zepnij krawędzie rękawów, boków i kieszeni (**fot. 14**). Jednym szwem zszyjesz cały bok sukienki, razem z kieszeniami.

Zacznij szew od zszycia krawędzi rękawa, kontynuuj wzdłuż boku sukienki. Kiedy dojedziesz do miejsca, gdzie została doszyta kieszeń, wykonaj „zakręt na wbitej igle" (wyjaśnienie na następnej stronie). Szyj dalej wokół krawędzi kieszeni. Kiedy dotrzesz do dolnej krawędzi kieszeni, ponownie wykonaj zakręt na wbitej igle i kontynuuj wzdłuż linii boku sukienki (**fot. 15**).

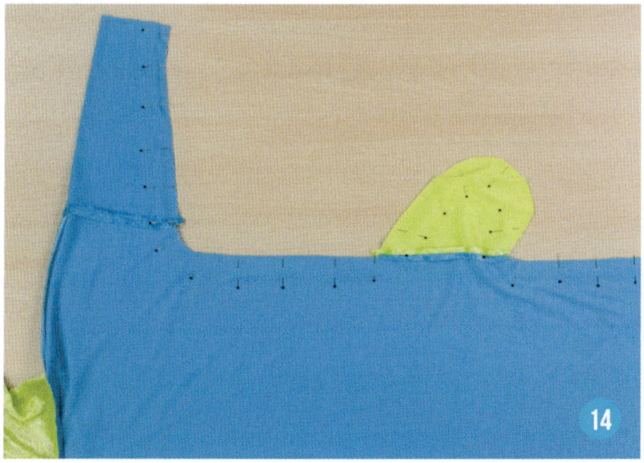
14

15

Zakręt na wbitej igle polega na wykonaniu ostrego zakrętu podczas szycia. Należy zatrzymać maszynę z igłą wbitą w materiał. Podnieść stopkę i okręcić materiał ostrożnie wokół igły, zmieniając kierunek szycia. Dzięki wbitej igle szew będzie prowadzony płynnie. Opuść stopkę i szyj w nowym kierunku.

Kieszeń gotowa (fot. 16)! Dzięki temu, że odcięłaś ją na formie w odstępie 1,5 cm od linii boku sukienki, łączenie kolorów i szew chowają się wewnątrz kieszeni.

» KROK 5.

Przymierz sukienkę i sprawdź, czy nie chcesz jej skrócić lub zwęzić. Kiedy dopasujesz ją do swojej sylwetki, pora na ostateczne wykończenia. Dół sukienki i rękawy wykończ za pomocą listewki, tak samo jak dół w bluzce z rozdziału 7 (fot. 17 i 18).

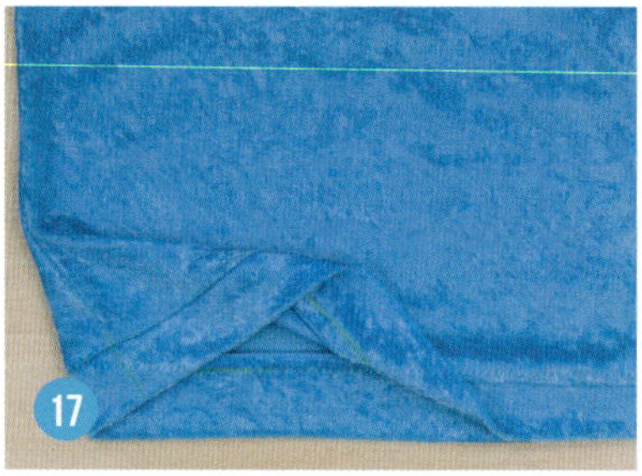

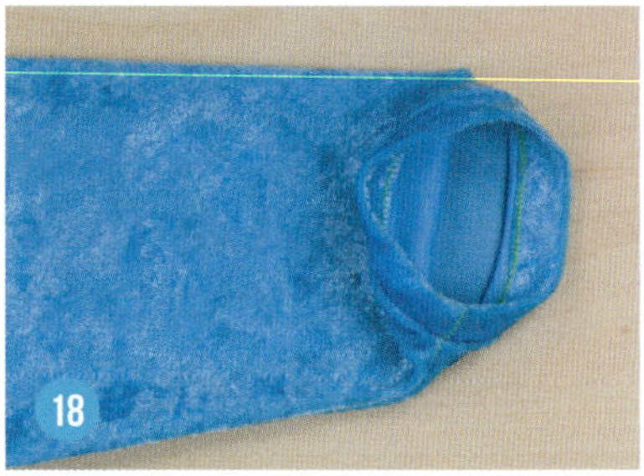

Sukienka gotowa (fot. 19). Możesz ją nosić jako tubę albo połączyć z paskiem. Najbardziej lubię wersję dopasowaną na biodrach i lekko podciągniętą do góry, co daje efekt zbluzowanej dzianiny w okolicach talii.

Stylizuj według swoich upodobań. Oczywiście możesz też tę sukienkę wykonać z dekoltem łódką albo z krótkimi rękawami lub z golfem, jak sweter opisany w następnym rozdziale. Do wybory do koloru! Stwórz własną wersję.

PODSUMOWANIE

- Wykonałaś najbardziej skomplikowany dotychczas wykrój.
- Uszyłaś pierwszą sukienkę!
- Nauczyłaś się robić kaptur.
- Potrafisz wszywać kieszenie.
- Dowiedziałaś się, na czym polega zakręcanie na wbitej igle.

To było bardzo owocne zadanie. Po napisaniu tego rozdziału jestem podekscytowany, ponieważ ta sukienka należy do form najczęściej wybieranych przez moje kursantki. Nie mogę się doczekać, kiedy te instrukcje trafią w nowe ręce. Co więcej, każdy dodaje osobisty rys i jeszcze nigdy nie powstały dwie takie same kreacje, mimo że wiele dziewczyn bazowało na tej samej formie. **Mam nadzieję, że podobasz się sobie w twojej pierwszej własnoręcznie uszytej kiecce. Życzę ci tęsknych spojrzeń koleżanek, no i tego napawającego dumą pytania „skąd ją masz?".**

Ach, sukienki! Uwielbiam je. Uwielbiam dorosłe kobiety w sukienkach, bo jest w nich coś zmysłowego i nieuchwytnego. Bardzo lubię moment, kiedy moje klientki wkładają sukienki, które dla nich zaprojektowałem. Nagle kreacja nabiera barw, wyłania się z niej sens, zaczyna żyć, ale schodzi na drugi plan. A ja widzę już tylko kobietę. To niesamowite uczucie, kiedy patrzę, jak ona pięknieje w oczach, coś się w niej zmienia: postawa, wyraz twarzy, energia, którą promieniuje, to, jak patrzy na siebie w lustrze. Jakby sukienka w jakiś magiczny sposób wydobywała z niej to COŚ! Właśnie to „coś" nadaje sens pracy projektantów. Błysk w oku zadowolonej klientki jest bezcenny. A kobieta, która to „coś" ma, wzbudza ZACHWYT. Uczucie, którego doświadczam, gdy ubieram moje muzy! A muza to kobieta, która inspiruje do tworzenia w niewyjaśniony sposób tym, że jest, tym, jaka jest. Im dłużej pracuję, tym więcej kobiet mnie porusza, każda inaczej. Jest jednak wyjątkowa osóbka, która inspiruje mnie w niepowtarzalny, niewinny i radosny sposób, w jaki może inspirować tylko kilkuletnia dziewczynka. To moja siostrzenica Ninka.

Nie było tak od razu. Pamiętam, że kiedy się urodziła, bałem się wziąć ją w ramiona, tak delikatna mi się wydawała. Kiedy podrosła, oboje patrzyliśmy na siebie trochę z lękiem. Jednak z pomocą mojej siostry i kilku sukienek zbudowaliśmy relację. Opowiem historię o dwóch sukienkach, które coś łączy... Kolor różowy (westchnienie).

Ku zgrozie swojej mamy moja siostrzenica wraz z pójściem do przedszkola wpadła w fazę różowego szaleństwa, przed czym jej rodzice koniecznie chcieli ją (a może też siebie) uchronić. Kiedy jednak stado małych dziewczynek spotyka się codziennie na kilka godzin, zaczyna działać jakaś magiczna siła! I tak moja siostra z nutą rezygnacji i akceptacji nieuniknionego w głosie powiedziała: „Bo wiesz, Jasiek, jak po nią tam przychodzę, to one wszystkie w tych przebraniach księżniczek biegają... A one (stroje, nie dziewczynki) są takie, no wiesz..." (westchnienie). Wiem, wiem, tandetne, kiczowate, brzydkie, co jeszcze? A! RÓŻOWE! W dodatku zbliża się bal przebierańców i za kogo mała Ninka chce się przebrać? No, za księżniczkę oczywiście! Dostałem za zadanie uszyć księżniczkową sukienkę, ale taką „na niby". To znaczy Ninka ma być zadowolona i mama ma być zadowolona. To jest coś, co projektant nazywa „klientka wyzwanie".

Miałem zamiar zaszaleć z tiulem, miało go być tyle, że młoda zwariuje ze szczęścia, a forma i wykończenia miały być na tyle stylowe, by ucieszyć mamę (tak na marginesie, trochę się nabijam – moja siostra ma do tego zdrowy dystans). Jednak podczas poszukiwań materiału w odpowiednim kolorze ktoś obdarował Ninkę tiulową spódniczką i przy okazji dowiedzieliśmy się z Marynią (siostrą), że „księznickowa" to znaczy, że „ma się kręcić"!

Masz ci los, ma już tiulową i w dodatku taką, co to się kręci, pozostał mi tylko róż! Postanowiłem zatem, że uszyję po prostu ładną sukieneczkę w kolorze magenty. Zrobiłem aplikację w kształcie zawadiackiej kokardy i doszyłem kilka guziczków nie do pary. Ku mojemu zaskoczeniu i dumie Ninka, która wtedy jeszcze się mnie wstydziła, obejrzała sukienkę zaskoczona. Szybko w nią wskoczyła i pobiegła przed lustro, chwilę się pooglądała, a potem szurrr do mamy wyszeptać coś na ucho. Później się dowiedziałem, że postanowiła, iż sukienka będzie na bal przebierańców! Ha! Widać małe dziewczynki nie muszą kisić się w tiulu, żeby czuć się jak księżniczki, wystarczy RÓŻ, kokarda i kilka fajnych guziczków.

Wtedy zaczęliśmy budować pomost nad przepaścią mojego lęku (no bo czy potrafię się obchodzić z małymi dziewczynkami) i wstydu Ninki (no bo kim jest ten brodaty wujek, co go tak rzadko widuje).

Po kilku latach muszę powiedzieć, że chyba fajnie jest być małą dziewczynką i mieć wujka projektanta. Można go czasem odwiedzić w pracowni, pokręcić się na krześle obrotowym z młodszym bratem, poukładać kolorowe nitki w szufladkach. A na widok różowej, tiulowej spódniczki można wyszeptać z zachwytem „MAMOOOOO, JAKA SPÓDNICA" i oczywiście można dostać taką samą przy następnym spotkaniu. A, no i na koniec można wysmarować projekt swojej wymarzonej sukienki! Niczym Rarity! Jak ktoś nie wie: Rarity to jedna z bohaterek kreskówki „My Little Ponny", ta, co jest dizajnerką!

Tak właśnie było, kiedy Ninka minionego lata wpadła z całą rodzinką do wujka Jaśka. Który się bardzo cieszy, bo jeszcze rok temu na hasło „wujek Jasiek" Ninka zmykała w najdalszy kąt domu i nie było mowy o kontakcie. Kilka tiulowych spódniczek później jesteśmy już chyba zakumplowani, przynajmniej na tyle, żeby razem szyć wdzianka dla lalek albo gadać o butelce gniewu z przedszkola (co za wynalazek!). Kiedy Ninka zasiadła do rysowania, byłem święcie przekonany, że rysuje kota, ale:

– Nieeeee, wujku, to jest sukienka, zawse o takiej mazyłam. A to jest fioletowa rózycka. A druga jest fioletowa z rózową rózycką.

Ach, czyli faza fioletowo-różowa, o której słyszałem, że następuje po fazie różowej, już się zaczyna. Jakoś tak się złożyło, że akurat wujek miał na regałach różową dzianinę w idealnym odcieniu! Fioletowego niestety nie znaleźliśmy, ale obiecałem, że będę się rozglądał w sklepach i projekt zostanie zrealizowany. Kiedy trzy tygodnie później Ninka wręczyła mi zaproszenie na swoje piąte urodziny, nie miałem wątpliwości, co jej sprezentować. Okazało się, że niektóre prezenty wybrała sama i, o zgrozo, była wśród nich sukienka z jakiejś parszywej sieciówki w identycznym kolorze i kroju, jaki planowałem, w dodatku z cekinowym wielkim sercem na środku. Musiałem chwilę pomyśleć, co mogłoby sprawić pięciolatce więcej radości niż cekinowe serce.

SZYFON! W ilościach zbyt drogich dla sieciówki, w dodatku cięty ze skosu. Tak! No i sukienka musi się przecież „kręcić"! Postanowiłem, że będzie to prościutka góra, kształt dekoltu projektantka potwierdziła jako półokrągły, a dół wytnę z koła i udrapuję w zakładki, żeby szyfonu było więcej, niż rozsądek dorosłej osoby jest w stanie przyjąć. Kiedy skończyłem szyć, uznałem, że Ninka zapewne będzie się chciała komuś pochwalić tym, że sama tę sukienkę zaprojektowała. Kiedy kupujesz żakiet od Coco Chanel, dostajesz certyfikat potwierdzający jego oryginalność. Zatem szybko wydrukowałem Różowy Certyfikat Leśniaka i zapakowałem prezent. Miałem cichą nadzieję na jakiś pisk zachwytu, kiedy Młoda odpakuje podarek. Ale cóż, dzieci są cudownie szczere!

– A ja psecież o taką prosiłam, wujku?! – usłyszałem z mieszaniną zapytania, zakłopotania, ale i cieniem zadowolenia. A po chwili:

– A fioletową tez dostanę? (Na projekcie były dwie wersje kolorystyczne: różowo-fioletowa i fioletowo-różowa).

Ha, ha, ha, ha! No „oczywizda", że fioletowa też powstanie, musi tylko się dobry materiał napatoczyć. Kilka dni później dostaję SMS-a od siostruni ze zdjęciem Ninki kręcącej się w kiecce, z dopiskiem:

„»Jutro też chcę ją włożyć«, to tak gdzieś trzeci dzień z rzędu... Ma już plamy z jajka sadzonego".

Radość! Ninka nie jest typem rozwydrzonej księżniczkowej dziewuszki, jest raczej nieśmiałą obserwatorką, która wpadła w księżniczkowość w przedszkolu. Kiedy na początku roku na balu przebierańców było pięć Elz i ona jedyna jako syrenka, zerkająca tęsknie na te Elzy, moja siostra wyłapała, że to jest dobry moment, aby opowiedzieć Nince o tym, że właściwie to fajnie jest być inną. No i dlatego ta Ninka jest dla mnie absolutnie rozkoszną dziewczynką. Niech sobie hasa w tej różowej ultraksiężniczkowej kiecy wypapranej jajkiem sadzonym tak długo, jak długo sprawia jej to radochę. A za jakiś czas, kto wie, może pojawi się zapotrzebowanie np. na gotyckie wdzianka albo coś zupełnie innego – bardzo jestem ciekaw, kim będzie się stawać moja najmłodsza i najbardziej zaskakująca muza! Bo muzy nie tylko inspirują – muzy kocha się bezwarunkowo, podziwia i dba o nie. A co ty na to, żeby zostać swoją muzą? :)

ROZDZIAŁ 13

Uszyj sweter z szerokim golfem

ZADANIE 11.

Uszyj sweter z szerokim golfem

Dowiesz się:

» jak przekształcić formę T-shirta w sweter;
» jak na dwa sposoby wszywać profilowane rękawy;
» jak wykonać i czym jest znacznik na formie;
» jak przygotować golf.

Przygotuj:

» dzianinę – ja wybrałem typowo swetrową dzianinę o dosyć luźnym splocie i bardzo dużej elastyczności, dlatego będę szył owerlokiem. Forma ta nadaje się na każdą elastyczną dzianinę. Jeżeli nie masz owerloku, a chcesz uzyskać efekt mięsistego komina, polecam użycie drapanej dresówki, czyli dzianiny z meszkiem pod spodem, lub grubego swetrowego splotu. Jeżeli nie będzie zbyt elastyczny, zwykła maszyna powinna sobie z nim poradzić. Możesz też wybrać cieńsze dzianiny, wtedy uzyskasz raczej efekt bluzki niż swetra. Z obliczeniem zużycia dzianiny poradzisz sobie sama;

» papier do form, linijkę, metr krawiecki, mydło krawieckie i nożyce;

» nici i szpilki.

FORMA

Spójrz na **ilustrację 1** i przeczytaj opis każdego kroku. Podane wymiary są dopasowane do rozmiaru 36/38 i możesz je modyfikować według własnych potrzeb. Zweryfikuj każdy, mierząc na sobie. Zdecydowałem się na miękki, otulający, bardzo długi sweter z ogromnym golfem, dlatego niektóre wymiary mogą wydawać ci się za duże.

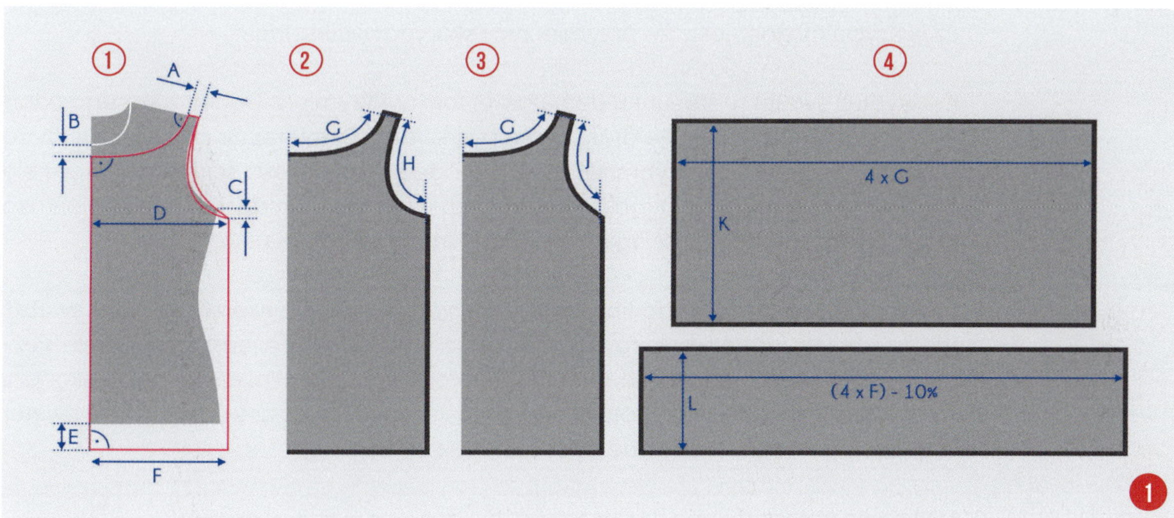

» KROK 1.

Przygotuj formę na połówkę T-shirta (ciemnoszary element) i na jej bazie narysuj nową formę swetra (różowe linie):

A – aby uzyskać jak najszerszy golf, musisz maksymalnie poszerzyć dekolt, prawie do krawędzi ramienia. A = 2 cm;

B – pogłęb dekolt przodu. B = 2 cm.

Narysuj kształt dekoltu tak, aby zaczynał się pod kątem prostym do ramienia i kończył pod kątem prostym do linii środka przodu T-shirta. Dekolty przodu i tyłu będą symetryczne.

C – sweter będziesz wkładać na T-shirt lub bluzkę, dlatego powinien mieć głębszą pachę, aby pierwsza warstwa ubrania zmieściła się wewnątrz. Obniż dno pachy o 1–2 cm. C = 1 cm;

D – na poziomie obniżonej pachy wprowadź szerokość swetra w biuście, powinien on również być szerszy od T-shirta o 1,5–3 cm. Ja poszerzyłem o 1,5 cm. D = 24 cm.

Narysuj nowy kształt pachy przodu i tyłu. Pamiętasz z formy T-shirta? Pacha przodu jest głębsza, mocniej podcięta, pacha tyłu z kolei jest płytsza, jest łagodniejszym łukiem. Staraj się, aby tuż przy ramieniu łuk pachy pokrywał się z kształtem oryginalnej pachy. Pachę przodu pogłęb i wydłuż. Pacha tyłu mniej więcej na ¼ jej wysokości powinna zacząć się oddzielać od pachy przodu. Nie przejmuj się tym zbytnio, podczas szycia możesz jeszcze przymierzyć i skorygować kształt.

E – wydłuż sweter w stosunku do bazowej formy. Przymierz T-shirt, z którego odbijałaś formę, i sprawdź, o ile dłuższy ma być sweter. Pamiętaj, że doszyjesz jeszcze ściągacz na dole – od wybranej długości odejmij wysokość ściągacza. Może się okazać, że postanowisz skrócić sweter w stosunku do T-shirta. Mój ma być bardzo długi, poniżej bioder, ze ściągaczem szerokim na 10 cm, dlatego E = 5 cm;

F – pod kątem prostym do linii środka T-shirta wprowadź szerokość dołu swetra. Idealnie byłoby, gdyby była równa szerokości w biuście (D), a jednocześnie nie węższa niż ¼ obwodu bioder lub ¼ obwodu twojej sylwetki w miejscu, gdzie skończy się sweter (jeśli planujesz krótszy niż do pośladków). Możesz też poszerzyć sweter w biuście lub nadać mu formę trapezu. F = 24 cm.

Na koniec połącz dno pachy z szerokością dołu, rysując bok swetra.

» KROKI 2. I 3.

Przerysuj na osobnej kartce formy przodu (2) i tyłu (3). Zmierz obwód dekoltu (G) oraz obwody pachy przodu (H) i tyłu (J). Następnie dodaj 1 cm naddatku na szwy dookoła form, pomijając linie środka (ciemnoszary obrys).

» KROK 4.

Przygotuj formę na golf oraz formę na ściągacz na dole swetra. Forma golfu to prostokąt, bez żadnych profilowań, przy elastycznej, miękkiej dzianinie i szerokim golfie to wystarczy.

K – ustal wysokość golfu. Ja zdecydowałem się na 20 cm. Wysokość prostokąta to dwukrotność wysokości golfu (złożysz go na pół). K = 40 cm.

Szerokość prostokąta jest dopasowana do obwodu dekoltu, stąd 4 x G.

Dodaj 1 cm naddatku na szwy dookoła.

L – dwukrotność planowanej wysokości ściągacza. Ja zdecydowałem się na 10 cm. L = 20 cm.

Szerokość ściągacza powinna być nieco mniejsza niż obwód dołu swetra, stąd 4 x F (obwód dołu swetra) pomniejsz o 10%.

Dodaj 1 cm naddatku na szwy dookoła. Dzianina podczas wycinania powinna mocniej pracować wszerz elementów z **ilustracji 1** (z lewej strony na prawą).

» KROK 5.

Rękaw. Spójrz na **ilustrację 2** na następnej stronie. W formie rękawa odbitej od swojego T-shirta zmierz obwód główki. Musisz go powiększyć, aby pasował do powiększonej pachy w swetrze. W tym celu wyznacz jego środek w pionie (linia N), składając formę na pół, oraz wyznacz granicę między główką rękawa a dołem, łącząc najszerzej rozstawione krawędzie główki (linia M).

Ważne » Nie zapomnij podpisać przodu i tyłu rękawa. Dla przypomnienia: przód to ta część, gdzie główka jest bardziej wklęsła (na obrazku to ta połowa z literą M). Tył to ta połowa, na której znajdują się litery N i O.

» KROK 6.

Zsumuj obwody pach przodu i tyłu z formy swetra, H + J. Wynik porównaj z obwodem główki bazowej formy rękawa O. Obwód główki jest prawdopodobnie mniejszy, a powinien być taki sam jak suma pach. Brakującą liczbę centymetrów podziel na trzy równe części – to będzie wielkość P.

Odmierz wielkość P na liniach N i M w sposób zaznaczony na grafice. Zaczynaj mierzyć od krańca oryginalnej główki rękawa. Wyznaczysz w ten sposób trzy punkty poza formą rękawa.

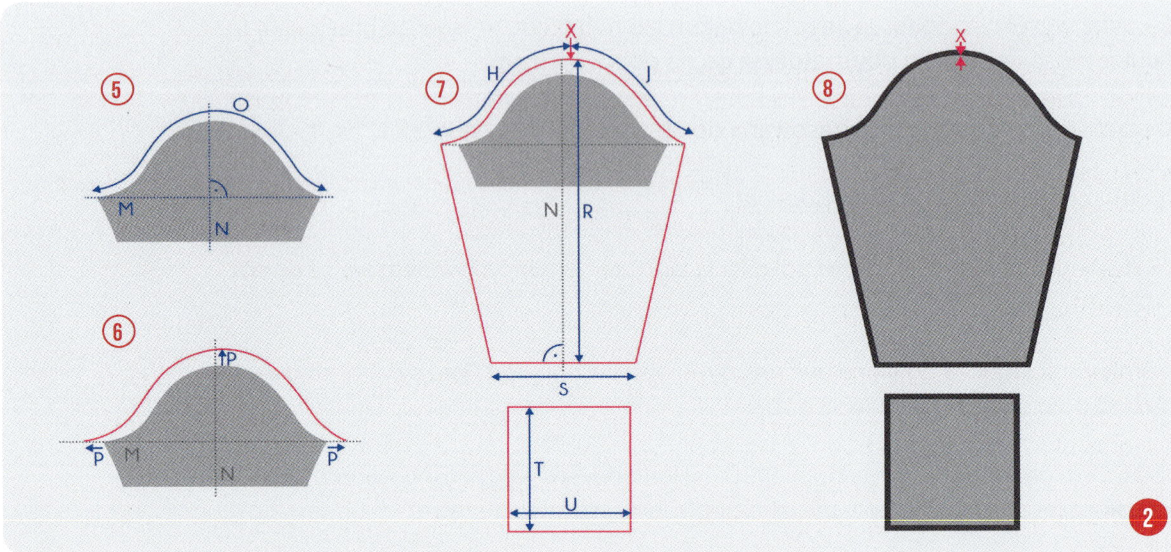

Połącz te trzy punkty, rysując nową główkę rękawa (różowa linia). Staraj się zachować kształt zbliżony do oryginalnej główki rękawa. Zmierz obwód poprawionej główki – teraz powinien stanowić sumę obwodów pach swetra.

» KROK 7.

R – zaczynając od szczytu powiększonej główki na linii N, odmierz długość rękawa (pamiętaj, że dodasz jeszcze ściągacz). R = 52 cm;

S – pod kątem prostym do długości rękawa wprowadź jego szerokość na dole. Powinien to być obwód, który pozwoli ci swobodnie wsunąć dłoń do rękawa. Odmierz ją tak, aby linia N wypadała dokładnie na środku tej szerokości. S = 22 cm.

Połącz powiększoną główkę prostymi liniami z szerokością rękawa na dole. Gotowe!

Może już kiedyś widziałaś wykroje, na których linie boku rękawa były wygięte w łuk. Możesz wyprofilować je w taki sposób podczas mierzenia swetra w trakcie szycia. Na początek zostaw je w takiej formie jak na obrazku. Lepiej uszyć coś za dużego i to zwęzić, niż uszyć za ciasne.

Ważne » Znacznik. Aby szycie było łatwiejsze, wykonaj na główce rękawa tak zwany znacznik. To punkt ułatwiający spinanie obłych form podczas szycia. Odmierz na przedniej części główki, zaczynając od dolnej krawędzi główki, obwód przedniej pachy H lub zaczynając od dolnej krawędzi tyłu rękawa, obwód J. W miejscu zetknięcia się tych wielkości znajduje się granica między pachami przodu i tyłu. Jak widzisz, nie pokrywa się ona ze środkiem rękawa (chyba że pacha przodu i tyłu jest taka sama). Wykonaj znacznik X. W swetrze jest to punkt, w którym będzie umieszczony szew na ramieniu. Punkt X w rękawie należy spiąć ze szwem na ramieniu. Podczas wycinania formy z dzianiny przerysuj znacznik na dzianinę. Możesz wykonać więcej znaczników, odmierzając te same odcinki na pachach swetra i główce rękawa. Więcej informacji podam w ostatnim rozdziale podczas omawiania rękawa raglanowego.

Przygotuj ściągacz do rękawa:

T – to dwukrotność pożądanej wysokości ściągacza. Mój ma 10 cm, zatem T = 20 cm;

U – to szerokość ściągacza, która powinna być co najmniej 2 cm węższa niż szerokość rękawa (pamiętasz z rozdziału o różowej narzutce). Jeżeli dzianina jest bardzo elastyczna, różnica może być większa. Moja dzianina swetrowa jest ekstremalnie elastyczna, dlatego zmniejszyłem szerokość ściągacza w stosunku do rękawa o 4 cm. U = 18 cm.

» KROK 8.

Gotowa forma rękawa i ściągacza. Pamiętaj o 1 cm naddatku na szwy dookoła i znaczniku na główce rękawa. Wytnij formy z dzianiny tak, aby rozciągała się bardziej wszerz elementów (na **ilustracji 2** z lewej strony na prawą).

Ważne » Pamiętaj, aby wyciąć rękawy prawy i lewy. Wycinaj na złożonej na pół dzianinie. Jeżeli wycinasz każdy osobno, pamiętaj, aby odbić jeden rękaw, a do drugiego odwrócić papierowy wykrój na lewą stronę.

SZYCIE

» KROK 1.

Zszyj przód i tył ze sobą na ramionach (fot. 1). Po rozłożeniu otrzymasz kształt jak na fot. 2. Nadszedł czas na wszycie rękawów.

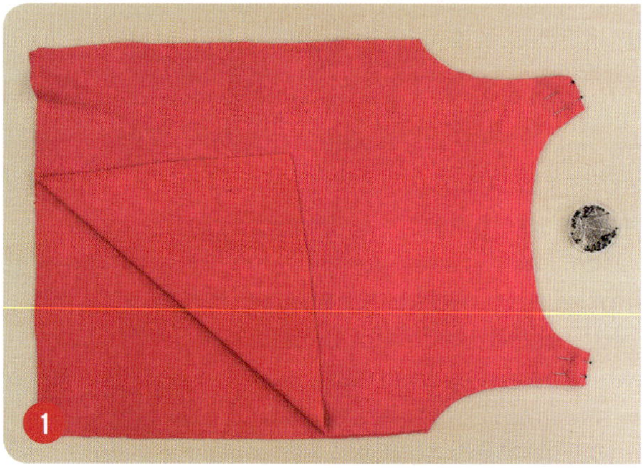

1

2

» KROK 2.

PIERWSZY SPOSÓB WSZYWANIA RĘKAWA. Odwróć sweter na prawą stronę i ustal, gdzie jest przód. Pamiętaj, że to ten element z mocniej wyciętą pachą (dolny element na fot. 3). Dopasuj do niego rękaw tak, aby zszyć przód swetra z przodem rękawa – przód rękawa to ten z bardziej wyciętą główką. Jeżeli masz kłopoty z określeniem, złóż rękaw na pół (fot. 7). Przygotuj rękaw tak, aby prawa strona dzianiny była na wierzchu (fot. 3).

Przełóż rękaw na sweter tak, aby zetknęły się prawymi stronami dzianiny. Najpierw zepnij znacznik na główce rękawa ze szwem na ramieniu swetra (fot. 4). Żółty materiał widoczny na zdjęciu położyłem po to, aby lepiej było widać kształt rękawa.

Następnie gęsto szpilkami zepnij krawędzie główki rękawa i pach swetra (fot. 5).

Przyszyj rękaw do swetra.

» KROK 3.

Złóż przód i tył z powrotem razem i zepnij boki oraz krawędź rękawa (fot. 6). Zszyj spięte krawędzie.

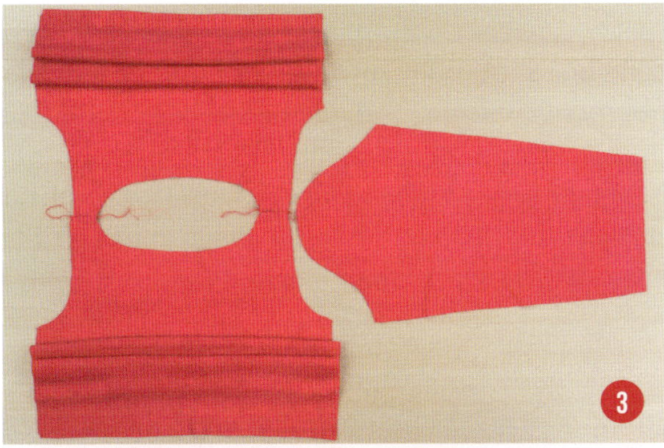

» KROK 4.

DRUGI SPOSÓB WSZYWANIA RĘKAWA. Pozostały rękaw złóż na pół tak, aby prawa strona dzianiny znalazła się wewnątrz. Zszyj dolną krawędź – na zdjęciu wyraźnie widać różnicę między przodem a tyłem (**fot. 7**).

Wywiń rękaw na prawą stronę, sweter pozostaw na lewej. Wsuń rękaw do pachy w swetrze (**fot. 8**).

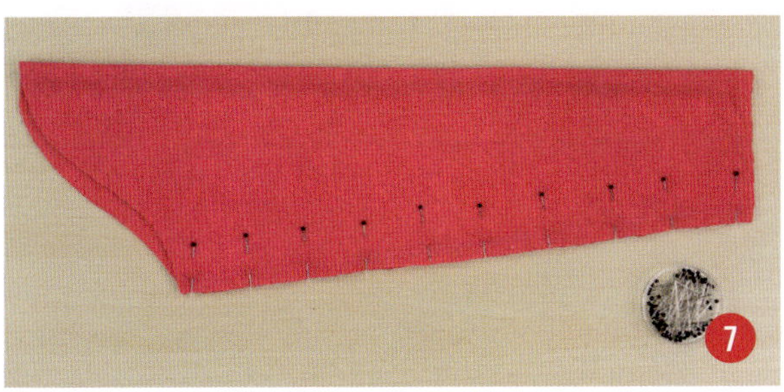

Zepnij krawędzie główki rękawa i pachy. Zacznij od przypięcia znacznika na główce do szwu na ramieniu, następnie przypnij szew na rękawie do szwu bocznego na swetrze, później upnij pozostałe fragmenty rękawa (**fot. 9** i **10**).

9

Szyj, ustawiając stopkę wewnątrz rękawa. Kontroluj, czy krawędź pachy nie ucieka spod stopki (**fot. 11**).

W przyszłości będziesz korzystać ze sposobu wszywania rękawa, który najbardziej ci odpowiada. Ja preferuję ten drugi.

10

11

» KROK 5.

Golf. Złóż prostokąt na pół, wzdłuż linii wysokości, i zszyj krawędzie spięte szpilkami (fot. 12). Tę tubę wywiń do połowy, podobnie jak przy ściągaczu (fot. 13).

Wywiń sweter na lewą stronę, ułóż golf tak, aby zagięta krawędź była skierowana do środka dekoltu (fot. 14).

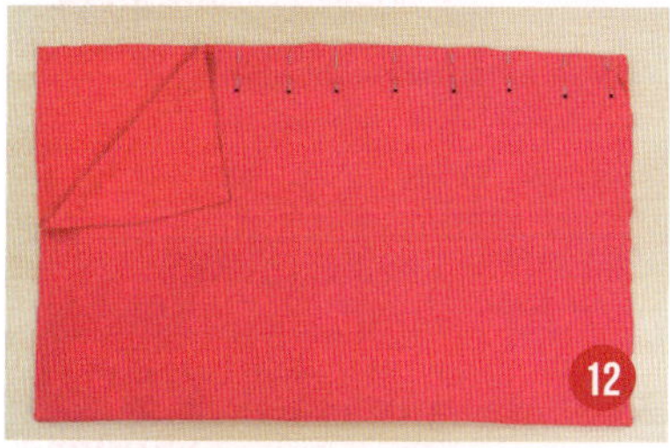

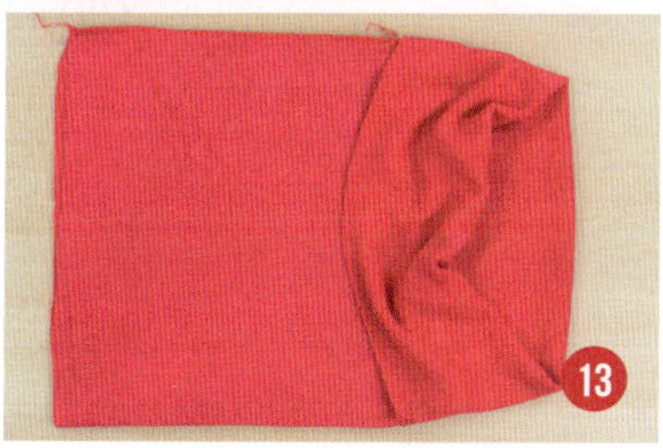

Wsuń golf do dekoltu i zepnij surowe krawędzie golfu z krawędzią dekoltu (fot. 15).

Przyszyj golf i zaprasuj go na zewnątrz (fot. 16).

» KROK 6.

Rękawy wykończ ściągaczem. Zasady znasz już z rozdziału 11 o różowym kardiganie (**fot. 17**). Dół swetra wykończ również ściągaczem (**fot. 18**).

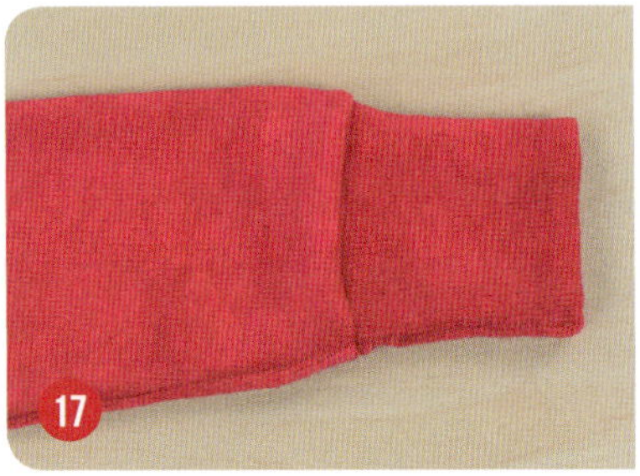

Ciepły, mięsisty, otulający sweter na zimę gotowy (**fot. 19**). Opis konstrukcji mógł wydać ci się skomplikowany, ale szycie przebiegło szybko!

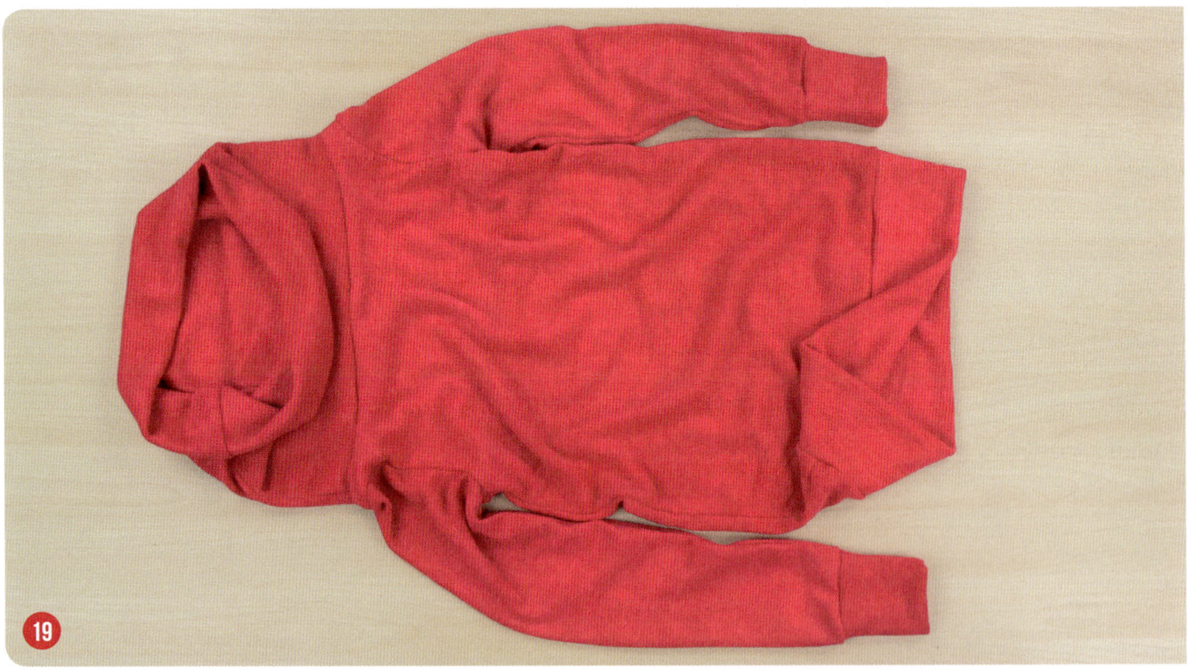

Gratuluję, zmierzyłaś się z jednym z najtrudniejszych zadań w krawiectwie, jakim jest wszywanie rękawa. Wiem, że mogło to być dla ciebie trudne. Pierwsza próba zawsze stanowi duże wyzwanie dla większości moich kursantek. Dziewczyny zazwyczaj szyją nerwowo tropem węża, powstają zmarszczki i szczypanki wynikające z różnic w obwodach, krawędzie się podwijają i uciekają spod igły. Później trzeba pruć, poprawiać, ratować, ba, czasem kroić od nowa!

Pamiętaj, że nie jesteś osamotniona w tych zmaganiach! A trening czyni mistrza. Jak myślisz, ile rękawów skopałem, zanim nauczyłem się pamiętać o wszystkich niespodziankach, jakie mogą się zdarzyć podczas szycia? Masę! I nie żałuję, choć nieraz krzyczałem z wściekłości, a mojej maszynie oberwało się kilka razy z pięści i niejeden potargany rękaw wylądował w koszu.

Pamiętaj, na początek nie wymagaj od siebie za dużo – to twój pierwszy rękaw w życiu i na razie liczy się to, co widać na zewnątrz. Szwy idące tropem węża najczęściej w rękawach nie przeszkadzają (no chyba że wąż miał czkawkę). Czasem nie trzeba pruć, wystarczy przeszyć jeszcze raz, kilka milimetrów dalej. A jeśli zmarszczki wypadają pod pachą, po prostu olej to! Nikt nie będzie ci pod pachy zaglądać. Z kolei jeśli wypadły na szczycie ramienia, to w wersji dla świata: „O to przecież chodziło, nieee?". To miała być taka ozdobna zakładka, nieprawdaż? I dużo się namęczyłaś, żeby wypadła dokładnie tu, gdzie ją planowałaś ;)

Odetchnij, spójrz na siebie w swoim mięciutkim swetrze, pomyśl o ciepłej herbacie przy kominku albo – jak w moim przypadku – przy kaloryferze i mruknij do siebie z zadowoleniem jak kot. Wpakowałaś w ten sweter kawał serca i masę pracy. Doceń to!

PODSUMOWANIE

» Brawo! Wszywanie rękawów z profilowaną główką, z którym się zmierzyłaś, jest jednym z najtrudniejszych zabiegów w krawiectwie.

» Nauczyłaś się kolejnego przekształcenia wykroju T-shirta.

» Wiesz, jak wykonać golf.

» No i masz świetny sweter na jesienno-zimowe wieczory!

Duma i radocha, a przy tym masa ciepła!

Taki sweter możesz uszyć swojemu mężczyźnie, np. pod choinkę. Ale może tak bardzo nie poszerzaj dekoltu, wtedy będzie to po prostu sweter z szerokim golfem. Szycie męskich dzianin jest bardzo podobne do damskich, właściwie nawet prostsze. Poradził sobie z tym nawet mój kolega, który nigdy przy maszynie nie siedział, inicjując tym samym nową ścieżkę w moich kursach – szycie męskie. A oto jak do tego doszło.

„Nawet prysznic biorę w dresie!" – pod tym wyznaniem z chęcią bym się podpisał, nie jestem jednak jego autorem. Coś takiego można usłyszeć jedynie od ucieszonego kumpla, którego nauczyło się dzień wcześniej szyć spodnie dresowe. Piotrek, świecąc przykładem, już od jakiegoś czasu nakręcał mnie na trening, ale w minionym roku kompletnie nie miałem czasu na nic poza pracą. Jednak pod koniec listopada zacząłem czuć, że jeśli się nie ruszę, to zwariuję nie tylko fizycznie, ale i psychicznie. Sport to najlepszy psychotrop, jak wiadomo. I tak w grudniu z drżącym głosem zadzwoniłem do trenera, żeby umówić się na pierwszy trening. A że znalazłem aktywność idealną dla mnie, czyli bieganie po lesie i gimnastykę na świeżym powietrzu, okazało się, że muszę się odpowiednio ubrać, bo przecież zima jest! I z tegoż to właśnie powodu, kiedy po świętach siedzieliśmy z Piotrkiem przy piwku (absolutnie zakazanym przez naszych trenerów), miałem na sobie świeżutki, gruby, mięsisty dresik. Piotrek westchnął nieświadom konsekwencji:

– Ech, fajnie tak ćwiczyć w dresie, co się samemu go sobie uszyło, no nie?

Wiadomo, że fajnie! Właściwie to przecież mogę go nauczyć, niech sam sobie uszyje!

W przeddzień sylwestra, wieczorkiem, pojawiłem się u Piotrka z maszynami, a on czekał z dzianiną zakupioną od pana Włodka w mojej ulubionej hurtowni w Krakowie (bo tam rzecz się działa). Szybko przygotowaliśmy formę, bo jak już wiesz, odbijanie formy od swojego ubrania nie jest takie trudne. Piotrek wycinał, rysował, kroił, a we mnie powoli rodził się pomysł na nowe warsztaty.

Oczywiście przy drugim szwie w ruch poszedł rozpruwak. I jak zawsze nastąpiły etapy, które przechodzi prawie każda kursantka i każdy kursant.

Etap 1.

KURSANT: O nie, a cóż to się stało? To jest źle? I co teraz?

PROFESOR JASIEK: No, tragedii nie ma, ale ja bym na twoim miejscu spruł.

KURSANT: *(wzdycha)*

Etap 2.

KURSANT: E no, nie takie straszne to prucie.

PROFESOR JASIEK *(z ukrywanym przekąsem)*: Poznajesz właśnie ulubione zajęcie większości kursantów.

Etap 3.

KURSANT *(3 minuty później)*: Kurde! Mogłem spiąć szpilkami przed szyciem! Strasznie to żmudne.

PROFESOR JASIEK *(nadal z ukrywanym przekąsem)*: Można też zafastrygować.

Etap 4.

KURSANT *(6 minut później)*: Nienawidzę prucia! Nie mogę tego po prostu uciąć?!

Etap 5.

Kursant zaczyna używać szpilek.

Piotrkowi pruć przyszło tylko raz, bo jest z tych, których uczy się z przyjemnością, to znaczy wyciąga wnioski i myśli podczas szycia. Czując naturalny talent, w pewnym momencie profesor Jasiek zatopił się w lekturze gazetki o mięśniach, zamiast go kontrolować. Po kilku minutach ciszy przerywanej stukaniem maszyny usłyszałem jęknięcie.

– Co, prujemy?

Zapytałem, nie odrywając głowy znad gazetki. W odpowiedzi usłyszałem mieszaninę powątpiewania z zaskoczeniem:

– Chyyyba mi wyszło?

Ha, ha, no i od tej pory Piotrek szył już jak huragan, maszyna, owerlok, papieros, z powrotem maszyna, znów owerlok… i o drugiej w nocy spodnie były gotowe, a na deser uszył czapkę z resztek dzianiny. Proszę! To się nazywa szybka akcja! I jak zawsze sprawiło mi przyjemność obserwowanie, jak kolejna osoba odkrywa tę tajemnicę: SZYCIE JEST PROSTE!

To chyba jedna z podstawowych niespodzianek, jakimi chcę się podzielić z osobami, które uczę: z tym naprawdę każdy sobie poradzi. Wystarczy zacząć od podstawowych, prostych rzeczy. Tak właśnie było podczas kursów, które prowadziłem. Ucieszony ich rozwojem poszalałem i troszeczkę przesadziłem z ilością pracy, co zaowocowało tym, że moje życie zaczęły wypełniać głównie kursantki. Absolutnie nie narzekałem, ale trochę zaczęło mi brakować męskiego towarzystwa. W duchu realizacji swoich potrzeb rozpocząłem poszukiwania dla siebie męskiej aktywności. Pomyślałem o kursie stolarskim, bo to takie moje małe marzenie „porobić w drewnie". Mój starszy brat jest stolarzem, ale niestety mieszka na Podhalu, więc do niego na nauki pójść nie mogę. A może siłownia? Eeeh, nuda i te legendarne karki stękające podczas wyciskania, to jednak nie mój świat, wolę parki z Emilem (tym, który mi piwka zakazał).

I nagle mnie olśniło! Hej, właściwie to mogę sam coś zorganizować! Przecież przez osiem lat projektowałem głównie męskie rzeczy i połowę mojej garderoby uszyłem sam! Wtedy zapaliła się nowa lampka. To właśnie będzie męskie szycie! Tylko jak zachęcić mężczyzn do spróbowania? Chciałem, żeby na czas tych warsztatów moja pracownia stawała się kreatywnym męskim światem, gdzie faceci ze sobą współpracują i twórczo spędzają czas. Przypomniałem sobie, jak kiedyś, przy okazji pomysłu z wprowadzeniem mundurków dla uczniów w Polsce, prowadziłem warsztaty gdzieś na Kaszubach, w szkole dla trudnych chłopaków. Miałem pomóc uczniom w zaprojektowaniu ich mundurków. Byłem zestresowany, bo żyłem w poczuciu, że projektowanie i szycie to taka „babska sprawa", no i bałem się, jak mnie te gniewne chłopaki przyjmą. Do dziś mam w pamięci taki obrazek.

Ja ze spoconymi rękami dłubię przy maszynie obserwowany przez grupkę urwisów od siedmiu do trzynastu lat. Wtedy w mojej wyobraźni jawili się jako stado głodnych rekinów gotowych rzucić się na pożarcie tego gościa, co to sukienki szyje. A tu rekiny, tak trochę niepewnie, ale z zainteresowaniem się przyglądają. Niby od niechcenia coś zagadują, kto to ja jestem i co tu robię. I nagle jeden wystrzelił:

– W sumie... fajny zawód. NA KRAWCA!

Do dziś to pamiętam, bo wtedy ten mały gość przedstawił mi zupełnie inne spojrzenie na to, co robię. Oczami dziecka to było szczere i proste.

Dziś uważam, że szycie nie jest ani „babskie", ani „chłopskie", jest dla każdego. Przez ostatnie dekady zaszufladkowano je jako kojarzące się z aktywnością kobiecą. Potrzebowałem czegoś, co zrównoważy te skojarzenia, i tak wyjaśniłem swój pomysł chłopakom: „Szycie to rzemiosło, które u swoich korzeni jest męską profesją. Konstrukcja to swoista architektura. Na warsztatach rozwija się nie tylko wyobraźnię przestrzenną, ale także zdolności manualne. To majsterkowanie, tylko zamiast młotka jest maszyna do szycia, a zamiast desek tkanina". Udało się! Dwa miesiące później Bartek, Mateusz, Marek i Alek zasiedli przy maszynach w mojej pracowni jako pierwsza grupa Męskiego Szycia!

ROZDZIAŁ 14

Uszyj bluzę z rękawami raglanowymi

ZADANIE 12.

Uszyj bluzę z rękawami raglanowymi i szwami na wierzchu

Dowiesz się:

» jak przygotować formę luźnego rękawa raglanowego;
» jak wykonać ozdobne przeszycia, widoczne na prawej stronie bluzy;
» jak przygotować kieszeń naszywaną na piersi;
» jak wykończyć dekolt rolującą się listewką.

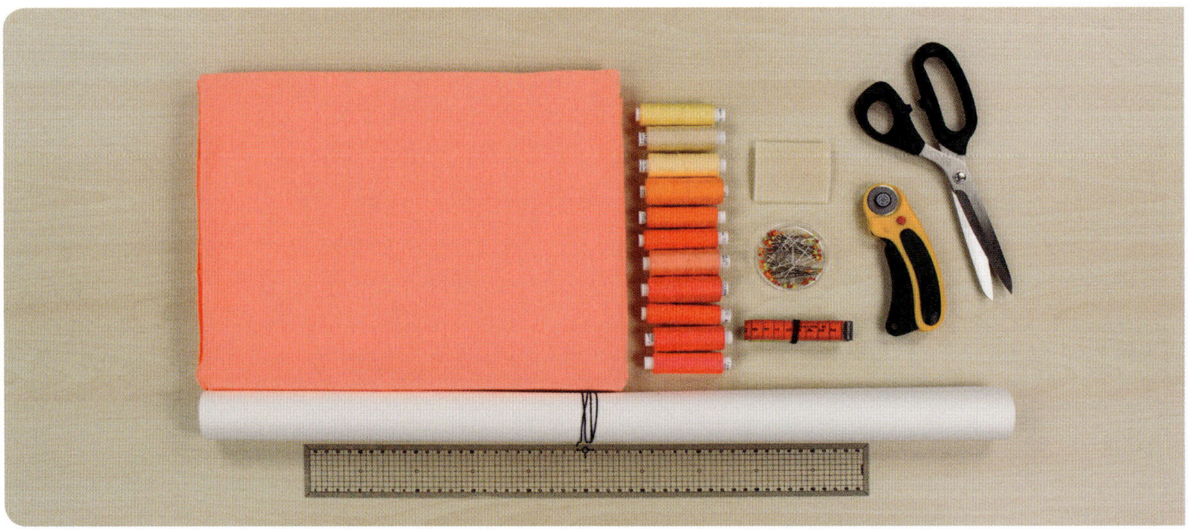

Przygotuj:

» dzianinę – forma nadaje się na wszystko, co nie jest zbyt elastyczne i zbyt grube. Idealna będzie cienka dresówka z pętelkami, punto czy dżersej. Unikaj grubych mięsistych dzianin, ponieważ forma jest mocno oversize'owa. Jeżeli chcesz zrobić szwy na wierzchu, wybierz dzianinę, która się nie pruje i nie ma elastanu. A jeśli chcesz wykończyć dekolt zrolowaną listewką, jak ja w tej instrukcji, wybierz dzianinę, która roluje się na uciętych krawędziach. Ja szyję z cienkiej

dresówki z gęstymi drobnymi pętelkami, jest to mieszanka wiskozy, poliestru i niestety elastanu;
- papier do form, linijkę, metr krawiecki, mydło krawieckie i nożyce;
- nici i szpilki;
- ewentualnie matę samogojącą i nóż krążkowy (to nowe narzędzie, wszystko wyjaśniam w kroku 4. w instrukcji).

Ciąg dalszy wyzwań. Nauczyłaś się już, jak wszywać i wykańczać zwykłe rękawy, umiesz wykańczać dekolty, znasz proste formy. Przyszła pora na podniesienie poprzeczki: rękaw raglanowy i widoczne szwy! Rękaw raglanowy to taki, w którym szwy łączące go z bluzą zaczynają się przy dekolcie i kończą pod pachami (patrz zdjęcie finałowe bluzy). Jest wygodniejszy od zwykłego, jednak dosyć skomplikowany w konstrukcji. W tym rozdziale przygotujemy uproszczoną formę, czyli płaski raglan, abyś mogła zmierzyć się z nim w bezpiecznych warunkach. W finałowej bluzie natomiast wykonasz profilowany raglan z prawdziwego zdarzenia. Co do szwów, chcę pokazać, jak robić ozdobne przeszycia. Jeżeli jeszcze nie czujesz się na siłach, zszywaj ze sobą elementy w standardowy sposób, tak będzie wystarczająco dobrze. Zaczynamy!

FORMA

Spójrz na **ilustrację 1** na następnej stronie i przeczytaj opis każdego kroku. Podane wymiary są dopasowane do rozmiaru 36/38 i możesz je modyfikować pod swoim kątem. Zweryfikuj każdy, mierząc na sobie.

» KROK 1.

Najpierw wyjaśnię, czym są szare elementy w kroku 1. Połówkę T-shirta już dobrze znasz, natomiast element dodatkowy to rękaw złożony na pół wzdłuż linii środka rękawa (jakbyś go złożyła podczas zszywania), ułożony tak, aby linia środka rękawa była przedłużeniem ramienia w T-shircie. Nie jest to konieczne do wykonania tej formy. Umieściłem ten rękaw na rysunku po to, aby szybciej wyjaśnić konstruowanie formy rękawa raglanowego w ostatnim rozdziale. Teraz możesz pominąć ten element.

Przekształcałaś formę już kilkakrotnie, dlatego tym razem instrukcje będą bardziej zwięzłe, już przecież wiesz, jak to robić.

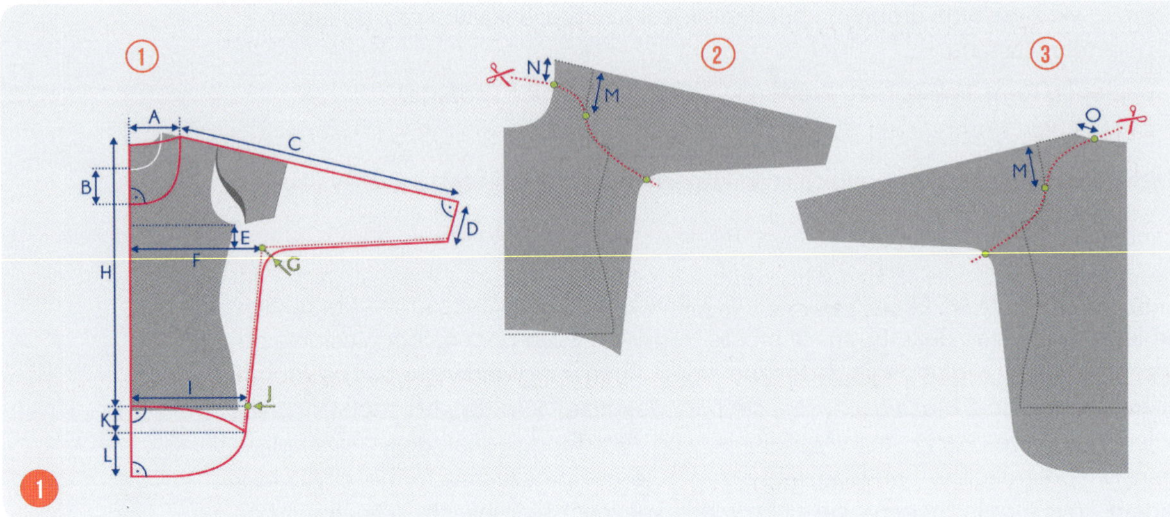

A – wprowadź połowę szerokości dekoltu. A = 11 cm;

B – pogłęb dekolt według uznania. W mojej bluzie B = 8 cm.

Narysuj kształt dekoltu przodu tak, aby linia zetknęła się ze środkiem T-shirta pod kątem prostym. Rysując dekolt tyłu, zacznij na ramieniu w tym samym miejscu, co dekolt przodu, ale zachowaj oryginalną głębokość dekoltu tyłu z T-shirta (chyba że wolisz inny kształt).

C – przedłuż skos ramienia do pożądanej długości rękawa. C = 62 cm;

D – wprowadź szerokość rękawa pod kątem prostym do linii C. D = 10 cm;

E – obniż dno pachy o 4–6 cm. W mojej bluzie E = 6 cm;

F, G – na wysokości obniżonego dna pachy wprowadź szerokość bluzy w biuście. Poszerz formę T-shirta o 5–7 cm. Wyznaczysz w ten sposób punkt G. Ja poszerzyłem o 7 cm, dlatego F = 30 cm;

H – mierząc od najwyższego punktu barku, wprowadź długość bluzy z przodu. H = 63 cm;

I, J – pod kątem prostym do linii środka T-shirta wprowadź szerokość bluzy w biodrach. Powinna to być ¼ obwodu, który chcesz nadać bluzie w tym miejscu.

Wskazane, aby była węższa niż szerokość w biuście. Wyznaczysz w ten sposób punkt J. I = 26 cm;

K – ustal różnicę długości bluzki z przodu i na boku. Wydłuż linię środka bluzy. K = 6 cm;

L – ustal, o ile dodatkowo wydłużysz bluzkę z tyłu. Możesz zmierzyć na sobie pożądaną długość, mierząc się od najwyższego punktu barku, na plecach. Kolejny raz wydłuż linię środka bluzy. L = 10 cm.

Połącz linią przerywaną punkty G i J, a następnie przedłuż tę linię aż do poziomu wyznaczonego przez wymiar K.

Również linią przerywaną połącz punkt G z końcówką szerokości rękawa (D).

Narysuj linię dołu rękawa i boku. Trzymaj się linii przerywanych, jedynie pod pachą wykonaj łuk. Zaznacz odpowiednik punktu G na łuku pod pachą.

Poniżej linii przerywanej (poniżej wymiaru K) zakręć, rysując łuk – to będzie dolna krawędź tyłu bluzy. Narysuj go tak, aby zakończył się pod kątem prostym do linii środka bluzy.

Na koniec narysuj kształt dolnej krawędzi przodu bluzy – łuk w przestrzeni wyznaczonej przez wymiar K. Łuk przodu również musi zaczynać się pod kątem prostym do linii środka bluzy.

» KROK 2.

Na osobnej kartce przerysuj formę przodu (głębszy dekolt, krótszy dół). Linią przerywaną zaznaczyłem kształt oryginalnej formy T-shirta. Potrzebna ci jeszcze linia oryginalnej pachy. Zaznacz też punkt G na łuku pod pachą.

Aby narysować kształt cięcia raglanowego, wyznacz dwa punkty:

N – na dekolcie odmierz 6,5 cm;

M – na łuku oryginalnej pachy T-shirta odmierz 11 cm.

Narysuj kształt cięcia raglanowego, łącząc te trzy punkty. Wzdłuż tej linii odetniesz rękaw, jednak zanim to zrobisz, spójrz na **ilustrację 2** na następnej stronie.

» KROK 3.

To samo wykonaj z formą tyłu (płytki dekolt, dłuższy dół). Wymiar M na formie tyłu powinien być taki sam jak na przodzie.

O – dekolt tyłu jest płytszy, dlatego tutaj odmierz mniejszy odcinek. O = 4,5 cm.

» KROK 4.

Przed odcięciem rękawów wykonaj po trzy znaczniki na łukach dzielących tułów i rękaw zarówno na przodzie, jak i tyle. Postaw znaczniki tak, aby były widoczne na elemencie tułowia i na rękawie, umieść je tuż przed największymi zakrętami (różowe strzałeczki na **ilustracji 2**).

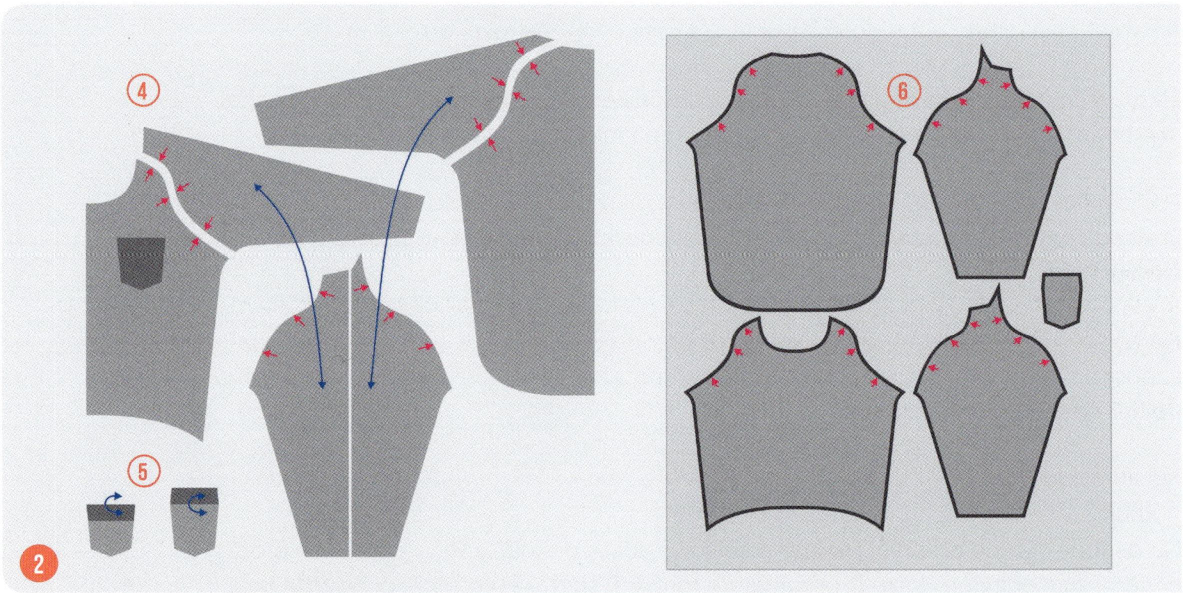

Kiedy znaczniki są gotowe, odetnij rękawy od formy przodu i tyłu. Sklej je ze sobą, łącząc grzbietami, jak na rysunku. Podpisz, który fragment to przód, a który – tył.

Ważne » Zwróć uwagę na to, że tworzenie rękawa raglanowego polega na odcięciu z T-shirta fragmentu z obszaru ramienia i połączeniu go z główką rękawa. Wrócimy do tego jeszcze w ostatnim rozdziale, gdzie pokażę, jak wykonać raglan profilowany.

Zaplanuj kształt i rozmiar kieszeni na przodzie bluzy (ciemnoszary element). Moja kieszeń ma szerokość 11 cm i wysokość 13 cm.

» KROK 5.

Przerysuj kieszeń. Zwróć uwagę, że moja zwęża się nieco do dołu – taki kształt jest zgrabniejszy i delikatniejszy niż zupełnie prosta kieszeń.

Zaplanuj szerokość listwy wykańczającej brzeg kieszeni (ciemnoszary element). Następnie dorysuj listwę w lustrzanym odbiciu nad kieszenią.

» KROK 6.

Dodaj lustrzane odbicie do tułowia przodu i tyłu. We wszystkich elementach dodaj 1 cm naddatku na szwy dookoła i wytnij je z dzianiny tak, aby rozciągała się mocniej wszerz elementów – na grafice z lewej strony na prawą. Zwróć uwagę, aby wyciąć prawy i lewy rękaw. Pamiętaj, aby odwrócić formę na lewą stronę, kiedy będziesz odrysowywać drugi rękaw. Nie zapomnij też przenieść znaczników na dzianinę.

SZYCIE

» KROK 1.

Podejście 1.
Doszycie rękawów. Zaplanowałem, że będziemy szyli w taki sposób, aby szwy były na wierzchu, w dodatku zostawimy surowe krawędzie.

Zanim zaczniesz szycie, przygotuj element przodu oraz właściwy rękaw. Na **fot. 1** elementy są ułożone tak, że prawa strona materiału jest na wierzchu. Na przodzie narysuj linię wzdłuż łuku pachy, 2 cm od krawędzi. Na rękawie 1 cm od krawędzi (**fot. 2**).

1

2

Nałóż rękaw na przód tak, aby nadal oba elementy były skierowane prawą stroną dzianiny w górę. Krawędź rękawa powinna pokrywać się z linią narysowaną na elemencie przodu. Zepnij elementy razem – będziesz szyć po linii narysowanej na rękawie (**fot. 3**). W ten sposób po każdej stronie ściegu zostanie po 1 cm naddatku, a wszystkie znaczniki pokryją się.

Przeszyj zygzakiem lub innym szwem ozdobnym, który jest elastyczny (**fot. 4**).

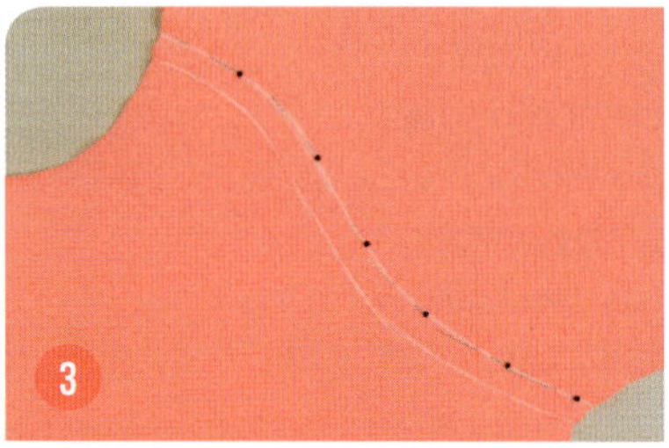

Po raz pierwszy w tej książce pojawia się dowód na to, że projektowanie często odbywa się właśnie pod igłą. Gdy wykonywałem ten szew, okazało się, że wybrana przeze mnie dzianina jest jedną z tych, którym zwykłe maszyny do szycia nie dają rady. Na szwie co jakiś czas puszczała nitka, czyli górna nitka nie wiązała się z dolną i na szwie pozostawały duże odstępy między uderzeniami igły, jakby szczeliny w ściegu. A jaki jest sens ozdobnego szwu, jeżeli jest wadliwy? Tak dzieje się na bardzo elastycznych i sprężystych dzianinach, szczególnie takich, które mają dodatek elastanu. Jest na to sposób. Nie poddawałem się, sprułem i przygotowałem paski półpergaminu.

Rada » Należy podłożyć półpergamin pod dzianinę podczas szycia, wtedy powstaje sztywna warstwa, która nieco blokuje sprężystość dzianiny i zmniejsza ryzyko niewiązania nici przez maszynę. Po wykonaniu szwu półpergamin delikatnie trzeba rozerwać na pół wzdłuż szwu, resztki ostatecznie wypłuczą się w praniu.

Półpergamin bardzo pomógł, jednak mimo wszystko zdarzały się przerwy w szwie (dlatego na zdjęciu uwieczniłem tylko fragment). Chwilę się powściekałem, bo przecież był plan, żeby zrobić szwy na wierzchu! Zawsze najpierw się wkurzam, kiedy coś nie idzie po mojej myśli. A dopiero potem pojawia się kombinowanie. Jak można by to zastąpić? No i bach! W sumie przecież owerlokiem też mogę zrobić szwy widoczne na wierzchu. Zatem wszyscy, którzy szyjecie na zwykłych maszynach, przede wszystkim wybierajcie dzianiny bez elastanu, a kolejne szwy wykonajcie według powyższej instrukcji. A kto ma owerlok, niech szyje jak ja. Zacząłem od początku.

Podejście 2.
Ponieważ szwy mają być na prawej stronie, tym razem złóż ze sobą elementy tak, aby stykały się lewą stroną dzianiny. Przy takim spinaniu znaczniki są nieocenioną pomocą. Przypnij rękaw do elementu przodu najpierw na znacznikach, a potem dodaj szpilki pomiędzy nimi (fot. 5).

Zszyj elementy. Staraj się, aby szew był ładnie wykonany, w końcu ma być ozdobą.

Ważne » Zwróć uwagę, że ścieg owerloku wygląda inaczej na wierzchu niż pod spodem. Doszywając kolejne elementy, planuj szycie tak, aby zawsze ta sama strona ściegu wypadała na wierzchu.

Do elementów przodu przyszyj w ten sposób oba rękawy, a następnie do rękawów doszyj element tyłu (fot. 6). Szwy zaprasuj „na rękaw" (fot. 7), chyba że wolisz w drugą stronę.

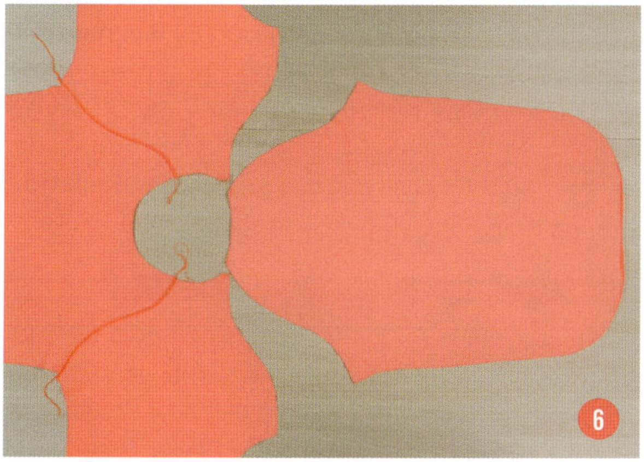

6

7

» KROK 2.

Złóż ze sobą przód i tył i zszyj boki oraz krawędzie rękawów (**fot. 8**).

Ważne » Szyjąc, zwróć uwagę, aby pod pachami przeszyć poprzednie szwy we właściwym położeniu, czyli zaprasowane „na rękaw".

Jeżeli nadal szyjesz zygzakiem, jak ja w pierwszym podejściu, ten szew radzę wykonać standardowo. Składaj przód z tyłem, prawą stroną dzianiny do prawej, i szyj po lewej. Zrezygnuj z widocznego ściegu, bardzo trudno byłoby zszywać rękawy w ten sposób.

» KROK 3.

Wykończenie dekoltu. Przygotuj pasek do ściągacza na tej samej zasadzie jak w rozdziale 7, w bluzce oversize.

Ważne » Jeżeli planujesz rolującą się listewkę (jak ja w tej bluzie), pasek po przyszyciu powinien mieć około 2 cm, po zrolowaniu będzie węższy.

Ważne » Dzianiny zazwyczaj rolują się tylko w jednej płaszczyźnie. Najczęściej rolują się krawędzie obcięte wzdłuż szerokości materiału. Nigdy nie rolują się krawędzie ucięte po skosie lub łuku. Sprawdź, czy w twojej dzianinie rolują się poziome, czy pionowe krawędzie. Wytnij listewkę tak, aby rolowały się dłuższe krawędzie wyciętego paska.

Po zszyciu w pętlę i zaprasowaniu na pół, podziel listewkę na pięć równych odcinków i to samo wykonaj z krawędzią dekoltu (**fot. 9**). Zepnij ze sobą punkty wyznaczone

na listewce z tymi wyznaczonymi wokół dekoltu (czarne szpilki na **fot. 10**), a następnie dodaj szpilki pomiędzy nimi (żółte szpilki na **fot. 10**) tak, aby równomiernie rozprowadzić różnicę w obwodach listewki i dekoltu między szpilkami.

Szyj, tak jak robiłaś to podczas wykonywania bluzki oversize. Szew łączący listewkę w całość ulokowałem na środku dekoltu tyłu.

Ważne » Przyszywając listewkę, zwróć uwagę na to, aby szwy między tułowiem a rękawem przyszyć w takiej samej pozycji jak pod pachami w kroku 3., czyli zaprasowane „na rękaw".

» KROK 4.

Rozetnij ściągacz. Do tego zadania warto użyć noża krążkowego i maty samogojącej. Jeżeli nie masz tych narzędzi, skorzystaj z bardzo ostrych nożyczek. Odetnij samą krawędź listewki (**fot. 11**).

10

11

Nóż krążkowy – to ostrze działające podobnie jak nóż do pizzy, jest jednak bardziej ostry, aby swobodnie ciąć materiał. Ułatwia on wycinanie równych krawędzi, bez ząbków. Jeżeli lubisz surowe wykończenia, taki nóż będzie twoim ulubionym narzędziem do cięcia materiału. Można go kupić w dobrych sklepach papierniczych, pasmanteriach lub sklepach dla plastyków. Do cięcia tym nożem będziesz potrzebować maty samogojącej jako podkładki, aby nie stępić ostrza.

Teraz kilkakrotnie mocno naciągnij dekolt – dzianina się roluje, kiedy jest rozciągana. W miejscu, gdzie na listewce jest szew (na środku tyłu), musisz ręcznie zrolować każdą warstwę listewki i zszyć zrolowanie również ręcznie, aby się nie odwijała. Dekolt gotowy (**fot. 12**).

Jeżeli dzianina nie roluje się tak bardzo, jakbyś chciała, nie martw się, po dwóch praniach będzie zrolowana do bólu.

» KROK 5.

Wykończ dolną krawędź bluzy i rękawy dokładnie w ten sam sposób. Listewki doszywane do rękawów nie muszą być węższe niż obwód krawędzi rękawa, podobnie jak listewka doszywana do dolnej krawędzi bluzy. Ja jednak nieco je zawęziłem, co dało efekt delikatnego zbierania. Jeżeli podoba ci się taki efekt (patrz finałowa **fot. 17**), zawęź obwody nie więcej niż o 10 procent.

» KROK 6.

Kieszeń

Owerlok: zacznij od przygotowania krawędzi kieszeni (**fot. 13**). Obrzuć ją owerlokiem.

Zwykła maszyna: jeżeli szyjesz jak ja w pierwszym podejściu, pomiń ten etap.

Zaprasuj listewkę kieszeni. Wywiń ją tak, aby lewa strona dzianiny była widoczna, nawiąże to do wykończenia dekoltu (**fot. 14**).

12

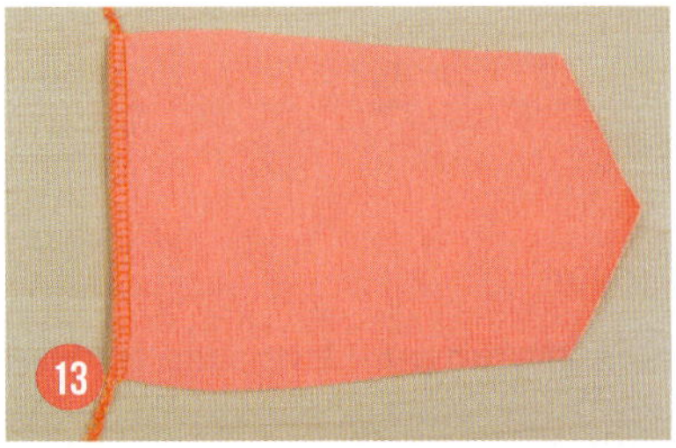
13

14

Owerlok: obrzuć brzegi kieszeni, przyszywając na krawędziach wywiniętą listewkę. Na końcówkach ściegów zawiąż supełki i zaprasuj końcówki na lewą stronę kieszeni (**fot. 15**).

Zwykła maszyna: jeżeli szyjesz zygzakiem, przeszyj krawędź listewki w odstępie 1 cm, aby nawiązać do szwów między rękawami a tułowiem. Krawędzie kieszeni możesz zostawić surowe lub zaprasować je o 1 cm na lewą stronę.

Umieść kieszeń na bluzie, prawą stroną do góry. Przypnij ją i przyszyj dookoła na zwykłej maszynie (**fot. 16**).

Owerlok: jeżeli obrzuciłaś krawędzie owerlokiem, przyszywaj kieszeń prostym ściegiem tak, aby wypadał na środku ściegu owerloku lub tuż przy jego krawędzi.

Zwykła maszyna: jeżeli przygotowałaś kieszeń z surowymi brzegami lub z zaprasowanymi krawędziami, wybierz, czy szyć zygzakiem, czy ściegiem prostym. Ja wybrałbym zygzak, dla spójności z resztą.

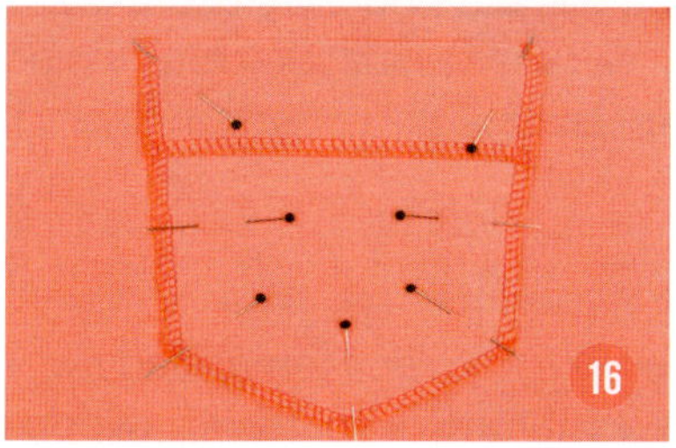

Bluza uszyta (**fot. 17**)! Łuuuu huu! Było tego trochę! No ale twoje doświadczenie z maszyną rośnie, dlatego zwiększa się też stopień skomplikowania rzeczy, które wspólnie szyjemy. Zostały nam dwie kreacje. Już się nie mogę doczekać. Jednak najpierw spójrzmy wstecz i doceńmy kawał dobrej roboty, jaki masz za sobą.

PODSUMOWANIE

- Przygotowałaś formę na swój pierwszy rękaw raglanowy!
- Zmierzyłaś się ze szwami widocznymi na wierzchu.
- Naszyłaś swoją pierwszą kieszeń tego typu.
- Poznałaś tajemnice rolujących się listewek, to po prostu rozcięte ściągacze!

Jeżeli udało ci się przejść przez ten rozdział zwycięsko i masz właśnie na sobie nową bluzę, jestem z ciebie bardzo dumny. Ta pozornie prosta forma wymagała ogromnego skupienia i precyzji podczas szycia. Gratuluję!

Jeśli się nie udało, nie martw się, odpocznij kilka dni. A kiedy wrócisz do tematu, rozetnij wszystkie szwy i zszyj bluzę w standardowy sposób, ze szwami schowanymi do środka, jak pozostałe ubrania opisane w tej książce. Taka też będzie ciekawa.

Na tym etapie możesz poczuć już zmęczenie, może nawet frustrację. Jeżeli tak jest, odpocznij na chwilę od szycia. Zajmij się innymi rzeczami, które lubisz. Ja mam dwie ulubione rzeczy: spanie i przytulanie się do przyjaciół!

Po chwili oddechu dla wprawy uszyj kilka prostszych rzeczy, zanim przejdziesz do kolejnego rozdziału. Możesz dla relaksu uszyć spódnicę maksi na bazie półkola, którą ma na sobie Ewa na zdjęciu otwierającym ten rozdział. Na tym etapie zrobisz to w tempie ekspresowym, serio! Potrzebne są cztery szwy, a efekt jest boski. Instrukcję znajdziesz oczywiście na blogu. A moment tak zwanego zmęczenia materiału przychodzi zawsze, najczęściej tuż przed finałem. Trzeba być dla siebie wyrozumiałym, żeby nie zniechęcić się do swojego nowego hobby. Tak więc przez jakiś czas wrzuć na luz. A po powrocie czeka cię efektowny i prosty płaszczyk.

OPOWIEŚĆ

Podobny moment przesilenia przyszedł do mnie kilka miesięcy temu, kiedy wyraźnie zacząłem dostrzegać u siebie pierwsze syndromy wypalenia zawodowego. W temat kursów szycia wszedłem z impetem i zapałem, przesadziłem jednak z intensywnością i powolutku zaczynało się to obracać przeciw mnie. W dodatku coraz częściej zadawałem sobie pytanie powtarzane przez wszystkich moich znajomych: „Janek, dlaczego nie projektujesz?". Jestem typem, u którego wszystko dojrzewa powoli – wciąż czułem, że coś mnie jeszcze blokuje. Moja odtrutka od projektowania przeciągała się w nieskończoność.

Blog miał być pomostem między rękodziełem i działalnością edukacyjną, jakimi były kursy szycia, a projektowaniem ubrań, do którego wciąż bałem się zbliżyć. Uznałem, że podejdę do tego podstępem: tworząc tutoriale, nadal będę uczył, jednak będzie w tym coraz więcej elementów kreacji. Jakby wyczuwając potrzebę chwili, moje najwierniejsze kursantki osiągnęły najwyższy stopień wtajemniczenia, konstruując i szyjąc żakiety z podszewkami. I, o zgrozo, zażądały WIĘCEJ. A żakiet to przecież wierzchołek góry lodowej! Czego więcej mógłbym je nauczyć?

PROJEKTOWANIA! O rany, ale się wszyscy podekscytowaliśmy. Z zapałem wziąłem się do opracowywania programu, gdzieś głęboko wiedząc, że w ten sposób tylko na chwilę odraczam odpowiedź na to dręczące mnie pytanie. Dziewczyny z kolei zaczęły zbierać pomysły do swoich kolekcji autorskich. Udało się. We wrześniu po kilku przetasowaniach ruszyła grupa projektowa. Iwonka, Dorota, Milena i Zbigu z wypiekami na twarzach eksperymentowali, a ja z wypiekami opowiadałem im o stylu i inspiracjach. Popijając winko, dyskutowaliśmy nad formami, szukaliśmy właściwych linii cięć na prototypach i wychodziliśmy poza granice swoich standardów. Pamiętam dzień, kiedy krok po kroku tworzyliśmy z Dorotą kombinezon, łącząc skomplikowaną siatkę bluzki i spodni w jedno. Dorota nagle się wyprostowała:

– O kurde! Rozumiem, co tu się stało! No naprawdę, czaję każdą kreskę!

To było jak strzał: duma i radość! Bo wtedy też poczułem, że ona już jest po drugiej stronie. Konstrukcja w nią wsiąkła! O takim momencie marzy każdy nauczyciel, kiedy nagle staje się jasne, że uczeń go już nie potrzebuje. Wspaniałe uczucie dla obu stron.

Przypomniało mi to, jak wiele radości dawała mi praca z projektantami w Szkole Artystycznego Projektowania Ubioru (SAPU), którą skończyłem i do której po kilku latach wróciłem z programem nowych zajęć pod koszmarnym dziś dla mnie tytułem „projektowanie do produkcji masowej". Kiedy opanowałem zasady działania firm i zrozumiałem, jaką rolę odgrywa w nich projektant, koniecznie chciałem przygotować młodszych kolegów po fachu na to nieuniknione zderzenie z rzeczywistością. Bo chyba generalnie lubię się dzielić z innymi tym, czego sam się nauczyłem. Ale ten zapał dość szybko się wyczerpuje. Po trzech latach prowadzenia kursów szycia mimo przygody, jaką był nasz kurs projektowania, zrozumiałem, że zbliżam się do ostrego zakrętu.

O nieeee! Znowu?! Przecież już było tak fajnie, po co mi kolejny zakręt?

Bardzo nie chciałem się na to zgodzić. Czułem się tak jak wtedy, kiedy masz nudności, ale koniecznie nie zamierzasz dopuścić do wiadomo-czego. W moim przypadku wiadomo-czym była zgoda na zmianę.

Nie udało się. Wszedłem z impetem w chyba największy, jak do tej pory, zakręt w swoim życiu. Pomimo trudności, o których opowiem później, było warto. Jednym z syndromów wchodzenia na nową drogę jest książka, którą trzymasz w rękach.

ROZDZIAŁ 15

Uszyj
płaszcz
kopertowy

ZADANIE 13.

Uszyj płaszcz kopertowy

Dowiesz się:

- jak prostokąt dzianiny zamienić w płaszcz;
- jak wykańczać narożniki;
- jak wykonać szeroki kołnierz;
- jak własnoręcznie nabijać napy.

Przygotuj:

- dresówkę drapaną lub inną niezbyt elastyczną, grubą i mięsistą dzianinę. Mimo że wiesz już, jak obliczyć zużycie materiału, podaję ilość, ponieważ ten płaszczyk jest prostą geometryczną formą i wymiary są uniwersalne. Przygotuj 2 m dzianiny szerokiej na 1,5 m. Dla osób wysokich potrzeba 2,3 m;
- papier do form, linijkę, metr krawiecki, mydło krawieckie i nożyce;
- nici i szpilki;
- napy i młotek – napy możesz kupić w każdej pasmanterii (więcej informacji znajdziesz w dalszej części).

Przed wyzwaniem, jakim jest finałowa bluza, coś ekstra – płaszczyk, który moje kursantki uwielbiają. Superprosta forma, bardzo szybki efekt, a przy okazji ciekawe triki wykończeniowe. To nie będzie trudne i obiecuję, że będziesz zadowolona. Do dzieła!

FORMA PŁASZCZA

Płaszcz ma kształt prostokąta z wszytymi rękawami. Tajemnica polega na tym, żeby wszyć je w odpowiednim miejscu i pod odpowiednim kątem. Najpierw przygotuj formę na otwór, który później wytniesz w prostokącie i doszyjesz do niego rękaw.

» KROK 1.

Spójrz na formę tyłu T-shirta na **ilustracji 1**. Otwory na rękawy musisz umieścić w takiej odległości od siebie, aby pomiędzy nimi zmieściły się plecy:

A – szerokość barków;

B – szerokość pleców;

C – ½ obwodu biustu.

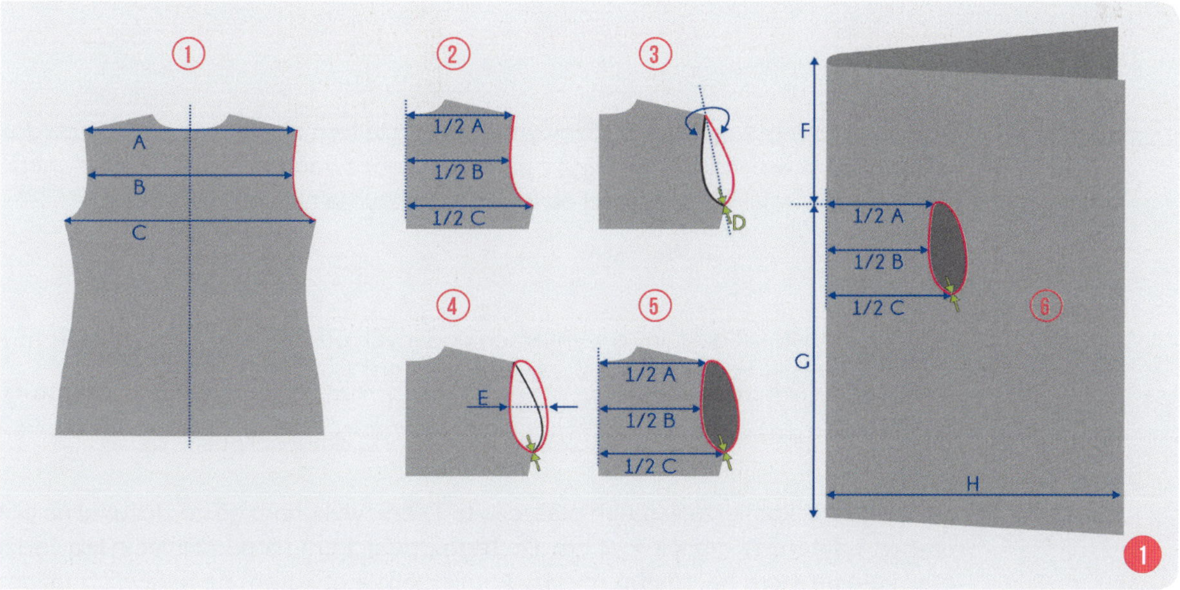

» KROK 2.

Aby otwory wyciąć symetrycznie, będziesz pracować na połowie formy. Potrzebujesz tylko górnej części pleców T-shirta. Popraw linię kształtu pachy tyłu pisakiem (różowa linia na grafice).

» KROK 3.

Teraz do kształtu pachy dorysuj jej lustrzane odbicie tak, aby powstała łezka. Najprościej jest złożyć półpergamin na pół, wzdłuż osi łączącej początek i koniec łuku pachy (niebieska linia przerywana) i przerysować jej kształt na zagiętej połówce papieru.

D – Koniecznie wykonaj znacznik na dnie pachy (zielone strzałki).

» KROK 4.

Aby wszywanie rękawa stało się łatwiejsze, poszerz nieco łezkę na górze i minimalnie na dole, rysując kształt elipsy (różowy obrys). Ważne, aby nie zmieniać kształtu pachy tyłu!

E – postaraj się, aby elipsa w najszerszym miejscu miała nie więcej niż 7–10 cm, chyba że masz rozbudowane barki i bicepsy.

» KROK 5.

Gotowe. Ciemnoszara elipsa z różowym obrysem to forma na otwór, do którego doszyjesz rękaw w narzutce. Wytnij ją z papieru razem z fragmentem kształtu T-shirta, aby wiedzieć, w jakiej odległości od krawędzi ułożyć ją na materiale.

» KROK 6.

Przygotuj prostokąt dzianiny o wymiarach podanych poniżej. Złóż go na pół tak, aby dzianina bardziej rozciągała się wszerz, czyli wzdłuż wymiaru H na **ilustracji 1**.

Długość to suma wysokości potrzebnej na kołnierz i długości płaszcza:

F – wysokość kołnierza w moim płaszczu to 17 cm, wykonam go ze złożonej na pół dzianiny. Zatem 17 cm x 2 = 34 cm. Do tego dodaj 3 cm na podwinięcie krawędzi oraz kolejne 3 cm na odstęp między kołnierzem a otworem na rękaw, co razem daje F = 40 cm;

G – oznacza długość płaszcza mierzoną od najwyższego punktu barku po plecach + około 4 cm dodatku na podwinięcie. To wymiar modyfikowany przez każdą osobę, ale zazwyczaj ta długość waha się między 75 a 90 cm. Ikuko jest średniego wzrostu (około 165 cm) i dla niej wybrałem płaszczyk o długości 76 cm. G = 80 cm.

Z doświadczenia wiem, że zwykle optymalna szerokość to około 140 cm. Sprawdź, owijając się dzianiną, jaki obwód jest potrzebny, abyś mogła swobodnie opatulić się płaszczem. Dodaj około 8 cm na podwinięcia z każdej strony.

H – na grafice dzianina jest złożona na pół, dlatego obwód podziel przez 2. H = 74 cm.

Możesz też na początek wyciąć prostokąt z całej szerokości dzianiny. Wtedy wytnij najpierw otwory na pachy (w instrukcji szycia krok 5) i przymierz płaszczyk, aby dopasować go do swoich potrzeb (pamiętaj, że z każdej strony podwiniesz go o 4 cm).

SZYCIE PŁASZCZA

Zaczynam od wykończenia wszystkich krawędzi i zrobienia kołnierza. Później wytnę otwory. Pierwsze zdjęcia wykonałem na miniaturowej wersji, aby wszystko dokładnie uwidocznić w kadrze.

» KROK 1.

Odetnij narożniki na dolnej krawędzi (fot. 1). Odetnij trójkąty o bokach 7,5 cm i podstawie około 10 cm (fot. 2). Podstawa trójkąta to linia cięcia, boki – to odległość na krawędziach poziomej i pionowej, od rogu dzianiny do cięcia.

1

2

Następnie obrzuć owerlokiem lub zygzakiem wszystkie krawędzie oprócz górnej poziomej krawędzi. Górną krawędź zaprasuj o 3 cm z prawej strony na lewą (fot. 3), zepnij szpilkami. W mojej dzianinie lewa strona to ta puszysta.

» KROK 2.

Kołnierz. Odwróć dzianinę tak, aby prawa strona była na wierzchu, skierowana prawą stroną do góry, i zagnij górną krawędź (tę podwiniętą) o 17 cm (wysokość kołnierza) z lewej strony na prawą (fot. 4).

Wywinięty kołnierz zepnij szpilkami w odległości 4 cm od krawędzi – tu będziesz szyć. Na fot. 5 widać wywinięty kołnierz z boku, powinno ci to ułatwić pracę.

Wykonaj szew prostym ściegiem, tylko na kołnierzu, 4 cm od krawędzi. Szyj wzdłuż białej linii tak, aby przyszyć krawędź podwiniętą o 3 cm (fot. 6).

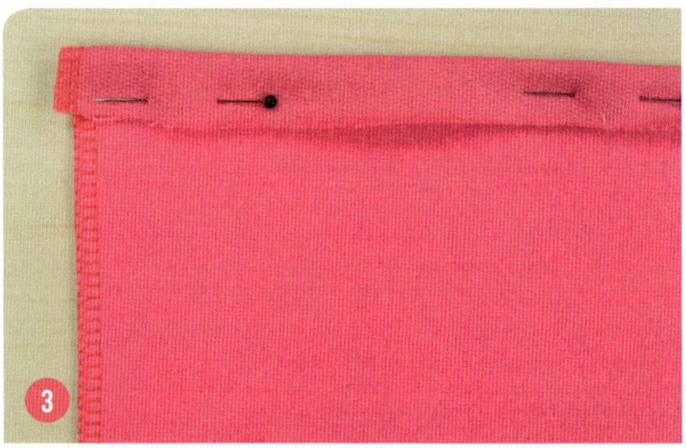

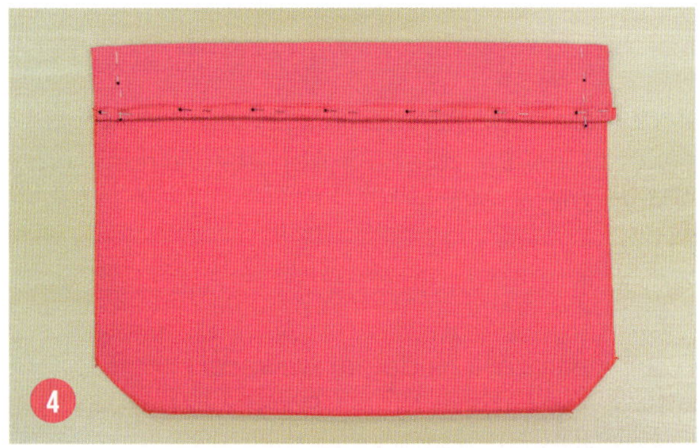

Wywiń kołnierz na prawą stronę, automatycznie zawiną się krawędzie płaszcza, a krawędź spięta szpilkami schowa się do środka kołnierza. Zaprasuj go, aby utrwalić kształt (fot. 7–9).

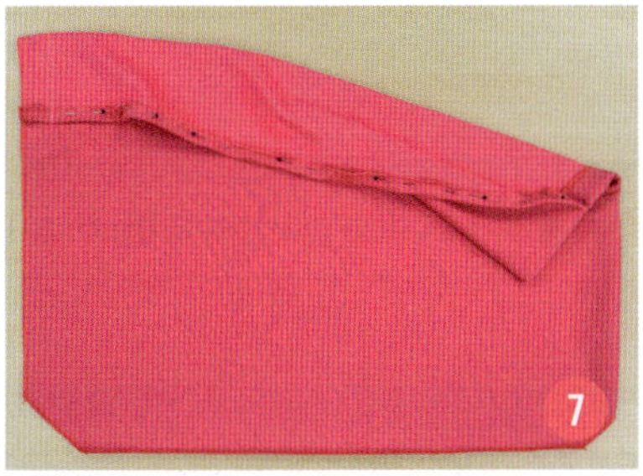

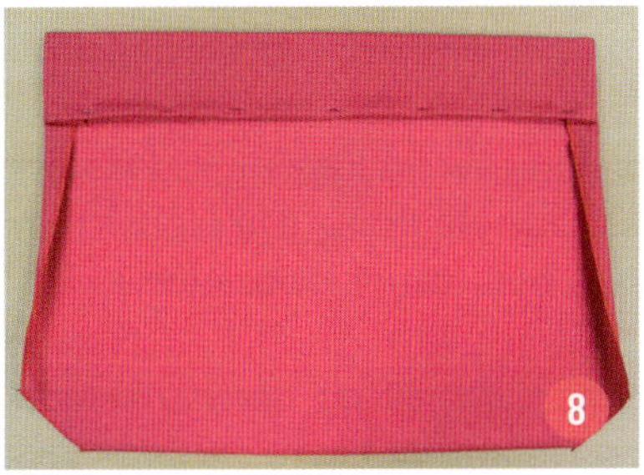

» KROK 3.

Narożniki. Na dolnej krawędzi narysuj przekątną dokładnie na środku krawędzi ściętej w kroku 1. (fot. 10). Wzdłuż tej linii złóż narożnik na pół tak, aby prawa strona dzianiny znalazła się wewnątrz (fot. 11). Wykonaj przeszycie około 0,5 cm od krawędzi.

Wywiń narożniki na prawą stronę (fot. 12 i 13).

Po wywinięciu narożników brzegi płaszcza automatycznie podwiną się o 4 cm – zaprasuj je i zepnij szpilkami z płaszczem (fot. 14).

Ważne » W ten sposób możesz wykańczać narożniki. Podaję matematyczne wyjaśnienie kontrolowania szerokości podwinięcia krawędzi.

Boki ściętych narożników miały 7,5 cm. Następnie wykonałaś szew 0,5 cm od krawędzi. Gdybyś nie odcięła trójkąta w pierwszym kroku, ten szew wylądowałby 8 cm od rogu prostokąta płaszcza; 8 podzielone na 2 daje 4, czyli szerokość podwinięcia.

Zatem wykańczając narożnik, np. obrusu, składaj róg materiału po przekątnej na pół. Szew wykonuj pod kątem prostym do zagiętej krawędzi w takiej odległości, aby na brzegach obrusu między rogiem a szwem była dwukrotna szerokość podwinięcia, jakie chcesz osiągnąć.

» KROK 4.

Przyszyj krawędzie i kołnierz. Przypnij wszystkie krawędzie podwinięte o 4 cm dookoła płaszcza oraz przepnij szpilki z podwiniętej krawędzi kołnierza na wierzch (fot. 15).

Wykonaj długi szew ściegiem prostym dookoła płaszcza. Jeżeli dzianina jest bardzo elastyczna, użyj ściegu zygzak. Szyj przy wewnętrznych krawędziach podwinięcia i kołnierza, w miejscu, gdzie są przypięte szpilki. Przy kołnierzu pozostaną 4 cm szczeliny. Nie przejmuj się, kiedy nabijesz napy, nic nie będzie się wywijało.

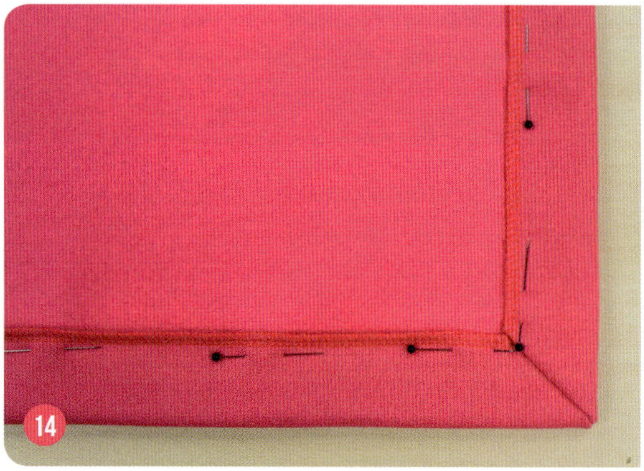

14

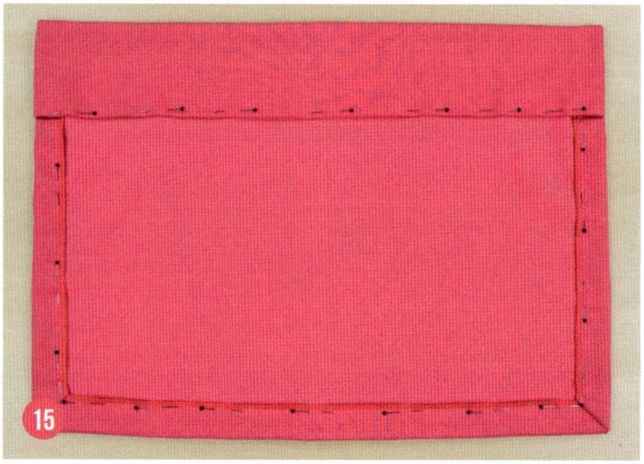

15

» KROK 5.

Wytnij otwory na rękawy. Złóż płaszcz na pół, do pozycji z kroku 6. na ilustracji 1, z etapu przygotowywania formy.

Ułóż fragment pleców wraz z elipsą pachy tak, aby stykał się z zagiętą krawędzią i był umieszczony 3 cm poniżej kołnierza (fot. 16). Na fotografii spód kołnierza zaznaczyłem białą kreską.

Przypnij tylko elipsę i odetnij fragment pleców. Obrysuj elipsę białą kreską i zepnij dwie warstwy dzianiny dookoła elipsy (fot. 17). Pamiętaj, aby nanieść znacznik na dzianinę, znacząc dno pachy. Odepnij elipsę i wytnij otwór, dodając 1 cm naddatku na szwy **do wnętrza elipsy** (fot. 18)!

16

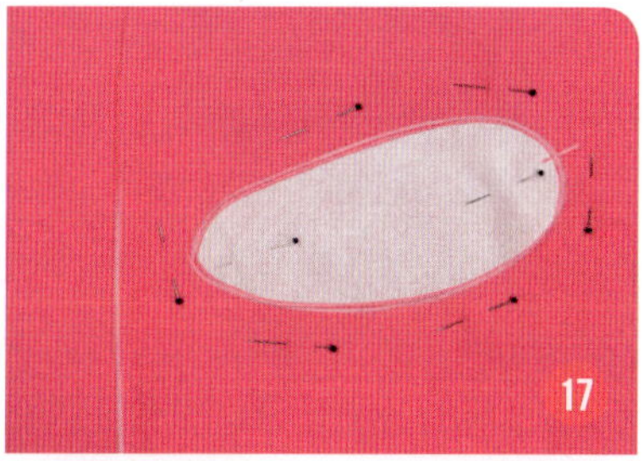
17

18

Wyjmij pozostałe szpilki i przymierz płaszcz, aby sprawdzić, czy pachy nie są zbyt ciasne. Pamiętaj, że po doszyciu rękawów powiększą się jeszcze o 1 cm dookoła. Jeżeli otwory są za małe, możesz powiększyć elipsę, nieco ją wydłużając w kierunku dolnej krawędzi płaszcza i nieco poszerzając do przodu. Bardzo ważne, aby **nie zmieniać kształtu pachy tyłu**.

Czas na rękawy.

FORMA RĘKAWA

Spójrz na **ilustrację 2** i przygotuj formę na rękawy.

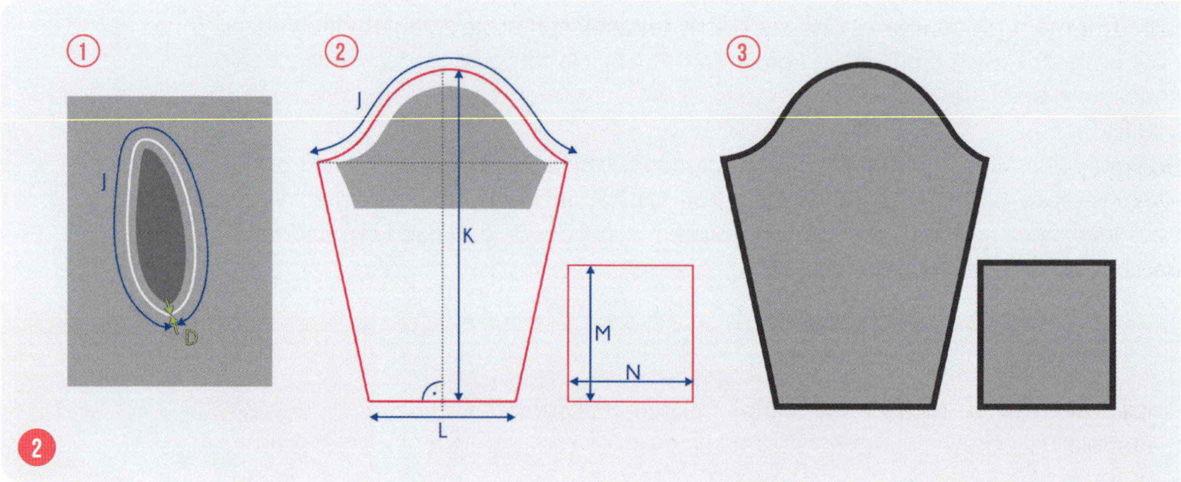

2

» KROK 1.

Zmierz obwód otworu na pachę, ustawiając metr krawiecki w odstępie 1 cm od krawędzi – tu, gdzie będzie szew, którym doszyjesz rękaw.

» KROK 2.

Przygotuj formę rękawa. Korzystając z instrukcji w rozdziale 13, o swetrze z golfem, dostosuj rozmiar główki rękawa (J) do obwodu pachy wyciętej w płaszczu. Ustal długość rękawa (K) oraz jego szerokość na dole (L).

Ustal długość mankietu ściągaczowego i pomnóż ją przez 2 (M). Pamiętaj, aby jego szerokość (N) była o co najmniej 2 cm mniejsza niż szerokość dołu rękawa (L), jednak na tyle duża, abyś wsunęła dłoń (zmierz obwód dłoni metrem krawieckim, mocno go zaciskając).

» KROK 3.

Dodaj 1 cm dodatku dookoła i wytnij formy z dzianiny tak, aby rozciągała się mocniej wszerz elementów, czyli na ilustracji z lewej strony na prawą. Pamiętaj, aby wyciąć rękawy prawy i lewy.

SZYCIE RĘKAWÓW

» KROK 1.

Te kroki znasz już z poprzednich instrukcji. Złóż rękawy na pół i zszyj dłuższe krawędzie razem (fot. 19). Następnie doszyj do nich mankiety ściągaczowe (fot. 20).

» KROK 2.

Doszyj rękawy do płaszcza. Odwróć płaszcz tak, aby lewa strona dzianiny była na wierzchu, skierowana do góry, rękawy wywiń na prawą stronę.

Wsuń rękaw do otworu (fot. 21) tak, aby tył rękawa zetknął się z tyłem płaszcza. W rękawie tył to ten z bardziej wypukłą główką, w płaszczu tył to ta krawędź otworu bliżej jego środka – jak na fot. 21.

Upnij krawędź rękawa do krawędzi płaszcza. Najpierw przypnij szew na rękawie dokładnie w miejscu znacznika na dnie elipsy, potem zepnij dookoła. Ważne, abyś tym razem wbijała szpilki wzdłuż krawędzi, dokładnie 1 cm od brzegu – tu, gdzie będzie szew (fot. 22). Tylko w tym miejscu obwody elipsy i główki rękawa się zgadzają.

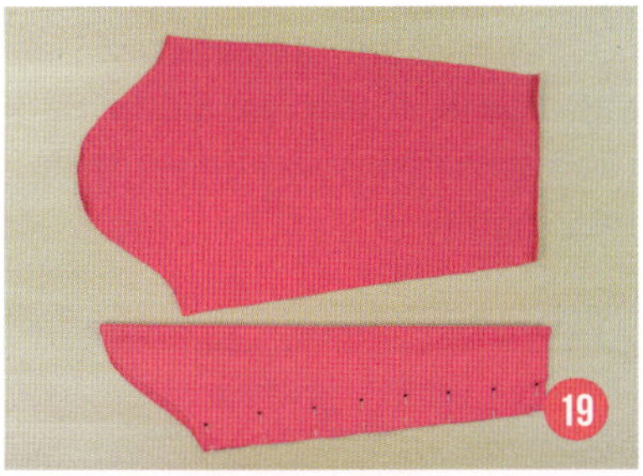

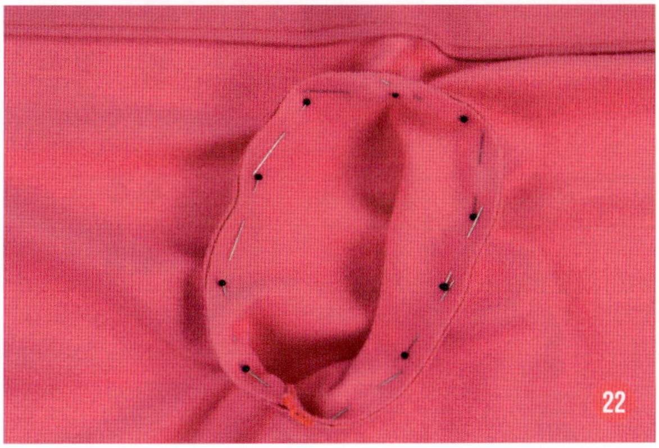

Wbijaj je wewnątrz rękawa, będzie ci łatwiej wyciągać je podczas szycia. Przyszyj rękawy (fot. 23 – poprzednia strona).

Rada » Jeżeli obwody się nie zgadzają, zwęż rękaw, wykonując na nim nowy szew wzdłuż dolnej krawędzi, jednak głębiej niż pierwotny, który wykonałaś w kroku 1. Zrób to tak, aby szew znalazł się głębiej przy główce rękawa, a następnie powoli zbliżaj go do pierwotnego szwu, aby 15–20 cm dalej, w okolicy łokcia, szwy te pokryły się ze sobą. W ten sposób zwęzisz obwód główki i nieco biceps.

Jeżeli rękaw jest zbyt mały, musisz nieco go rozciągnąć podczas szycia lub zrobić zakładkę na krawędzi pachy w płaszczu, najlepiej na dnie. Możesz też wyciąć nowy, większy rękaw.

NABIJANIE NAP

» KROK 1.

Złóż płaszcz jak na fot. 24 lub włóż go, owiń się nim i zaznacz miejsce, gdzie chcesz umieścić napy na kołnierzu.

Przygotuj nożyk lub nożyczki z bardzo ostrą końcówką, młotek oraz zestaw nap z klinami. Kupując w pasmanterii pudełeczko nap, w zestawie dostaniesz podkładkę i klin do samodzielnego nabijania ich. Zaznacz na kołnierzu pionową linię, wzdłuż której nabijesz napy, oraz poziomo położenie każdej z nich (fot. 25).

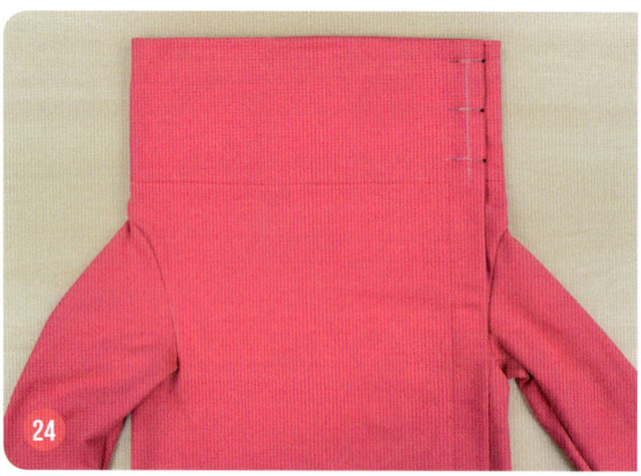
24

25

» KROK 2.
Na przecięciu linii wytnij malutkie dziurki w dzianinie (fot. 26). Możesz wykonać jedynie małe nacięcia. Jeśli dziurki będą zbyt duże, napy mogą się odrywać podczas odpinania.

Do płaszczyka nabiję czarne napy, jednak w instrukcji do zdjęć użyłem srebrnych, aby ich kształt był lepiej widoczny. Na pudełku znajdziesz instrukcję nabijania nap, ale ja też to pokażę, żeby przekonać cię, że to wcale nie jest trudne.

Kiedy mikrodziurka została wycięta (fot. 27), przygotuj napy i podkładkę (fot. 28). Zapięcie tego typu składa się z dwóch części: **wierzchniej** i **spodniej**. Każda z nich ma dwa elementy, będę je nazywał **górnym** i **dolnym**.

26

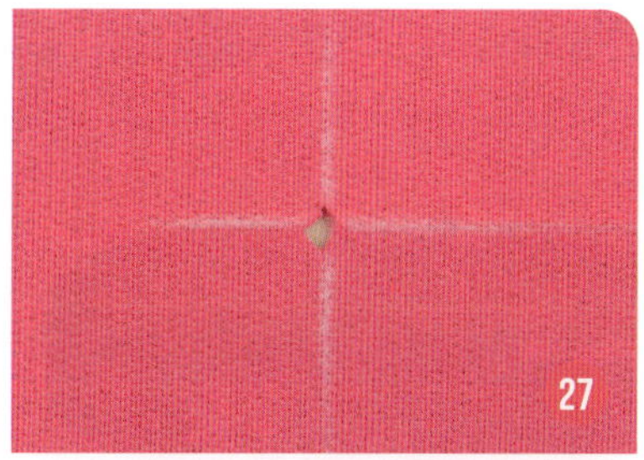
27

28

» KROK 3.
Zaczniemy od **wierzchniej części napy**. Na fot. 28 widać po dwa elementy górne (gładka główka z szyjką) i dolne (miseczka z dziurką). Podkładka ma dwie strony, jedną gładką, drugą ze żłobieniami.

Ustaw podkładkę, jak na fot. 28, gładszą powierzchnią do góry. Umieść w niej górny element napy szyjką do góry (fot. 29 – następna strona).

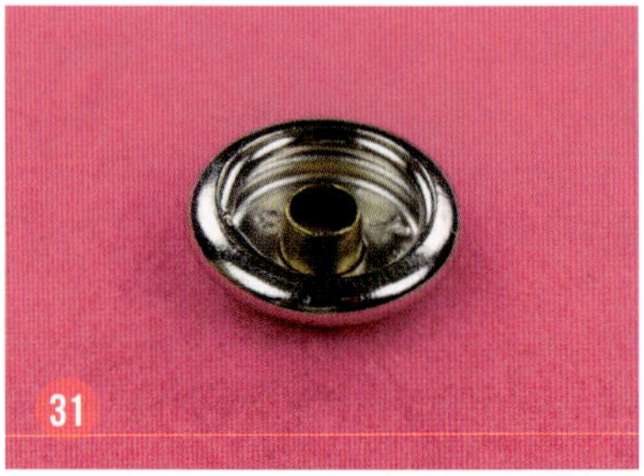

Nałóż na szyjkę materiał tak, aby prawa strona dzianiny zetknęła się z napą, a lewa była skierowana do góry (fot. 30). Teraz umieść dolny element napy, wsuwając go na szyjkę tak, aby miseczka była otwarta do góry, czyli wklęsła w stronę dzianiny (fot. 31).

Weź klin i ustaw go tak, aby jego najwęższy element wylądował wewnątrz szyjki (fot. 32).

Zdecydowanie uderz młotkiem kilka razy w klin (fot. 33). Pod wpływem uderzeń szyjka będzie się spłaszczać i rolować, dociskając miseczkę, dzianinę i górną część napy (fot. 34). Wierzchni element gotowy (fot. 35). Te części napy nabij na wierzchnią warstwę kołnierza.

» KROK 4.

Spodnia część napy. Na fot. 36 widać podkładkę odwróconą żłobioną częścią do góry oraz po dwa elementy spodniej napy: dolne (te z szyjką) i górne (tym razem miseczka z dziurką jest na górze).

Umieść dolny element w podstawce szyjką do góry (fot. 37).

Następnie nałóż na nią dzianinę, po czym wsuń na szyjkę miseczkę, tak aby była wypukła w górę. Przyłóż klin i spłaszcz szyjkę – dokładnie tak samo jak w poprzednim kroku. Gotowe (fot. 38).

Ważne » Nabij napy tak, aby miseczki obu części spinały się ze sobą.

34

35

36

37

38

Rada » Proponuję na próbę nabić zapięcie na próbkach i potem dobrze przemyśleć ułożenie elementów, kiedy będziesz mocować napy do kołnierza płaszcza. W razie czego zawsze można śrubokrętem lub dłutem i młotkiem rozszczepić elementy i nabić nowe.

TADDAM!! Płaszczyk gotowy – możesz go nosić na wiele sposobów. Moje dwa ulubione to takie jak na fot. 39 i 40 na następnej stronie, jako kopertowy płaszcz z szerokim golfem lub narzutka drapująca się z przodu.

W zależności od zastosowanego materiału efekt może być zupełnie inny. Jedna z moich kursantek zmieniła płaszcz w szałową sukienkę, używając cienkiej dzianiny wiskozowej i wydłużając kołnierz tak bardzo, że stał się kapturem. Drapowanie to już kwestia twojej wyobraźni!

22

23

Mam nadzieję, że jesteś zadowolona ze swojego dzieła. Bardzo się cieszę, że dotarłaś tutaj, ponieważ oznacza to, że jesteś gotowa połączyć całą wiedzę, jaką zdobyłaś w swojej przygodzie z tą książką, szyjąc wypasioną bluzę zaprezentowaną w ostatnim rozdziale. Wiem, że powtarzam to w kółko, ale powtórzę jeszcze raz: bądź z siebie dumna! To naprawdę ważne, aby czasem się zatrzymać i docenić to, co masz już za sobą. W pędzie do doskonalenia się i realizowania kolejnych zadań często zapomina się o tym, jak bardzo się już napracowało.

PODSUMOWANIE

» Właśnie uszyłaś swój pierwszy płaszcz.

» Dowiedziałaś się, jak wykańczać narożniki.

» Poznałaś trik z tworzeniem kołnierza i podwiniętych krawędzi.

» Na deser samodzielnie nabiłaś napy!

Jest moc!

Płaszczyk, który właśnie uszyłaś, jest dla mnie wyjątkowy. Towarzyszył mi do końca – jedne z ostatnich warsztatów, które prowadziłem, były właśnie o szyciu tego wdzianka. To na nich poczułem, że moja fontanna cierpliwości wysycha, a ja powoli się wypalam. Wiedziałem, że coś muszę zmienić, ponieważ coraz mniej radości czerpałem ze swojej pracy. Nadal miałem opór przed projektowaniem. Kiedy wszyscy dookoła powtarzali: „szyj kolekcje", „projektuj", „ubieraj ludzi", ja z uporem maniaka odpowiadałem, że „jeszcze nie", „nie czuję", „nie chcę", „nie mogę", coś mnie wciąż blokowało. Czułem zmierzch mojej złotej ery kursu szycia. Przerażony tym, że na horyzoncie nie pojawiał się żaden nowy pomysł, panikowałem. Musiałem coś wymyślić, przecież nie po to tyle pracowałem, żeby nagle wrócić do punktu wyjścia. Przełom nastąpił, jak zwykle, na fotelu u terapeutki, z którą od lat pracuję nad sobą, powoli odkrywając, kim jestem, i ucząc się iść przez życie tak, aby się zbytnio nie poobijać. Usłyszałem wtedy najważniejsze zdanie w całym swoim życiu. To było podczas porannego rozbiegu w grupie, w której wtedy pracowaliśmy. Pomimo zakrętu zawodowego w rozwoju osobistym przeżywałem czas wspaniałych odkryć i radości. Błyszczałem jako przykład tego, że terapia działa i zmienia jakość życia. Na porannym kręgu pierwszy wyrwałem się z kolejną opowieścią o wspaniałych zmianach. Kiedy skończyłem, koleżanka z żartem rzuciła:

– No i jak cię tu teraz przebić?

Zawsze czułem wyrzuty sumienia, opowiadając o tym, że coś mi się udaje, że w czymś idzie mi dobrze, i czułem się tym zażenowany. Jednak radość ze zmian i chęć podzielenia się tym z bliskimi była silniejsza. Pół żartem, pół serio wypaliłem:

– Jejku, strasznie was przepraszam, że błyszczę. Ale nic na to nie poradzę, ja po prostu tak mam. Nigdy nie starałem się błyszczeć i o to nie zabiegałem, to samo wychodzi. Nie chciałem.

I tu Baśka (terapeutka) zatrzymała mnie i patrząc mi w oczy niesamowicie poważnie i dobitnie, powiedziała:

– Janek, TO CHCIEJ BŁYSZCZEĆ!

To był grom z jasnego nieba. Wreszcie do mnie dotarło. Bierz, co ci Bóg dał, i korzystaj, nie przepraszaj innych za to, kim jesteś. Bądź sobą, realizuj swój potencjał i nie zajmuj się tym, co inni o tobie myślą. Zawsze bałem się, że zostanę odrzucony przez ludzi, jeśli pozwolę sobie na bycie tym, kim jestem: wyjątkową istotą. Przy czym niezależnie od tego, jak bardzo bym się starał to ukryć i dopasować do standardu, i tak zawsze wychodziło na jaw, że po prostu jestem inny. Piotrek – ten, który szył spodnie dresowe – zapytał mnie potem:

– Czy chcesz rezygnować z siebie, aby zyskać sympatię ludzi, którzy nie potrafiliby cię zaakceptować takim, jakim jesteś naprawdę? Przecież to się mija z celem. Po co ci ludzie, którzy cię nie chcą?

Wtedy poczułem, że otwierają się bramy do zupełnie nowego rozdziału. Nieśmiało zajrzałem za nie i zaczerpnąłem pierwszy haust powietrza z krainy wolnej, nieskrępowanej ekspresji. Wydawało mi się, że takie odkrycie będzie miało bezpośrednie przełożenie na projektowanie. Czułem, że zbliżam się do zmiany, jednak najpierw musiałem pozwolić umrzeć staremu światu, w którym strach przed oceną krytyków, klientów, znajomych i obcych ludzi często paraliżował moje projektowe zapędy. Nie zmieniało to faktu, że i tak robiłem swoje, jednak przypominało to jazdę na zaciągniętym hamulcu ręcznym.

Kurs Kroju i Szycia pod Okiem Janka Leśniaka umierał, umierała powoli moja pracownia, a ja z lekką paniką obserwowałem, jak zamyka się ten rozdział mojego życia. Wtedy pracowałem już tylko z dwoma grupami najwierniejszych kursantek. Przyjaźniliśmy się, więc dziewczyny wiedziały o moich rozterkach. Pewnego dnia zadzwoniła do mnie Ania, bardzo racjonalna bestia biznesowa, która przyznała się, że czasem, kiedy nie wie, jaką decyzję podjąć, po radę idzie do... wróżki:

– Janek, gadałam z nią. No i nie wytrzymałam, mam nadzieję, że się nie gniewasz, zapytałam o ciebie! No słuchaj i ona mówi, żebyś absolutnie nie rezygnował z kursów, to jeszcze nie czas.

Sprytna ta wróżka, pomyślałem, wie, jak nowych klientów zdobywać. Nie jestem fanem takich metod, ale kiedy stoisz na zakręcie i naprawdę nie wiesz, co dalej, łatwo ulec pokusie magicznej podpowiedzi. Zadzwoniłem w nadziei, że dostanę cukierki. Czyli że dowiem się, do czego jestem powołany, jaka to moja droga życiowa i co teraz robić. Wróżka niestety okazała się dobrym psychologiem i zamiast cukierków rzuciła mi kromkę czerstwego chleba. Gryź, przyzwyczaisz się.

Rozmowa była fascynująca i muszę szczerze stwierdzić: inspirująca. Słysząc, że jestem już na swojej życiowej drodze, a kursy są dla mnie okazją do słuchania i poznawania kobiet, nie byłem zaskoczony, nawet troszkę rozczarowany. Jednak podpowiedź, że potrzebuję poczucia misji, aby móc robić to dalej, i że moja misja jest związana z terapeutyczną mocą szycia, sprawiła, że moje serce drgnęło. Mocno drgnęło.

Zapytałem też o projektowanie. No i ponoć nie robię tego, bo nie wierzę w siebie. Co?! Ależ nie! Przekonywałem panią wróżkę, że musiała się pomylić, bo ja właśnie bardzo wierzę, no i że zmiany, i w ogóle, przecież już CHCĘ błyszczeć!

– Ano karty mi pokazują, że pan nie wierzy. A szyje pan w tej pracowni?

– Ano nie.

– To niech pan w końcu zacznie.

No tak, w sumie nadal odczuwałem lęk i brak wiary w siebie w kwestii małego doświadczenia w pracy z klientkami indywidualnymi, a przecież nie nabiorę wprawy inaczej, niż po prostu to robiąc.

Godzinę po rozmowie pani wróżka zadzwoniła do mnie. Zajrzała na mojego bloga, bo sama chciała się nauczyć szyć, i zauważyła, że tam jest tylko wiedza dla wybranych, dla tych, którzy już szyją. Brak informacji dla osób, które nigdy przy maszynie nie siedziały.

– Pomyśl o inspirowaniu ludzi, którzy jeszcze nie wiedzą, że **szycie stanie się ich życiem**.

Powiedziała, kończąc rozmowę i zostawiając mnie z kilkoma kiełkującymi pomysłami. Jednym z nich była dojrzewająca wizja książki. Nie miałem pojęcia, jak wydaje się książki, miałem tylko pomysł. Nie spodziewałem się, jak szybko i nagle wejdzie on w fazę realizacji.

Na pewno nieraz słyszałaś, jak to przez przypadek poznaje się odpowiednie osoby w najmniej oczekiwanych miejscach. Właśnie takiemu przypadkowi zawdzięczam to, że dziś czytasz te słowa. Opowiadając o moich rozterkach podczas treningu Olkowi, który uczył mnie, jak poprawnie używać swoich mięśni, wspomniałem coś o pomyśle wydania książki. Okazało się, że inny podopieczny Olka pracuje w wydawnictwie. Kilka dni później, gdzieś między bieżniami a rowerkami stacjonarnymi, poznaliśmy się i umówiliśmy na kawę. Opowiedziałem o moim pomyśle, a Łukasz przyznał, że był sceptyczny, bo, nie ukrywajmy, „jestem nikomu nieznaną osobą i może być za wcześnie na książkę", jednak mam w sobie wiarygodność, która go przekonała, obiecał podrzucić pomysł w wydawnictwie.

Zapadła cisza. Mój kurs nadal umierał, a ja rozmyślałem nad powrotem na wieś. I nagle w połowie czerwca odebrałem telefon zapraszający mnie na spotkanie. Przeszliśmy od razu do konkretów. Tydzień później odwoływałem wszystkie wakacyjne kursy i zamykałem pracownię, aby zaszyć się w niej na dwa miesiące, pracując nad kolekcją, robiąc zdjęcia i pisząc. Czułem niesamowicie dużo radości, a rozdział o nadrukach pomógł mi wreszcie znaleźć formułę dla siebie jako projektanta.

Chcę wspierać i inspirować kobiety w poszukiwaniu ich autentycznego stylu. Będziemy wyłapywać te cechy osobowości, które pragną w sobie wzmacniać, razem będziemy pracować nad tym, aby ubranie, które uszyję, było ich wyrazem, aby wzmacniało kobietę, która będzie je nosić. Chcę, aby te sukienki miały sens. Kiedy opowiedziałem o pomyśle znajomym, ustawiła się kolejka – to będzie mój poligon doświadczalny. A sama książka – im bliżej końca prac nad nią jestem, tym mocniej czuję, że jest pięknym zwieńczeniem ponad dwóch lat kursów i jednocześnie pierwszym krokiem w stronę nowego kolorowego świata. **Chcę, aby inspirowała do szycia właśnie tych, którzy jeszcze nie wiedzą, „że szycie stanie się ich życiem"**.

PRINCESS

ROZDZIAŁ 16

Uszyj wypasioną bluzę!

ZADANIE 14.

Uszyj wypasioną bluzę, wykorzystując wszystko, czego się nauczyłaś z tej książki!

Dowiesz się:

» jak przygotować formę na profilowany rękaw raglanowy;

» jak wykonać ciekawe zapięcie z taśm i nap;

» jak wykonać więcej znaczników ułatwiających szycie;

» jak nabić oczka;

» jak ufarbować materiał na jednolity kolor;

» jak wykonać proste przeszycia ozdobne za pomocą stopki z prowadnikiem.

Przygotuj:

» dzianinę – ja wybrałem dresówkę z pętelkami, bawełnę z maleńką domieszką poliestru, w kolorze jasnoszarego melanżu, aby ufarbować gotową bluzę na błękit;

» papier do form, ołówek, linijkę, metr krawiecki;

» mydło krawieckie, nożyce, nici i szpilki;

» napy, metalowe oczka i młotek, wybierz duże oczka, aby agrafka się w nich zmieściła, kiedy będziesz wciągać przez nie sznurek;

» 6 m bawełnianej białej taśmy o szerokości 2,5 cm oraz 2,5 m taśmy o szerokości 1 cm w wybranym kolorze;

» 60 cm płaskiej gumy szerokiej na 5 cm i agrafkę;

» 3 m białego bawełnianego sznurka;

» barwnik do bawełny.

Przyszła pora na naprawdę skomplikowaną rzecz. Mam ochotę napisać: wszystkie ścieżki prowadziły do tej chwili! Prawdę powiedziawszy, trochę tak jest. W każdym rozdziale dowiadywałaś się nowych rzeczy i szyjąc ubrania, nabywałaś kolejnych umiejętności. Na finał, jako błękitną wisienkę na torcie, razem uszyjemy bluzę z prawdziwego zdarzenia. Podczas wykonywania tego zadania wykorzystasz prawie wszystko to, czego się nauczyłaś podczas kursu, jakim jest ta książka. No i oczywiście dorzucę coś nowego, a jakże.

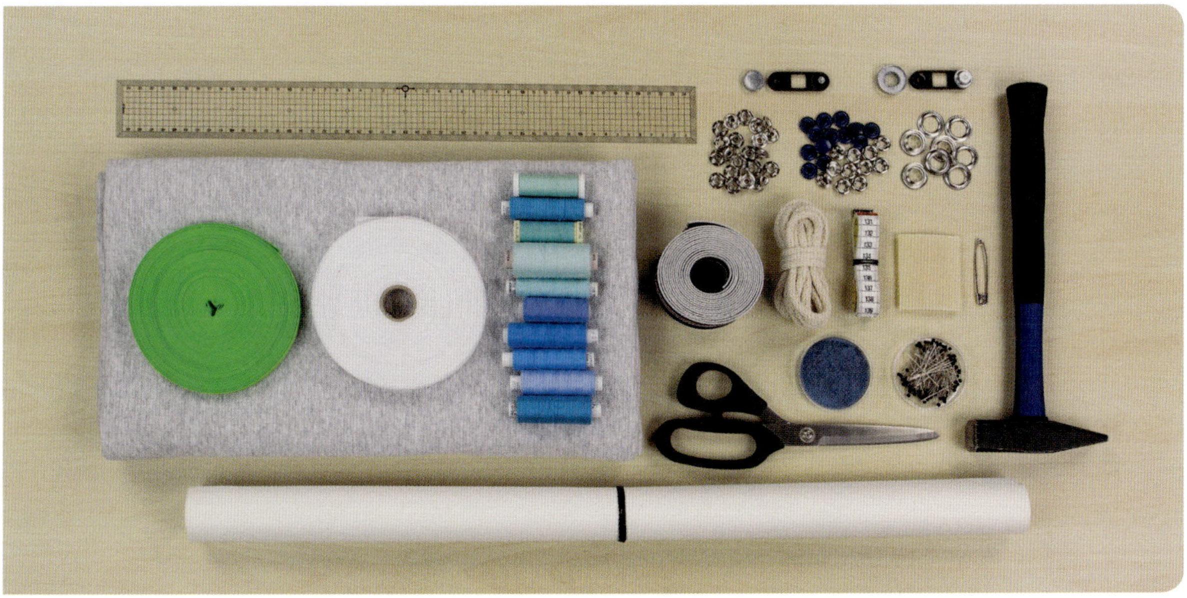

Pokażę, jak wykonać zapięcie, które jakiś czas temu opracowałem, nabijemy oczka i na finał ufarbujemy bluzę na jednolity kolor. Aby wykorzystać efekt kurczenia dzianiny w dekatyzacji, która nastąpi podczas farbowania, stworzymy specjalne wzmacniające przeszycia na wierzchu bluzy, aby szwy po farbowaniu stały się nieco wypukłe. Zatem wybierz bawełnianą dzianinę i nie dekatyzuj jej przed szyciem.

Gotowa? Zaczynamy!

FORMA

Zaczniemy od przekształcenia formy T-shirta w bluzę, później dopasujesz do niej rękaw, aby finalnie pociąć elementy i stworzyć profilowany raglan z lampasem. Spójrz na **ilustrację 1**.

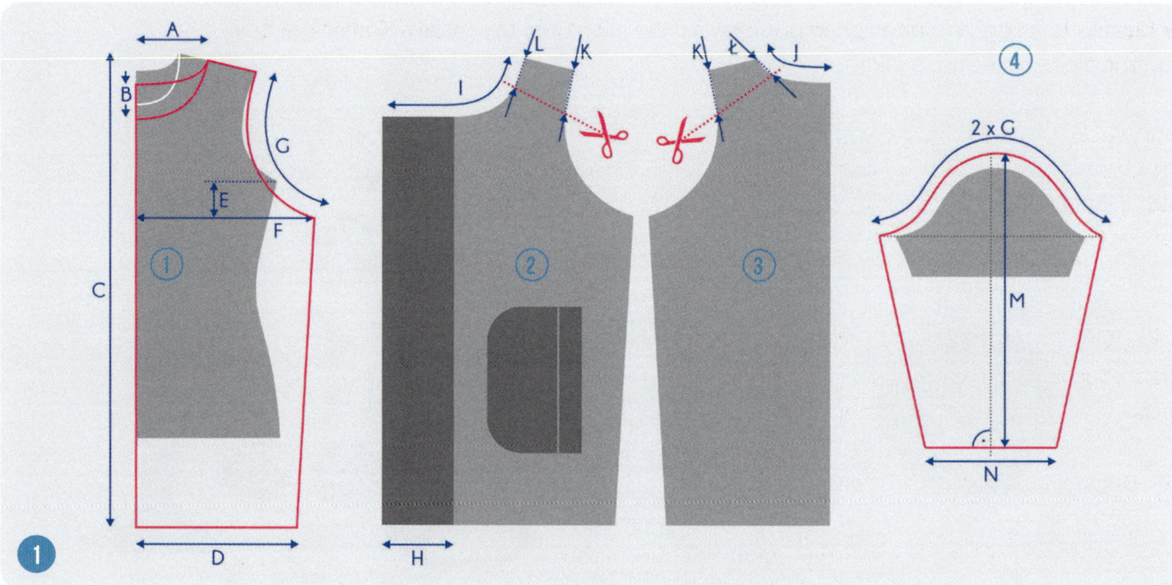

» KROK 1.

Tu nic nowego dla ciebie się nie wydarzy:

A – poszerz dekolt T-shirta o kilka centymetrów, w zależności od tego, jak szeroki kołnierz chcesz doszyć do bluzy. A = 12;

B – pogłęb dekolty przodu i tyłu T-shirta o 2 cm.

Narysuj kształty nowych dekoltów. Pamiętaj o kątach prostych przy linii środka T-shirta.

C – wprowadź długość bluzy od najwyższego punktu barku + 4 cm na tunel ze sznurkiem. U mnie C = 80 cm;

D – wprowadź szerokość dołu bluzy, powinna być szersza niż dół T-shirta co najmniej o 3 cm. D = 27 cm;

E – obniż dno pachy o 4–6 cm. U mnie E = 6 cm;

F – wprowadź szerokość bluzy w biuście. Sugeruję, aby była szersza niż szerokość w biodrach i o co najmniej 6 cm szersza niż T-shirt. Ja poszerzyłem T-shirt o 8 cm. F = 31 cm.

Narysuj linię boku oraz nową linię pachy. Przy luźnej, obszernej bluzie pachy przodu i tyłu mogą być tego samego kształtu, to potrzebne do rękawa raglanowego. Staraj się trzymać w pobliżu oryginalnej pachy przodu T-shirta. Zmierz obwód nowej pachy G.

» KROK 2.

Przerysuj na nowy papier formę przodu (z głębszym dekoltem). Dorysuj do linii środka prostokąt na listwę z zapięciem (ciemnoszary element).

H – powinien być dwa razy szerszy niż listwa, którą planujesz. U mnie H = 12 cm;

I – zmierz obwód dekoltu razem z dorysowaną listwą.

Odmierz fragment ramienia, który później dokleisz do rękawa, aby utworzyć kształt raglanu.

K – na linii pachy odmierz 7 cm;

L – na dekolcie odmierz 5 cm.

Zaplanuj kształt kieszeni (ciemnoszary kształt). Moja kieszeń ma odciętą listewkę, wymiary podam w dalszych krokach.

» KROK 3.

Przerysuj na nowy papier formę tyłu (płytszy dekolt).

J – zmierz obwód dekoltu tyłu.

Odmierz fragment ramienia, który później dokleisz do rękawa, aby utworzyć kształt raglanu.

K – na linii pachy odmierz tak jak na przodzie 7 cm;

Ł – na dekolcie odmierz 4 cm.

» KROK 4.

Dopasuj rękaw. Powiększ główkę, aby jej obwód zgadzał się z sumą obwodów pachy przodu i tyłu (które są symetryczne, stąd wymiar 2 x G). Narysuj nowy rękaw na papierze tak, aby nad jego główką pozostało co najmniej 20 cm wolnego miejsca na papierze.

Ustal długość i szerokość rękawa. Pamiętaj, że doszyjesz mankiety! Nie wycinaj jeszcze rękawa z papieru.

» KROK 5.

Spójrz na **ilustrację 2**. Pachy bluzy są symetryczne, dlatego główkę rękawa też trzeba przekształcić w formę symetryczną.

Złóż formę rękawa na pół wzdłuż linii środka, tak jak składałabyś go podczas szycia.

Główka przodu jest bardziej wklęsła, tyłu – bardziej wypukła (różnicę między nimi zaznaczyłem ciemnoszarym kolorem). Narysuj kształt nowej główki, starając się wypośrodkować tę różnicę (różowa linia). Przerysuj ten sam kształt na obu połówkach, aby rękaw był symetryczny.

» KROK 6.

Elementy odcięte w krokach 2. i 3. z przodu i tyłu bluzy przyklej do rękawa. Zrób to tak, aby skleić oba elementy ze sobą na liniach ramienia. Do rękawa doklej je tak, aby ich linia ramienia była przedłużeniem linii środka rękawa. Dla ułatwienia na rysunku umieściłem kropki, aby to przekształcenie było czytelne. Po doklejeniu rękaw już nie jest symetryczny. Podpisz, po której stronie znajduje się doklejony element przodu, po której element tyłu, abyś wiedziała, jak doszyć rękaw do bluzy. Na mojej ilustracji lewa strona rękawa to przód, prawa to tył.

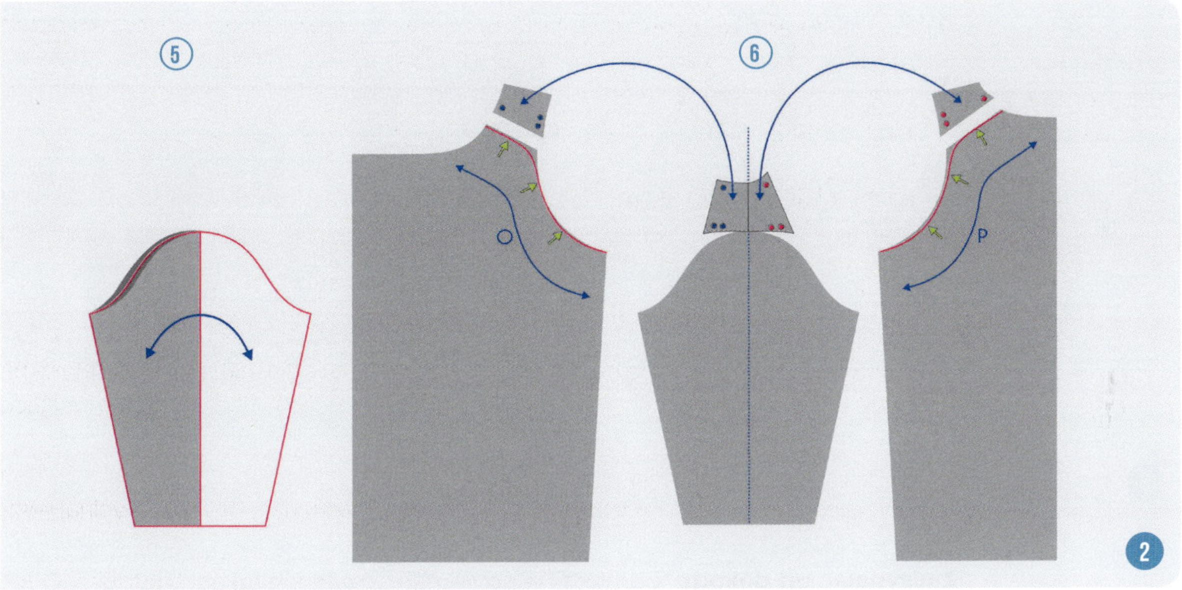

Pamiętasz, jak w rozdziale o różowej bluzie z kieszenią pisałem, że tworzenie rękawa raglanowego polega na odcięciu od bluzy obszaru wokół ramienia i doklejeniu go do rękawa? Właśnie wykonujesz tę operację.

W elemencie przodu i tyłu zaokrąglij kant, który powstał po odcięciu ramion (różowe linie). To nowy kształt linii pachy. Zmierz jej długość, w elemencie przodu to wymiar O, w elemencie tyłu – P.

Ważne » Znaczniki (zielone strzałki). Wyznacz trzy punkty tuż przed i tuż za największymi zakrętami na łuku nowej pachy. Aby później zaznaczyć je na rękawie, musisz zmierzyć ich odległość od dekoltu, mierząc po łuku pachy. Zrób to samo na elementach przodu i tyłu bluzy.

» KROK 7.

Spójrz na ilustrację 3 na następnej stronie. Narysuj kształt rękawa raglanowego (różowa linia). Zacznij od dekoltu, czyli łuku na szczycie. Trzymaj się krawędzi doklejonych fragmentów ramion, a następnie połącz je płynnym łukiem z główką rękawa.

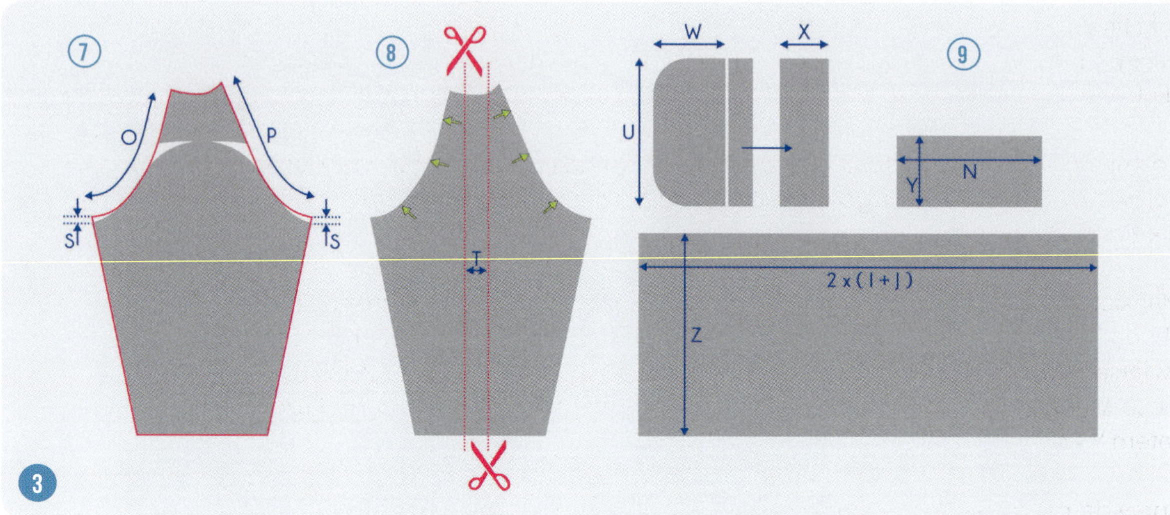

Zaczynając od dekoltu, odmierz na nowo narysowanych łukach długości O i P. Pamiętaj, aby O mierzyć tu, gdzie dokleiłaś fragment ramienia przodu, a P – gdzie dokleiłaś tył. Prawdopodobnie linie będą o 1–2 cm za długie. Wtedy podnieś krawędzie rękawa w górę o potrzebną liczbę – S, aby długości linii się zgadzały z długościami pach w bluzie. Jeżeli byłaś dokładna, S zarówno w przodzie, jak i tyle rękawa powinno być takie samo.

Narysuj boki i dół rękawa, łącząc podniesione krawędzie z oryginalnymi bokami i dołem. Jeżeli nie planujesz lampasa, rękaw jest już gotowy.

» KROK 8.

Nanieś znaczniki na krawędzie rękawa. Zaczynając od dekoltu, odmierz te same długości, w jakich postawiłaś znaczniki na liniach pachy na przodzie i z tyłu bluzy.

T – ustal szerokość lampasa i rozetnij rękaw na trzy części. Lampas nie musi być idealnie na środku, u mnie jest przesunięty nieco na przód i ma szerokość T = 4 cm.

Podpisz wszystkie elementy, abyś wiedziała, gdzie jest przód, gdzie tył, gdzie góra i dół. Dokładnie opisz lampas, na szczycie ma profilowany kawałek dekoltu – nie zgub tej różnicy.

» KROK 9.

Przygotuj formy na brakujące elementy. Kieszeń, mankiety ściągaczowe do bluzy i kołnierz.

Rozmiary mojej kieszeni to U = 12 cm, W = 25 cm. Listewkę przygotuję z podwójnej warstwy dzianiny, dlatego mam na nią prostokąt dwa razy szerszy niż listewka, X = 7 cm.

Mankiet ściągaczowy. Moja dzianina jest mało elastyczna, dlatego nie wchodzi w rachubę opcja z mankietem węższym od rękawa, który będę rozciągał podczas szycia. W takiej sytuacji zastosuję mankiet z gumą w środku. Jego wysokość powinna być nieco większa od gumy, która ma 5 cm. Wykonam go ze złożonego na pół prostokąta, zatem Y = 12 cm.

Sprawdź, czy twoja dzianina pozwoli ci na mankiet taki jak w swetrze lub wdzianku. Jeśli też słabo się rozciąga, musisz wykonać ten sam zabieg co ja. Wtedy szerokość mankietu będzie równa szerokości dołu rękawa N.

Kołnierz. Jego szerokość powinna pokrywać się z dwukrotnością sumy dekoltów przodu i tyłu, stąd wymiar 2 x (I+J). Wysokość wybierz według uznania. Będziesz szyć go ze złożonej na pół dzianiny, dlatego Z to dwukrotność planowanej wysokości kołnierza. U mnie Z = 40 cm.

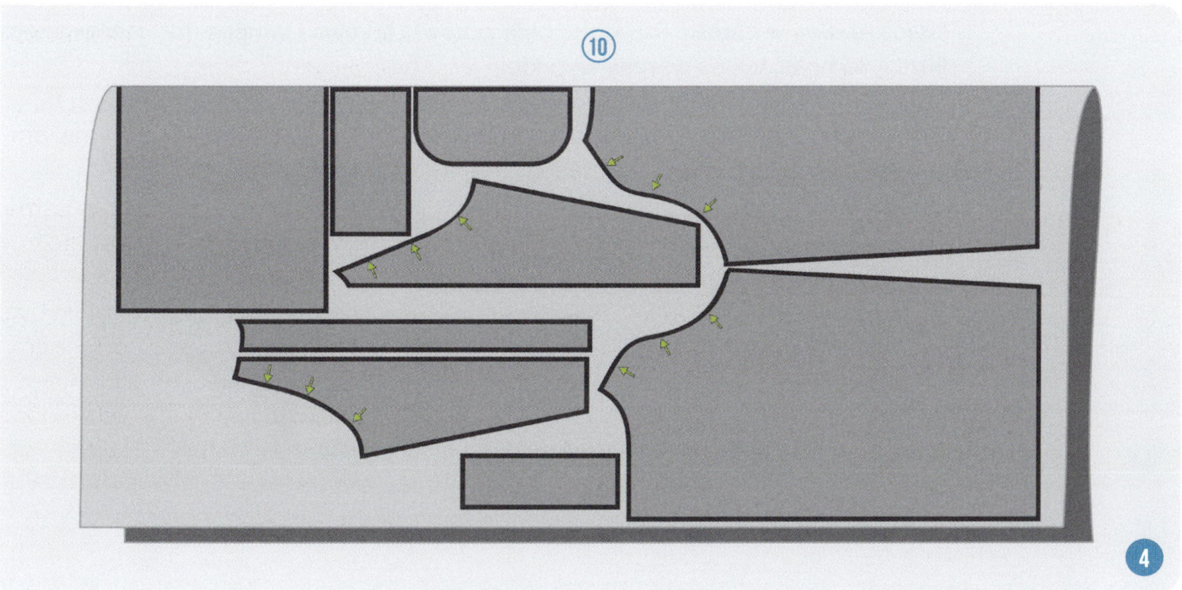

Skończyły mi się litery w alfabecie, ale na szczęście forma jest już gotowa. Pozostały naddatki na szwy i rozplanowanie ułożenia elementów na dzianinie.

» KROK 10.

Spójrz na ilustrację 4 na poprzedniej stronie, złóż dzianinę wzdłuż na pół, powinna bardziej rozciągać się wszerz elementów, czyli na ilustracji z góry na dół.

Do wszystkich elementów dodaj 1 cm naddatku na szwy dookoła, **z wyjątkiem linii środka tyłu**! Na grafice znajdziesz proponowane rozłożenie elementów na dzianinie. Zwróć uwagę, że formę na kołnierz złożyłem na pół i podobnie jak tył przyłożyłem do zagiętej krawędzi dzianiny.

Jeżeli nie będziesz kroić dzianiny według propozycji, pamiętaj, aby wyciąć rękawy lewy i prawy oraz połówki przodu lewą i prawą – bluza jest rozcięta z przodu.

SZYCIE

Pamiętaj o użyciu nici w kolorze, na jaki chcesz ufarbować bluzę!

» KROK 1.

Połącz rękawy w całość. Przygotuj obie połówki rękawa i lampas (fot. 1). Wyciąłem dłuższy lampas, tak na wszelki wypadek.

Zszyj lampas z częścią rękawa i zaprasuj oba naddatki na szwy w kierunku „na lampas" (fot. 2).

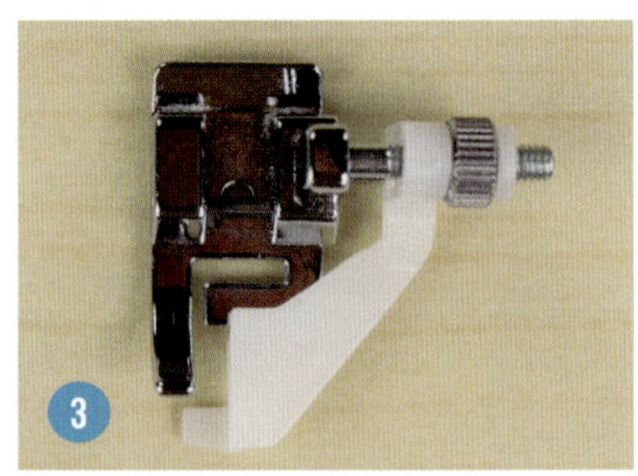

W wykonaniu równego przeszycia wzmacniającego pomoże ci stopka z prowadnikiem (**fot. 3**). Nie jestem pewien, czy to jej prawdziwe przeznaczenie, ale kogo to obchodzi, jeżeli może ona ułatwić wykonanie tego precyzyjnego zadania!

Ustaw igłę w pozycji na środku stopki, dostosuj prowadnik, ustawiając odległość, w jakiej chcesz wykonać szew od krawędzi. Szyj jak na **fot. 4**, prowadnik pozwoli ci utrzymywać szew w stałej odległości od krawędzi. Wykonaj przeszycie na lampasie, aby przyszyć naddatki zaprasowane pod spodem.

Rada » Kiedy dodajemy naddatki na szwy na spiczastych elementach, trudno czasem równo je ze sobą złożyć podczas szycia. Spójrz na **fot. 5** przedstawiającą zbliżenie na spiczastą końcówkę lampasa i tylnego elementu rękawa. Składaj ze sobą spiczaste elementy tak, aby ich krawędzie krzyżowały się dokładnie w tym miejscu, gdzie zrobisz szew.

Doszyj kolejny element rękawa i wykonaj przeszycie na wierzchu. Lampas został już doszyty do rękawa (**fot. 6**). To samo zrób z drugim rękawem.

4

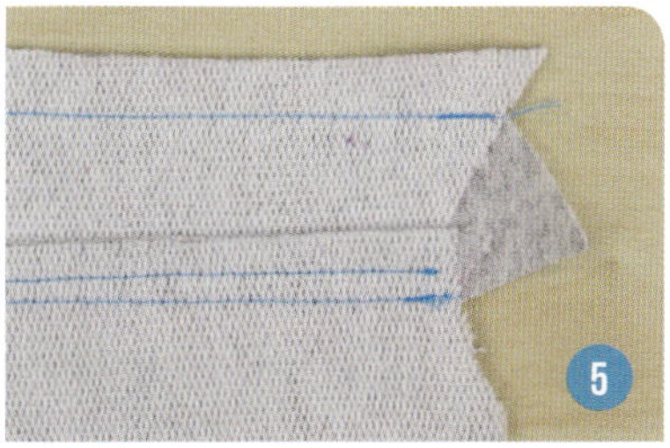

5

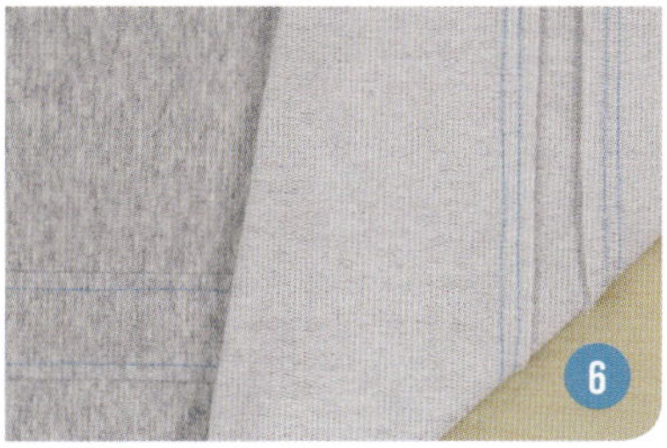

6

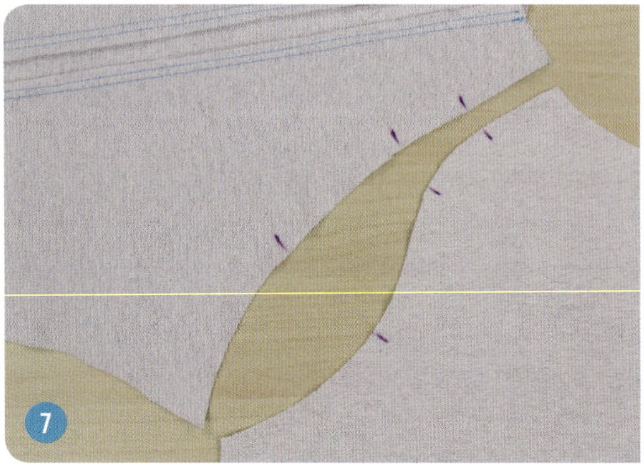
7

8

» KROK 2.

Przygotuj rękaw i przód bluzy z naniesionymi znacznikami (fot. 7). Najpierw zepnij ze sobą znaczniki (fot. 8), a następnie dodaj szpilki pomiędzy nimi (fot. 9).

Zszyj rękawy z połówkami przodu i z tyłem (fot. 10). Wykonaj wzmacniające przeszycia na wierzchu każdego szwu.

» KROK 3.

Złóż ze sobą połówkę przodu i tył tak, aby rękaw złożył się dokładnie na pół, i zszyj krawędź rękawa i bok bluzy (fot. 11). Zwróć uwagę, aby szwy pod pachą trafiły na siebie. Zszyj drugi bok i rękaw.

9

10

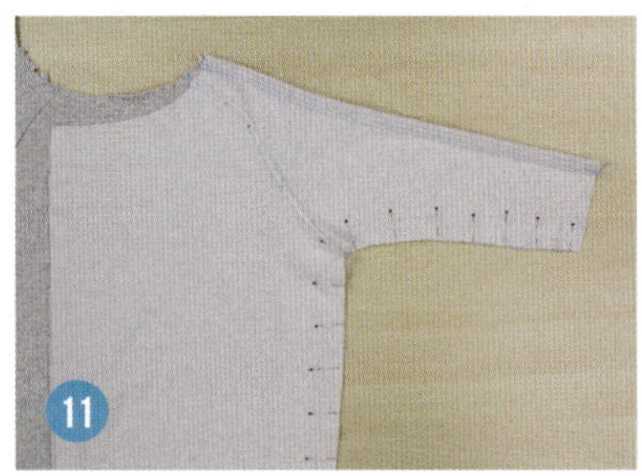
11

» KROK 4.

Pora na mankiety. Złóż prostokąt na pół w poprzek wymiaru N. Zszyj krótsze krawędzie, zostawiając szczelinę na wciągnięcie gumy. Spójrz na fot. 12. Linia przerywana wyznacza środek wysokości mankietu, szczelina w szwie powinna wypaść około 1 cm poniżej tej linii.

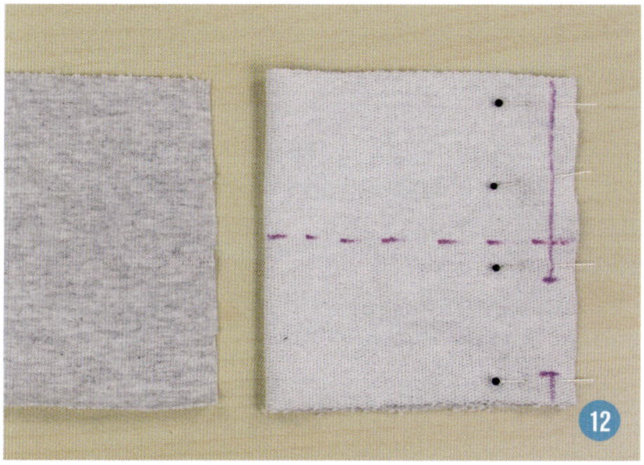

Po zszyciu zaprasuj naddatki na boki i wykonaj na nich przeszycie wzdłuż szwu, aby przyszyć naddatki do mankietu.

Wywiń mankiety do połowy (fot. 13). Wsuń mankiet do rękawa tak, aby szczelina była po wewnętrznej stronie mankietu (fot. 14). Doszyj mankiety tak, aby szew na nich wypadał mniej więcej równo ze szwem na rękawie. Wciągnij gumę agrafką.

Jeśli pozwoli ci na to obwód, zaszyj ją płasko i wsuń do mankietu. Gotowe (fot. 15).

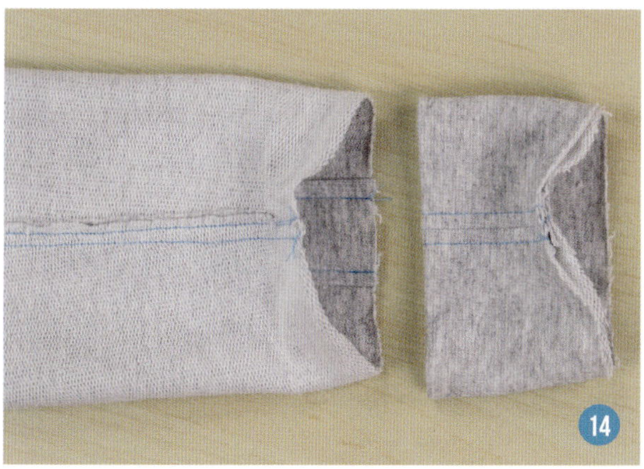

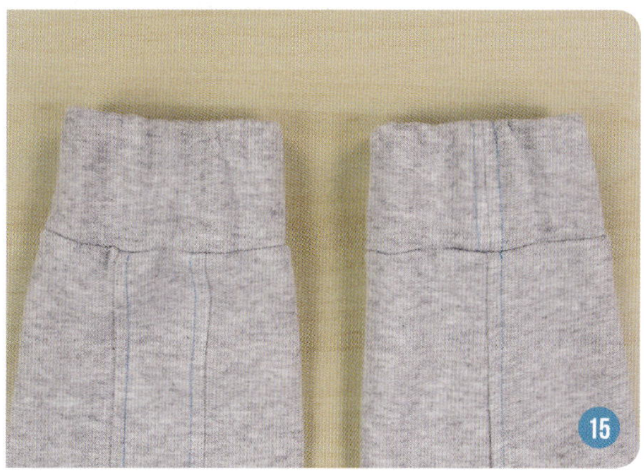

» KROK 5.

Nabij oczka. Tunel na sznurek zrobisz na szczycie kołnierza i dole bluzy, zatem oczka musisz nabić na kołnierzu i na dole bluzy. Tunele zaplanowaliśmy na 4 cm szerokości.

Wyznacz środek wysokości kołnierza, tu, gdzie będzie jego górna krawędź po złożeniu formy na pół (linia przerywana na fot. 16 i 17).

Zaplanuj położenie oczka (fot. 17). Listwa, którą dodałaś na środku przodu, w kroku 2. podczas tworzenia formy, miała 12 cm. Te 12 cm złożysz na pół podczas szycia bluzy. Oczko powinno wypaść poza listwą. Umieść je nieco dalej niż 12 cm od krawędzi środka przodu; 4 cm od górnej krawędzi kołnierza (linia przerywana na fot. 17) wykonasz przeszycie tworzące tunel, umieść oczko tak, aby wypadło mniej więcej na środku tego tunelu, czyli 0,5–1 cm pod linią zagięcia kołnierza.

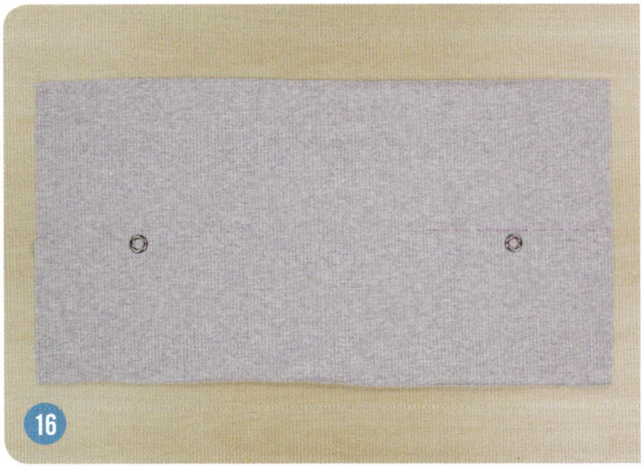

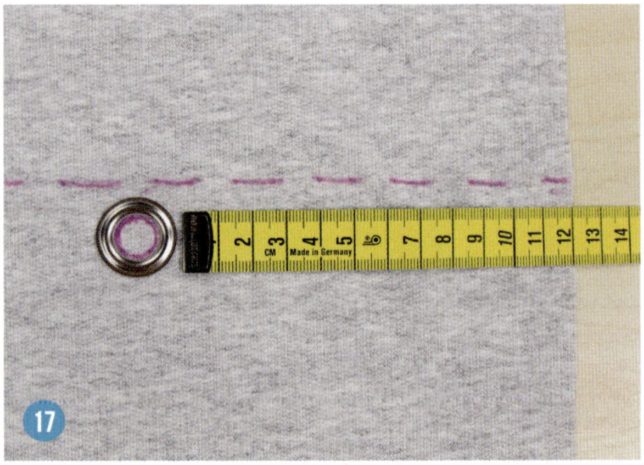

Położenie oczka na dole bluzy jest podobne jak w kołnierzu. Więcej niż 12 cm od pionowej krawędzi środka przodu. Dół bluzy podwiniesz o szerokość tunelu + 1 cm na szew, czyli o 5 cm. Oczko powinno być nabite nieco wyżej niż te 5 cm, aby wypadło na środku szerokości tunelu (fot. 18).

Narysuj rozmiar wewnętrznej średnicy oczka i podziel go na ćwiartki (fot. 19).

Przygotuj podkładkę do nabijania oczek, rynienką do góry oraz dwie części oczka (fot. 20). Wytnij otworek znacznie mniejszy niż wewnętrzna średnica oczka, aby nie wypadło w praniu (fot. 21).

Teraz uwaga: w oczku można dowolnie wybrać, która strona jest prawa, a która lewa. Na próbę nabij oczko na jakimś materiale i wybierz, która strona podoba ci się bardziej.

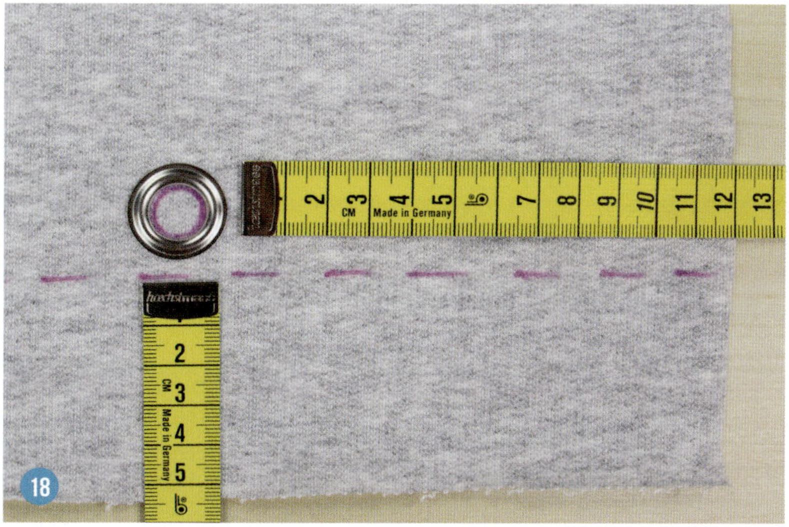

18

19

20

Połóż element z szyjką na podkładce szyjką do góry (fot. 22). Naciągnij na szyjkę dziurkę wyciętą w dzianinie (fot. 23).

Wsuń drugi płaski element oczka na szyjkę (fot. 24).

Przyłóż klin tak, aby jego wystająca część znajdowała się wewnątrz szyjki (fot. 25), i uderz kilka razy młotkiem (fot. 26). Gotowe, oczka nabite!

21

22

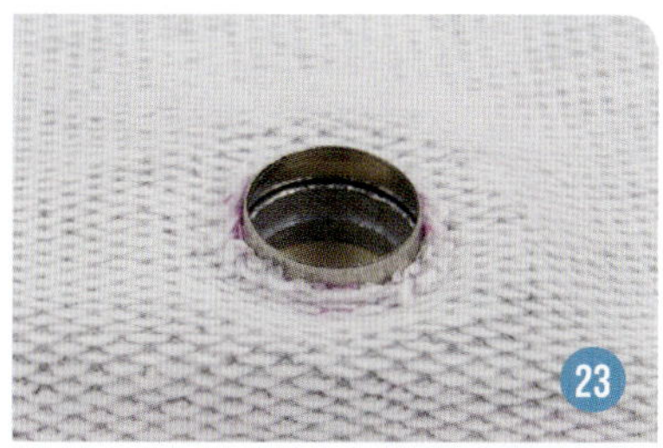
23

24

25

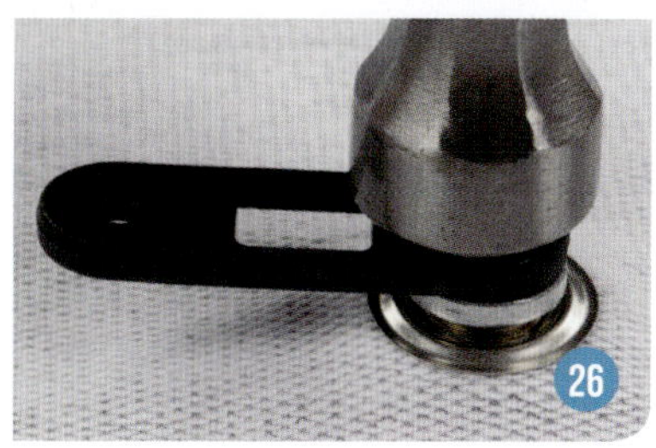
26

» KROK 6.

Najpierw małe wyjaśnienie: po nabiciu oczek okazało się, że mierząc obwody dekoltów podczas konstruowania formy, zapomniałem zmierzyć szerokość listwy dodanej na środku przodu. W związku z tym wyciąłem za krótki kołnierz. Ech! Zdarza się. W pierwszej chwili chciałem wyciąć od nowa, ale się zatrzymałem. Właściwie dlaczego miałbym się nie przyznać do tego, że popełniam takie błędy? Poza tym to świetna okazja, by pokazać, że takie pomyłki mogą prowadzić do szukania ciekawych rozwiązań i często wpływają na modyfikację projektu. **To właśnie nazywam projektowaniem pod igłą**.

Postanowiłem rozciąć kołnierz na pół i na środku tyłu dosztukować brakujący fragment. Wzmocniłem efekt, robiąc przeszycia na wierzchu. Teraz tył kołnierza nie jest płaski. Oczywiście w instrukcji robienia formy na początku rozdziału tego błędu już nie popełniłem, więc twój kołnierz jest w porządku.

Kolejnym krokiem będzie doszycie kołnierza do dekoltu. Zwróć uwagę, że oczka są nabite nieco bliżej jednej krawędzi. To tę krawędź doszyj do dekoltu (fot. 27 i 28). Wyznacz środek dekoltu tyłu i środek kołnierza i zacznij upinanie od tego miejsca (fot. 27). Po doszyciu zaprasuj naddatki na szwy **na kołnierz**.

27

28

» KROK 7.

Przyszyj tasiemkę, aby zakryć krawędź buzy. Proponuję to z czysto estetycznych względów – bluza jest rozcięta z przodu. Kiedy będziesz nosić ją rozpiętą, taka taśma będzie ładnie wyglądać, to są już naprawdę porządne wykończenia – diabeł tkwi w szczegółach.

Przypnij tasiemkę na prawej stronie dzianiny, wzdłuż pionowej krawędzi środka przodu. Zwróć uwagę, że nie ma konieczności doszywać jej na całej długości. Wystarczy, aby wchodziła kilka centymetrów na kołnierz, a na dole doszyj ją tylko do przerywanej linii, nad którą nabiłaś oczko (fot. 29).

Przypnij tasiemkę tak, aby zasłoniła krawędź dzianiny i wystawała tylko o 2–3 mm, przyszyj ją na krawędzi (fot. 30). Szyjąc, zwróć uwagę, aby naddatki w szwie między kołnierzem a dekoltem **przyszyć ułożone na kołnierz**. To samo zrób z drugą połówką przodu.

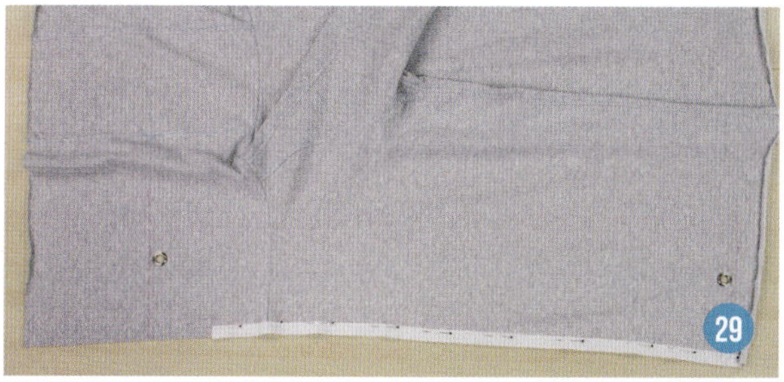
29

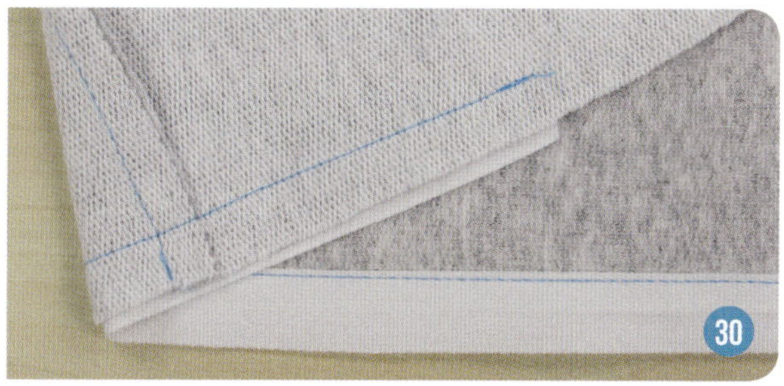
30

» KROK 8.

Kołnierz. To nie będzie nic nowego. Zrobisz go dokładnie na takiej samej zasadzie jak w płaszczyku z poprzedniego rozdziału.

Najpierw podwiń o 1 cm krawędź kołnierza, tę przeciwną do tej doszytej do dekoltu. Zaprasuj ją z prawej strony dzianiny na lewą. Następnie złóż kołnierz wzdłuż na pół tak, aby prawa strona dzianiny znalazła się wewnątrz, a zaprasowana krawędź pokryła się ze szwem wokół dekoltu (fot. 31).

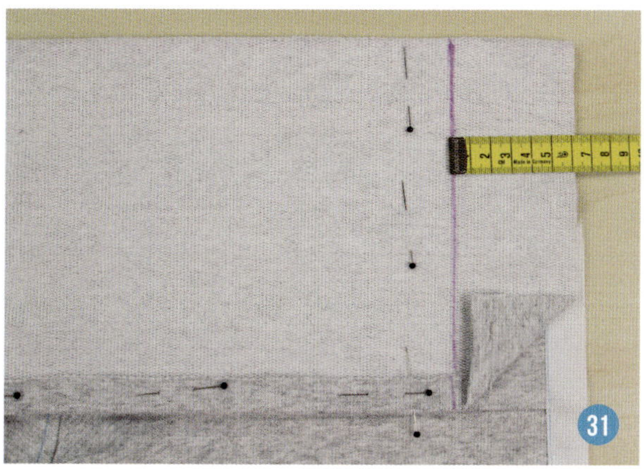
31

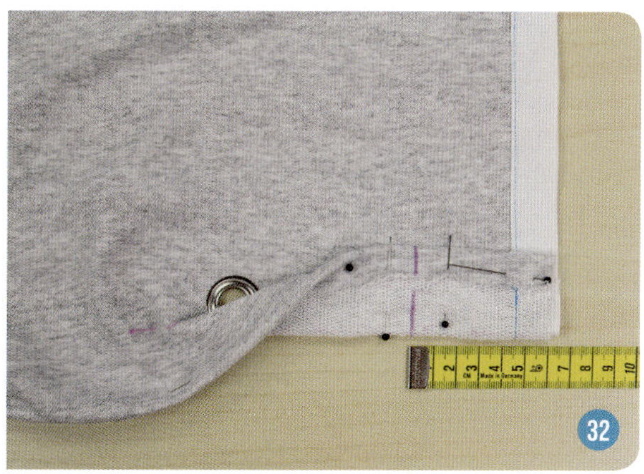
32

W odległości 6 cm od krawędzi (szerokość listwy) wykonaj przeszycie tylko na kołnierzu. Pamiętasz, robiłaś to samo w płaszczu. Na fot. 31 na poprzedniej stronie szew powinien być tam, gdzie fioletowa linia.

» KROK 9.

Tunel na dole. Krawędź dołu podwiń i zaprasuj o 1 cm z prawej strony na lewą.

Następnie wykonaj manewr podobny do kołnierza – wywiń krawędź dołu o 4 cm (szerokość tunelu) z lewej strony na prawą (fot. 32 – poprzednia strona). Wykonaj przeszycie 6 cm od krawędzi środka przodu (fioletowa linia na fot. 32).

» KROK 10.

Po przeszyciu kołnierza i dołu, na prawej i lewej połówce przodu, wywiń je na prawą stronę (fot. 33–35).

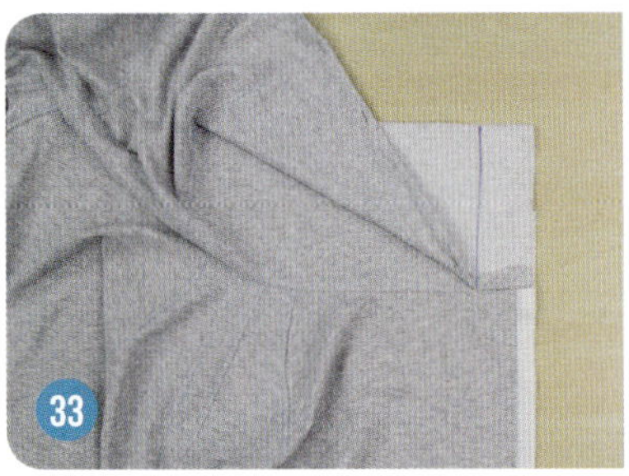

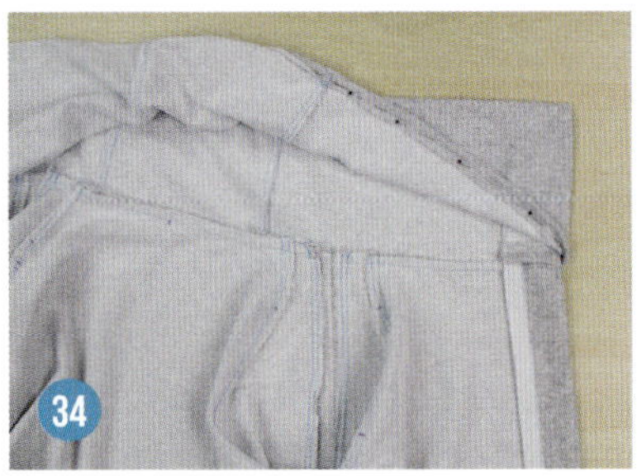

Zaprasuj kołnierz, tunel na dole bluzy i pionowe krawędzie. Zepnij je dookoła bluzy, podobnie jak w płaszczu (fot. 36–38). Wykonaj przeszycie dookoła: na wewnętrznej krawędzi tunelu, na krawędzi listew wykończonych taśmą (tu szyj na krawędzi taśmy) i na dolnej krawędzi kołnierza. W rogach zakręcaj na wbitej igle.

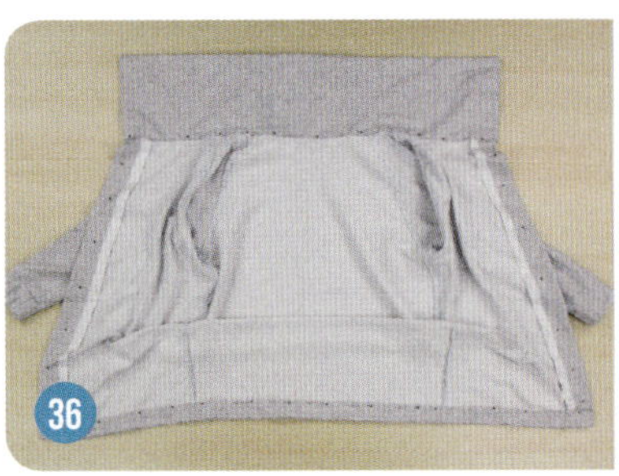

I znów nie przejmuj się szczelinami przy kołnierzu i tunelu, które ostatecznie zakryjesz zapięciem. Przygotujesz je w kolejnym kroku.

» KROK 11.

Zapięcie z nap i taśm. Naszyj węższą kolorową taśmę na szerszą białą (fot. 39).

Przygotuj dwa kawałki białej tasiemki oraz dwa kawałki zszytych tasiemek o długości krawędzi bluzy od kołnierza do tunelu na dole (fot. 40) – po parze na każdą stronę zapięcia. Przed cięciem uprasuj tasiemki żelazkiem z parą lub przez mokrą szmatkę, ponieważ lubią się mocno skurczyć. To będzie coś w rodzaju dekatyzacji.

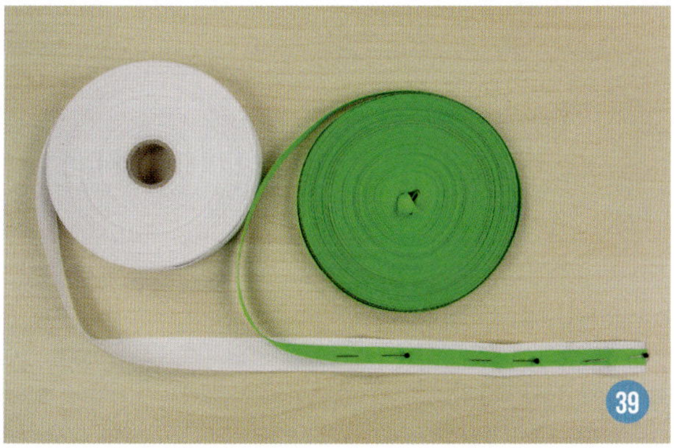
39

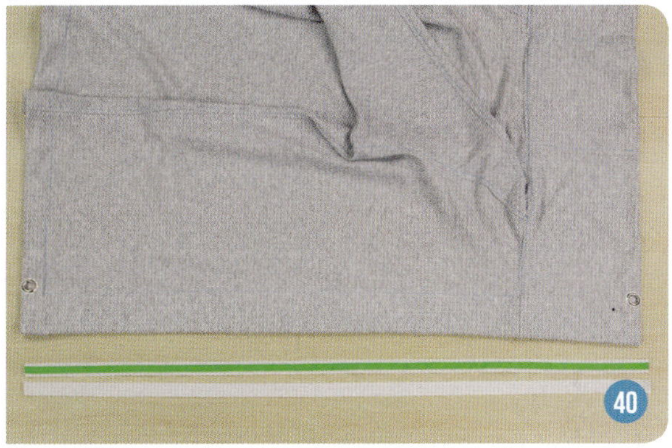
40

Połóż białą tasiemkę na zszytych tasiemkach i zszyj je na krótszych krawędziach (fot. 41). Następnie zawiń białą tasiemkę pod spód i zaprasuj, chowając między tasiemkami naddatek na szwy. Zszyj je na długich krawędziach (fot. 42). Jak widać na zdjęciu, nie ma potrzeby przejmować się krzywymi szwami, w końcu to rękodzieło!

Tasiemki będą teraz nieco krótsze niż bluza, tak ma być.

41

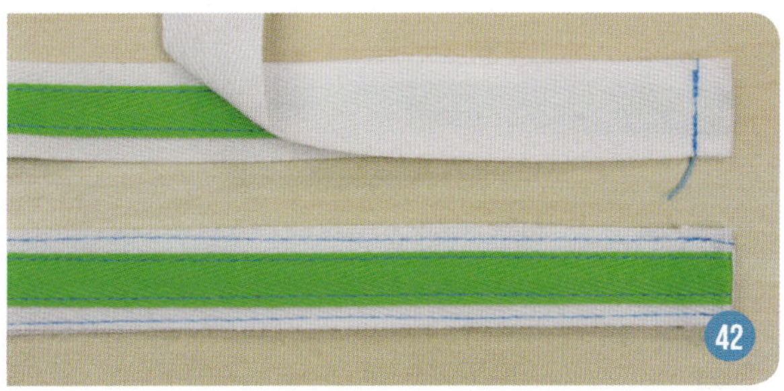
42

Rozplanuj położenie nap (fot. 43). Proponuję trzy na kołnierzu: jedną na tunelu na dole, a pozostałe w równych odstępach pomiędzy tymi czterema.

Zaznacz umiejscowienie na taśmie i nabij napy według instrukcji z rozdziału o płaszczu (fot. 44). Nabij je tak, aby elementy z miseczkami wylądowały po tej stronie, po której jest doszyta kolorowa tasiemka.

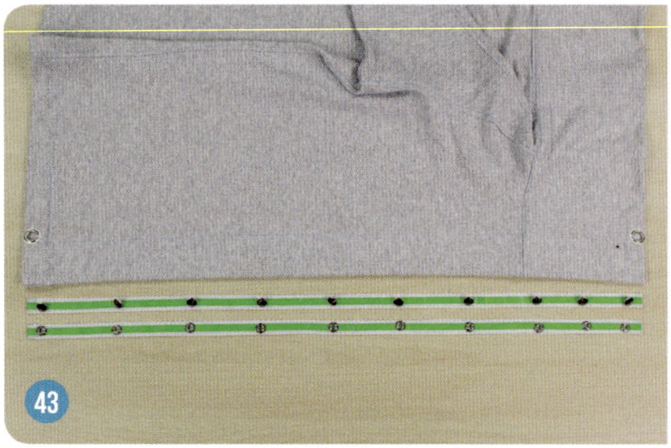

Przypnij taśmy na środku listwy na lewej i prawej połówce bluzy (fot. 45). Przyszyj taśmy. Możesz szyć na dwa sposoby – robiąc kwadraciki, tak jak ja, i nie przejmując się tym, że będą nieco krzywe (fot. 46), lub robiąc przeszycia na taśmie tylko nad napą i pod nią. Te przeszycia będą stanowić element ozdobny, zachęcam cię do kwadratów. Aby były w miarę podobne do siebie, zawsze szyj w tej samej odległości do napy. Szyłem z igłą na środku tak, że krawędź stopki stykała się z krawędzią napy i wręcz liczyłem uderzenia igły. Zapięcie gotowe! Uwielbiam, jak napy klekoczą w ruchu.

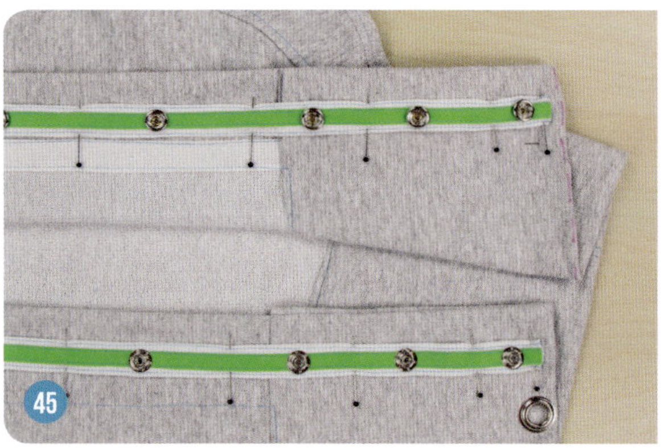

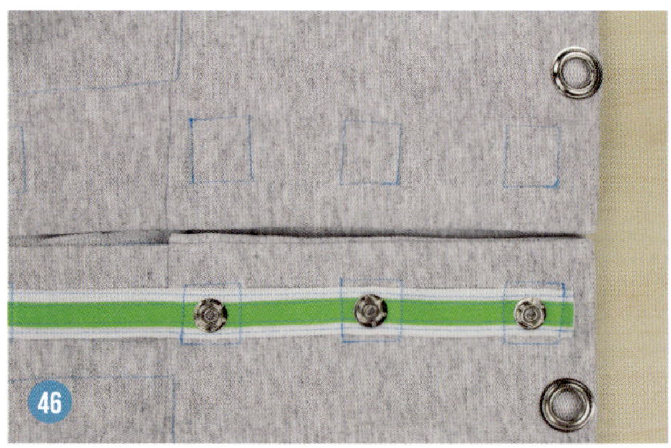

» KROK 12.

Wykonaj przeszycie 4 cm od górnej krawędzi kołnierza, tworząc tunel na sznurek (fot. 47 i 48), na fotografii widać szwy powstałe po dosztukowaniu kołnierza z tyłu.

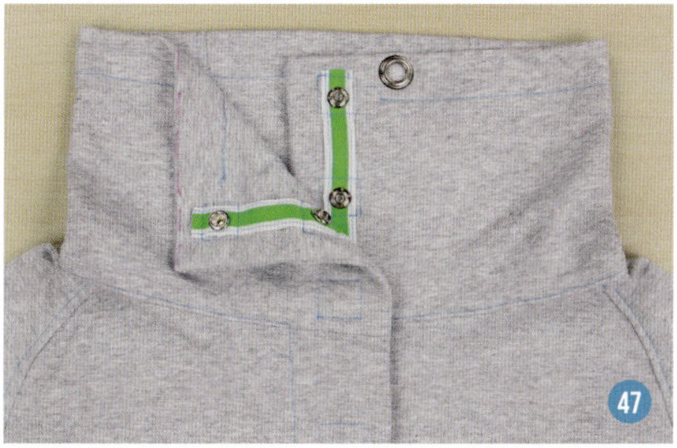
47

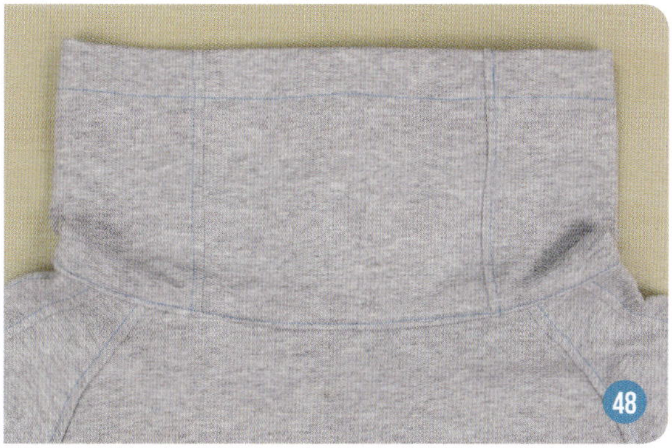
48

» KROK 13.

Kieszenie. Listewkę złóż wzdłuż na pół i wykonaj kilka przeszyć w równych odstępach od siebie. Pamiętaj, że doszyjesz ją do kieszeni, stąd większa przerwa między ostatnim szwem a surowymi krawędziami (fot. 49).

Doszyj listewkę do kieszeni (fot. 50) i wykonaj przeszycie wzmacniające na wierzchu.

Zaprasuj krawędzie kieszeni o 1 cm na lewą stronę (fot. 51).

49

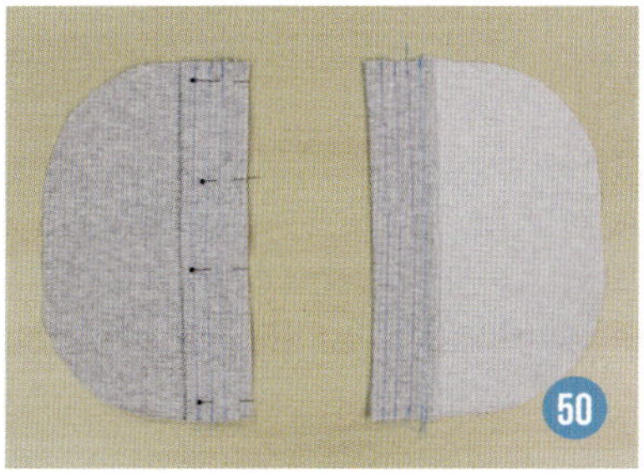
50

51

Umieść kieszeń na bluzie i gęsto przypnij szpilkami (fot. 52 – następna strona).

Przyszyj kieszeń. Pamiętaj, aby doszyć też kawałek krawędzi listewki, wtedy nic nie wypadnie z kieszeni (fot. 53 – następna strona).

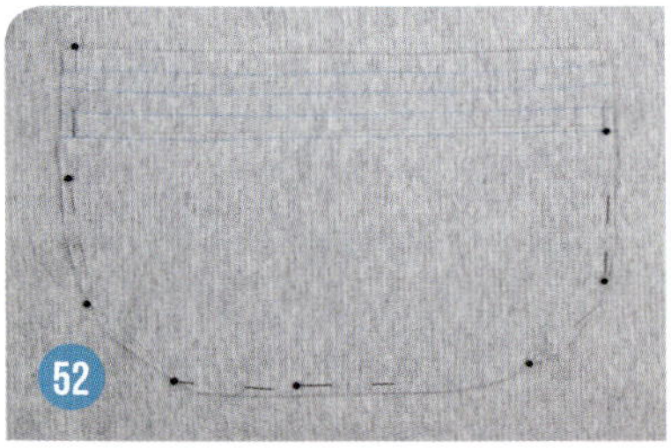

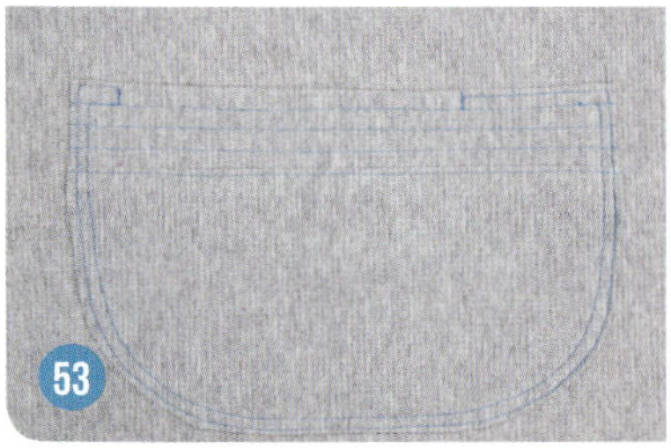

BLUZA GOTOWA DO FARBOWANIA! Pamiętaj, aby ufarbować też sznurek (fot. 54).

» KROK 14.

Farbowanie. Są dwa sposoby: w pralce lub w garnku. Ja zawsze farbuję w pralce, ponieważ to zapewnia równomierne rozłożenie koloru, gdyż ubranie cały czas jest w ruchu w bębnie. Farbowanie w garnku niesie ryzyko pojawienia się plam i przebarwień, gdyż ubranie leży zmięte w jednej pozycji przez większość czasu. Nie martw się o pralkę, nie zniszczy się. Przeczytaj instrukcje na opakowaniu barwnika i postępuj zgodnie z nimi. Zdarza się, że barwnik farbuje nieco plastik, więc dla bezpieczeństwa wlej go bezpośrednio do bębna i spłucz małą ilością wody, żeby nie wszedł od razu w kontakt z bluzą, którą włożysz do pralki. Bluza musi być dobrze nasączona wodą, nie sucha. Wybierz długi cykl prania, a temperaturę wody ustaw między 60 a 90 stopni. Po farbowaniu wyszoruj bęben płynem do naczyń i wrzuć do prania szmaty, aby dokładnie wypłukać z bębna ewentualne resztki kolorowej wody.

» KROK 15.

Agrafką wciągnij sznurek do tunelów w kołnierzu i na dole bluzy (fot. 55).

Podczas farbowania dzianina nieco się skurczyła, dając efekt „spulchnionych szwów". Wszystkie niedociągnięcia są mniej widoczne (fot. 56).

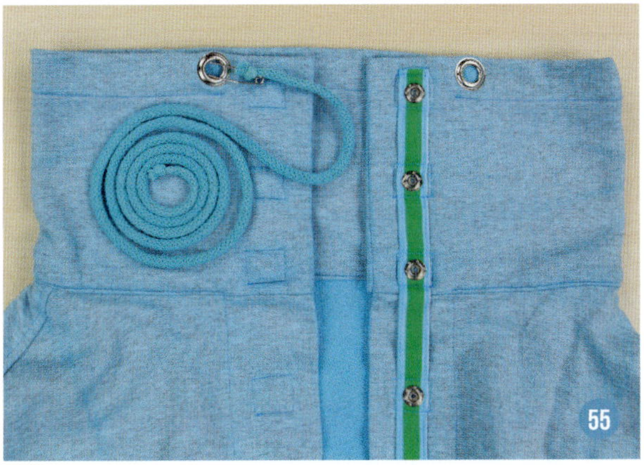

55

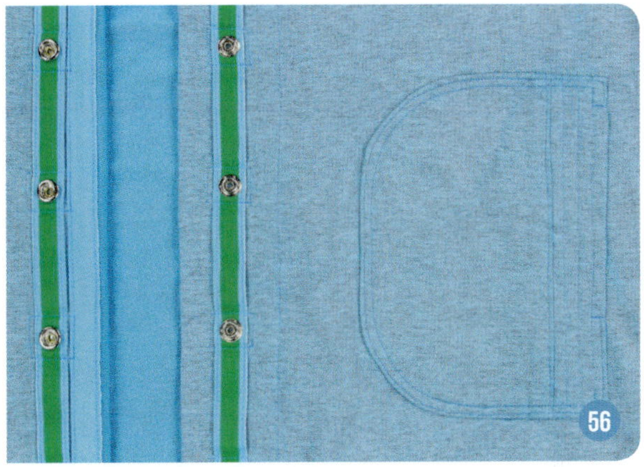

56

GOTOWE!!!!!!!!!!!!!!!!!!!!! Nie mogę uwierzyć, że to już ostatnie zadanie. Udało się?

Mam nadzieję, że czytasz to, czekając, aż pralka skończy farbowanie. A kiedy skończy, aż przechodzą mnie ciarki na myśl o energii, z jaką wypadniesz na ulicę. Promieniuj zadowoleniem z siebie! I każdemu, kto zapyta, chwal się, że to jest twoja, jedyna, wyjątkowa bluza. Długo ćwiczyłaś i bardzo się napracowałaś, aby ją uszyć. GRATULUJĘ!

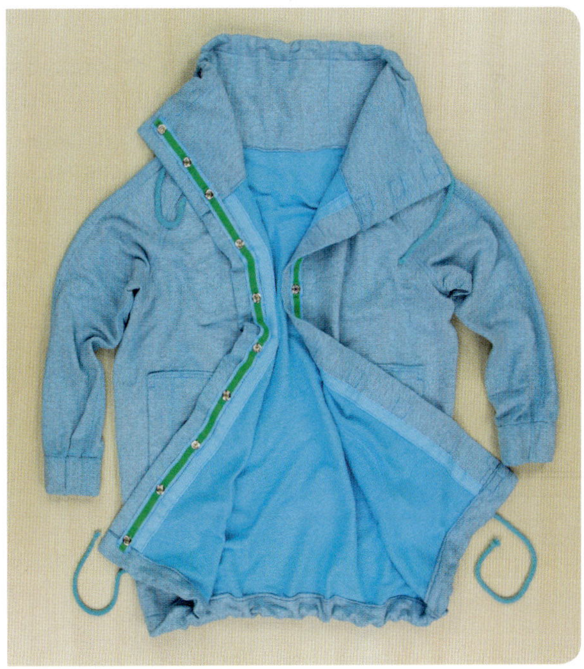

Zanim się pożegnamy, spójrzmy wstecz, aż na początek. Kiedy brałaś tę książkę do ręki, być może jeszcze nigdy nie siedziałaś przed maszyną do szycia. Dziś już wiele wiesz, uszyłaś kilka świetnych ciuchów i prawdopodobnie doszłaś do wprawy w poszczególnych czynnościach: rysowaniu form, spinaniu i zszywaniu poszczególnych elementów.

OSTATNIE PODSUMOWANIE

- Nauczyłaś się szyć na maszynie! Yeah!
- Nauczyłaś się robić wykroje do dzianinowych asortymentów! Yeah!
- Poznałaś masę wykończeń i kilka trików krawieckich.
- Zaprojektowałaś i wykonałaś nadruk.
- Eksperymentowałaś z farbowaniem ubrań.
- Stworzyłaś aplikacje.
- Nabijałaś napy i oczka, szyłaś tunele, golfy, kaptury, kieszenie, wszywałaś rękawy i ściągacze!
- W tym długim procesie nauczyłaś się dobierać materiał do formy, pewnie teraz już go „czujesz".
- Prawdopodobnie nieraz coś poszło niezgodnie z planem, a wyjaśnienia nie znalazłaś w książce i w związku z tym musiałaś coś sama wykombinować. Świetnie! Zaczęłaś rozwijać własną ścieżkę w szyciu, tworząc swoje rozwiązania, a to najlepsza i najciekawsza droga, jaką mogłaś wybrać!

Jeżeli podobała ci się ta podróż, wiele jeszcze przed tobą. Szycie i projektowanie to hobby, które nigdy się nie kończy, bo jest mnóstwo możliwości i rozwiązań:

- możesz zapisać się na kurs;
- śledzić w internecie porady wielu zdolnych osób;
- korzystać z magazynów z gotowymi wykrojami.

Jeżeli polubiłaś mój sposób tłumaczenia, nie musimy się rozstawać, każdego miesiąca znajdziesz coś nowego na moim blogu **www.pracowniajanlesniak.pl**. Zatem to nie musi być koniec!

Żegnam się bez przytaczania kolejnej historii, życie dopiero ją napisze. Bardzo dziękuję, że wybrałaś tę książkę. Mam nadzieję, że jesteś z tego wyboru zadowolona. Mam również nadzieję, że szycie spodobało ci się na tyle, aby tę przygodę kontynuować. **Trzymam kciuki i życzę PROSTYCH ŚCIEGÓW**!

ROZDZIAŁ 17

Shopperka na deser

ZADANIE 15

Shopperka na deser

A jednak to jeszcze nie koniec!

Droga Czytelniczko, trzymasz w rękach drugie wydanie mojej książki, co oznacza tylko jedno: UDAŁO SIĘ! „O szyciu" zostało dobrze odebrane i trafiło do wielu osób, tak wielu, że rynek zażądał kolejnych egzemplarzy. Aby uczcić ten sukces, postanowiłem na deser zaserwować jeszcze jeden rozdział.

Od premierowego wydania książki w moje szpony wpadło niesamowite tworzywo: papier wodoodporny. Nie mogłem przejść obok niego obojętnie – postanowiłem przeprowadzić z nim eksperyment krawiecki. Efekt przedstawiam właśnie w tym rozdziale.

Dowiesz się:

- co to jest papier wodoodporny;
- jak należy go szyć, miąć i prać;
- jak wykonać solidne, grube uchwyty w torbie;
- jak wykonać ozdobne zawieszki.

Przygotuj:

- pół arkusza papieru wodoodpornego o wymiarach 100 cm x 75 cm;
- 0,5 m dżinsu, najlepiej wodoodpornego; można też użyć zwykłego grubego dżinsu;
- 1,5 m poliestrowej taśmy nośnej szerokiej na 3–4 cm lub taśmę parcianą (dostępna w sprzedaży w pasmanterii);
- matę samogojącą i ostry nóż introligatorski;
- uniwersalne igły do maszyny (do szycia papieru użyj grubości 75 lub 80, do szycia uchwytów przygotuj rozmiar 90);
- linijkę, mydło krawieckie, szpilki, nici i igłę do szycia ręcznego;

- kilka klipsów malarskich do przytrzymania warstw podczas szycia lub klej tymczasowy w spreju;
- kawałek termofolii do wykonania przywieszek.

Być może większość Czytelniczek nie słyszała jeszcze o papierze wodoodpornym. Tym osobom, które nie miały dotychczas kontaktu z tym materiałem, śpieszę z wyjaśnieniem. To specjalne tworzywo powstałe na bazie celulozy, powlekane i impregnowane różnymi cudami, dzięki czemu tenże papier staje się odporny na wodę i targanie. Występują różne określenia tego tworzywa, ale moim absolutnym faworytem jest nazwa „skóra dla wegan", ha, ha! Przewrotne to, ale prawdziwe. Choć z wyglądu przypomina papier, to zachowuje się podobnie jak skóra, szczególnie gdy zmoknie. A co ważne, żadne zwierzątko nie ucierpiało podczas jego produkcji. Poszukując tego materiału w sieci, wystarczy wpisać w wyszukiwarkę *washable kraft paper* lub po prostu *papier wodoodporny*. Na pewno szybko wyświetlą się różne strony, na których opisano czy udostępniono do sprzedaży właśnie papier wodoodporny.

W deserowym rozdziale pokażę, jak uszyć torbę shopperkę, czyli podkręconą wersję torby, którą opisałem jako pierwsze ćwiczenie do wykonania. Ale żeby było ciekawiej, papier połączymy z dżinsem.

Zapewne zauważysz nieco inny styl fotografii. Masz rację, zdjęcia do tej instrukcji bowiem wykonała Kamila fotografka.pl, która sfotografowała dziewczyny w gotowych ubraniach z poprzednich rozdziałów. Dzięki temu mogłem używać rąk, co mam nadzieję ułatwi zrozumienie wykonywania kolejnych czynności. Przygotowując się do tego zadania, najpierw wykonałem prototyp torby, aby przetestować papier pod igłą. Jej prototyp widnieje na **fot. 15**. Szyjąc podczas sesji zdjęciowej, wprowadziłem kilka korekt, dlatego torba przedstawiona na zdjęciu w instrukcji różni się w szczegółach od tej na finałowym ujęciu. Można więc pobawić się w zabawę „znajdź różnice". **Działajmy zatem!**

FORMA

Na **ilustracji 1** są podane wymiary poszczególnych elementów, naddatki na szwy są wliczone (z jednym wyjątkiem – patrz opis niżej).

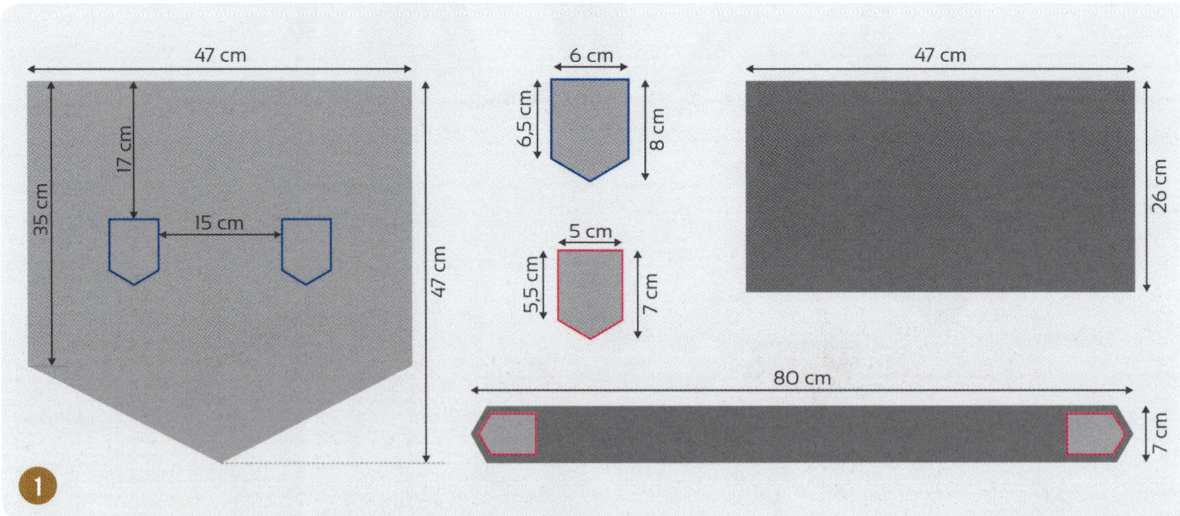

- Jasnoszary element to forma na bok torby z papieru. Wytnij dwa takie elementy.
- Ciemnoszary prostokąt to forma na dno torby z dżinsu, również wytnij dwa takie elementy.

- Jasnoszary element z niebieskim obrysem to forma na podkładkę pod uchwyt, wytnij 4 takie elementy z papieru. Na elemencie boku torby zaznaczyłem położenie tych podkładek.
- Jasnoszary element z obrysem różowym to forma na końcówkę uchwytu do torby, bez wliczonego naddatku na szwy.
- Ciemnoszary pasek to forma uchwytu. Forma na końcówkę powinna być ułożona w odstępie 1 cm od krawędzi paska.

SZYCIE

Najpierw wykonaj elementy z dżinsu.

» KROK 1.

Zacznij od przygotowania uchwytów (**fot. 1**) . Wycięty element z dżinsu obrzuć owerlokiem lub szwem owerlokowym na zwykłej maszynie. Utnij 64 cm taśmy nośnej i przypnij ją dokładnie na środku paska. Kiedy formę końcówki uchwytu ułożysz w odstępie 1 cm od krawędzi paska, między taśmą a formą powinno być około 3 cm odstępu. To ważne, ponieważ uchwyt będzie wtedy ładnie się układał po przyszyciu.

Zagnij krawędzie paska na taśmę nośną i przyfastryguj je (**fot. 2**). Możesz to zrobić tak, aby się zetknęły na środku, lub pozostawić między nimi niewielką szczelinę.

Włóż igłę o rozmiarze 90 do maszyny. Zszyj krawędzie dżinsu i taśmę nośną (fot. 3).

Zaprasuj i sfastryguj krawędzie końcówek. Możesz to zrobić, kopiując wykonanie z fot. 4, czyli zaprasuj dokładnie taką samą szerokość krawędzi jak ta naszyta na taśmę – wtedy otrzymasz węższe końcówki (jak na fot. 7, 8 i 11).

Jeżeli chcesz, aby końcówki były szersze, w poprzednim kroku musisz zaprasować węższe krawędzie na taśmę lub użyć szerszej taśmy nośnej. Dla porównania szersze końcówki zostały przedstawione na fot. 15, gdzie pokazałem prototyp.

Po zaprasowaniu wszystkich krawędzi złóż pasek na pół i sfastryguj fragment z wszytą taśmą nośną (fot. 4). Zszyj złożony pasek **tylko na długości taśmy nośnej**.

3

4

» KROK 2.

Zabezpiecz krawędzie pozostałych elementów z dżinsu. W każdym z nich zaprasuj jedną z dłuższych krawędzi o 1 cm na lewą stronę i przeszyj (fot. 5).

» KROK 3.

Czas na papier! Po wycięciu boków torby z papieru zaznacz na nich położenie podkładek (fot. 6) według wymiarów z ilustracji 1. Użyj do rysowania mydła krawieckiego – łatwo je usuniesz za pomocą pary z żelazka lub wilgotnej szmatki.

Naszyj podkładki. Aby się nie przesuwały podczas szycia, przyklej je we właściwych miejscach klejem tymczasowym lub użyj niewielkiej ilości zwykłego kleju do papieru.

Ważne! » Papier prawie nie różni się lewą i prawą stroną, jednak podczas szycia szew zdecydowanie lepiej wygląda na wierzchu niż pod spodem. W prototypie (**fot. 15**) przyszyłem podkładki na lewej stronie papieru. Aby szew na prawej stornie torby był ładny, musiałem przykleić podkładki na lewej stronie i szyć po prawej „na ślepo", tzn. nie widząc tych podkładek – to dosyć trudne. Prościej będzie naszyć podkładki na prawej stronie, a przy tym będą stanowić element dekoracyjny.

Rada » Do szycia papieru i zszywania papieru z dżinsem użyj ostrej igły o grubości 80 lub 75, aby w papierze nie powstały za duże dziurki. Papier szyj zwykłymi nićmi. Bardzo ważne, by ścieg nie był zbyt gęsty, ponieważ papier mógłby się rozedrzeć, gdyby wiele dziurek znalazło się koło siebie. Ustaw długość ściegu na 3,5 mm. Wykonując mocowania, upewnij się, że maszyna podczas szycia wstecz i w przód trafia igłą w te same dziurki.

Ważne! » Papier, podobnie jak skórę, szyjemy tylko raz, nie ma możliwości poprawek czy prucia, ponieważ dziurki utworzone przez igłę zostają już na zawsze. Ustaw wolne tempo w maszynie i skoncentruj się. Całe szczęście, że na papierze łatwiej wykonać proste przeszycie niż na materiale.

Rada » Gdyby sztywność papieru utrudniała szycie, możesz za pomocą spryskiwacza nieco zmoczyć go wodą – wtedy papier zmięknie i da się swobodnie wyginać. Uważaj jednak, aby nie powstały załamania, ponieważ ślady po nich są nie do usunięcia. Chyba że tak jak ja masz zamiar pomiąć torbę – wtedy się nimi nie przejmuj, po praniu będzie ich znacznie więcej.

» KROK 4.

Połącz dżinsowe elementy z papierowymi. Do przyszytych podkładek doszyj na środku końcówki uchwytów (**fot. 7**). Przyszyj trójkątną krawędź papieru do dżinsu, tak aby zasłonić podwiniętą krawędź dżinsu (**fot. 8** i **9**).

Nie używaj szpilek, ponieważ pozostawiłyby dziurki w papierze. Do sczepienia papieru i dżinsu na krawędziach możesz skorzystać z klipsów.

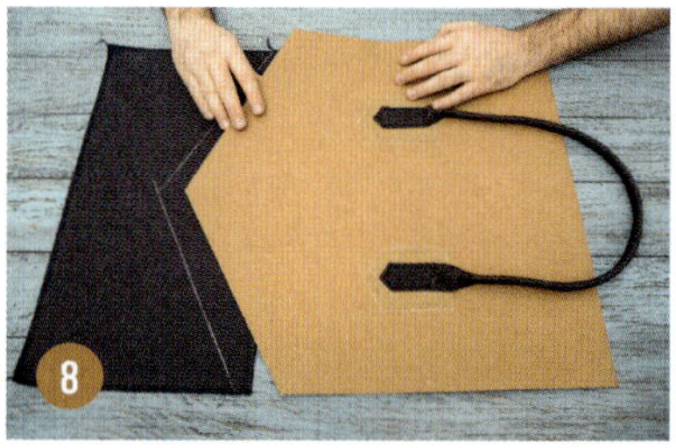

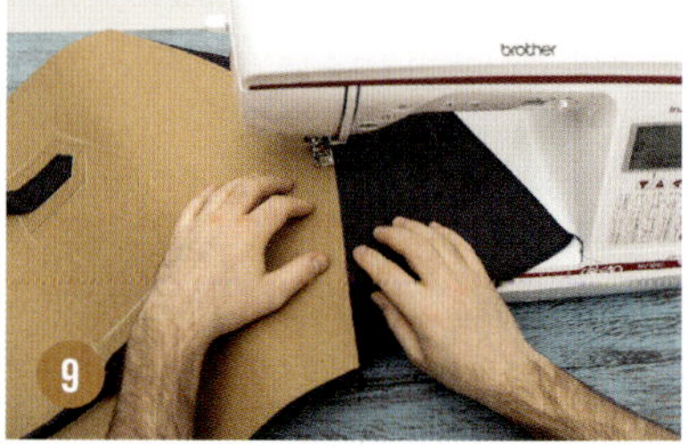

Rada » Zanim przejdziesz do kolejnego kroku, spójrz na **ilustrację 2**. Otóż dopiero kilka dni po wykonaniu zdjęć do tutorialu wziąłem torbę na zakupy. Okazało się, że trójkątna kieszonka, która powstała z warstwy dżinsowej, niestety wisi w środku i nie spełnia funkcji. Takie niespodzianki to normalna sprawa podczas projektowania. Ważne, że mogę cię uprzedzić i doradzić, jak tego uniknąć. Trzeba dodać przeszycia, które przytrzymają kieszonkę przy papierze. Proponuję kilka opcji (**niebieskie przerywane linie na ilustracji 2**).

Oczywiście możesz zaproponować inne rozwiązanie, jednak pamiętaj, że te szwy powinny również pełnić funkcję ozdobną. Dlatego naszkicuj ich linię na prawej stronie torby mydłem i wykonaj szew po prawej stronie. Jak już wspomniałem, pod spodem szew wygląda nieco gorzej.

Wszystkie powyższe czynności wykonaj, tworząc drugi bok torby.

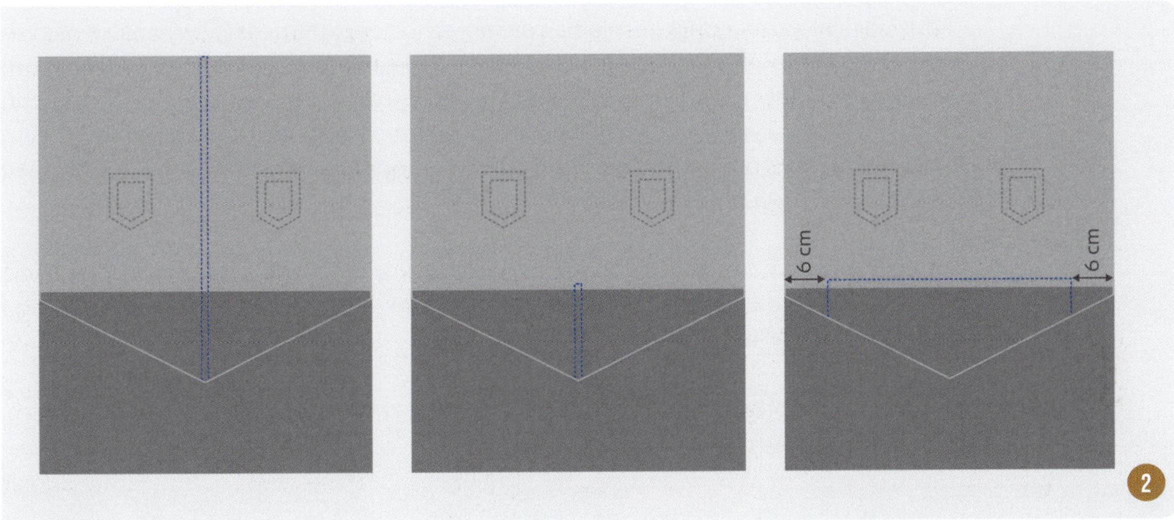

» KROK 5.

Zszyj boki i utwórz dno. Ułóż boki torby na sobie i zszyj je na krawędziach bocznych i dolnej (**fot. 10**). Następnie na dolnej krawędzi wykonaj przeszycia, tworząc dno, podobnie jak w torbie z rozdziału 3. W rozdziale 3 szerokość dna wynosiła 8 cm, w tej torbie wykonaj przeszycie szerokie na 10 cm.

» KROK 6.

Teraz najfajniejsza i jednocześnie najbardziej emocjonująca część – wywijanie na prawą stronę. Mimo że wiem, iż ten papier się nie rwie, miałem opór przed traktowaniem go jak skóry i cały czas byłem przekonany, że się rozedrze przy mocniejszym ruchu podczas wywijania. To niesamowite uczucie, kiedy obcuje się z zupełnie nowym tworzywem, mózg nie chce przyjąć faktów. Ale odwagi, możesz go miąć i wyginać (papier, nie mózg).

Zadbaj tylko o to, żeby nie szarpać go na górnej krawędzi szwu bocznego, ponieważ w miejscu dziurek wytrzymałość papieru jest mniejsza. Podczas wywijania pomaga zmiękczanie papieru wodą.

Po wywinięciu torby na prawą stronę wywiń górną krawędź na lewą, najpierw o 2–3 cm, a następnie znów o 5–6 cm (**fot. 11**).

11

Na koniec zegnij papier, tworząc krawędzie boków, wzdłuż szwów bocznych, 5 cm od szwu po każdej stronie, aby krawędzie boków pokrywały się z szerokością dna torby.

» KROK 7.

Pora na przywieszki. Jeżeli podobają ci się przywieszki GO i YEAH, na moim blogu **pracowniajanlesniak.pl** znajdziesz grafikę z nimi do załadowania w różnych formatach.

Przygotuj kawałek dżinsu i tej samej wielkości kawałek termofolii (**fot. 12**). Przyklej termofolię po lewej stronie dżinsu, tak jak w przypadku aplikacji z rozdziału 10.

Wycinanie zacznij od papieru. Wytnij z niego grubszą wersję zawieszki (**fot. 13**). W przypadku prostych kształtów możesz to zrobić ostrymi nożyczkami, przy bardzo skomplikowanych skorzystaj z nożyka i maty samogojącej, a przy najbardziej skomplikowanych niezastąpiony będzie ploter ScanNcut, o którym pisałem w rozdziale 2.

Następnie wytnij cieńsze elementy zawieszki z dżinsu. Łatwiej będzie go ciąć, wbijając nóż po stronie dżinsu, tak aby termofolia była po spodniej stronie.

Kiedy wszystkie litery zostały już wycięte, ułóż cieńsze elementy z dżinsu na szerszych elementach z papieru, aby stykały się termofolią (**fot. 14**).

Przyklej je, dociskając dżins żelazkiem rozgrzanym do temperatury prasowania bawełny przez półpergamin. Dociskaj przez około 25 sekund. Termofolia po 48 godzinach uzyskuje pełną trwałość podczas prania.

12

13

14

Wybierz ciekawe rustykalne sznurki, aby pasowały do charakteru torby, i przywiąż zawieszki. Torba gotowa (**fot. 15**)!

15

Na fotografii widzisz prototyp, który – uwaga – został uprany w pralce automatycznej, w temperaturze 40 stopni. Przetrwał, choć byłem przekonany, że się rozpuści! Kręciłem się zestresowany przy pralce i zaglądałem do środka, a tam ciemny bęben, moje podkoszulki i ani śladu torby. Rozpuściła się... Ale nie, coś tam wystaje, jakiś beżowy kawałek, no ciekawe, ciekawe, bo to naprawdę wygląda jak papier. Po praniu jeszcze ją wymiętoliłem, żeby uzyskała niepowtarzalny charakter. Przyznaję, że pokochałem to tworzywo, a ty? Jeśli chcesz coś jeszcze zrobić z tego materiału, zerknij do internetu – znajdziesz tam cuda! Na moim blogu także ja zamieściłem instrukcje szycia innych przedmiotów, np. złotej kopertówki w stylu *art deco* oraz srebrnej torebki w stylu *retro science fiction*. Szycie to hobby bez końca!

Nie będzie już podsumowania, ponieważ deserów się nie podsumowuje, deserami się delektuje!

A teraz to już naprawdę koniec książki. Zanim się pożegnam, zdradzę, że mam masę nowych historyjek. Spodobało mi się pisanie i postanowiłem, że nie będzie to moja ostatnia publikacja, zatem spisuję ciekawsze przygody, aby opowieściami okrasić kolejne instrukcje szycia. Na stole w moim pokoju piętrzy się sterta tkanin, kłębowisko muliny i masa szkiców, a koncepcja na nową książkę dojrzewa. Do grona jej partnerów dołączył portal **Dawanda.pl**, z którym współpracowałem podczas tworzenia rozdziału deserowego. To początek naszej wspólnej drogi – razem będziemy krzewić rękodzieło wśród rodaków. O tym spotkaniu i wspólnych pomysłach planuję cały rozdział w drugiej części książki „O szyciu", już się nie mogę doczekać. Tymczasem życzę wszystkim udanej zabawy przy maszynie i **NIECH ISKRY LECĄ SPOD IGŁY!**

CDN.

PODZIĘKOWANIA

O rany, ta książka nie powstałaby bez masy osób, które mnie wspierały lub gdzieś na mojej drodze przez warszawskie przygody odegrały ważne role. Pragnę wszystkim bardzo podziękować, a szczególnie:

Mojemu menedżerowi **Markowi** za większą niż moja wiarę we mnie i mój talent. Za pomysły, wsparcie, szczere opinie, opiekę i opieprz, kiedy trzeba. Jesteś ojcem chrzestnym tej książki.

Mojej przyjaciółce **Kasi K.** za najlepszą motywację na świecie: „Jasiek, jak tego nie napiszesz, to masz wpier...l, a jakbyś się chciał poddać, to dzwoń o każdej porze".

Marcie G., mojej testerce, za czytanie każdego rozdziału po kilka razy i zadawanie pytań w stylu „czy ja wiem, co to jest stopka?". Za 12 przytuleń dziennie, doping, wsparcie i bycie królową wszystkich wiedźm.

MOIM KOCHANYM KURSANTECZKOM I KURSANTOM! Za masę inspiracji, wyzwań, przygód, pytań i wiedzy, za radości i frustracje, wypite winka i stępione nożyczki. Dziękuję WSZYSTKIM bez wyjątku, choć wymieniam tylko reprezentację: **Dorota L., Iwonka K.** (ave satan ;) **Andżela, Monika W., Ania K., Beatobożenka!,**

Milenka i Zbigu, Iza K., Zjawka, Magda B.B. (nikt tak nie piszczy z zachwytu jak ty!), **Justyna i Zając** (mój ulubiony duet!), **Elka Z., Mery, Wika, Basia Sz., Ania S.P., Karola, Gabrysia i Sałata, panna Margo i szalona Joanna**!

Moim pięknym muzom za ciarki i zachwyt w sercu: **Grzymałeczko kochana i niezastąpiona, Dżozefa, Laura, Ikuko i Ewcia**. No i za niepowtarzalną energię na sesji zdjęciowej do książki, a **Kamili** za cudne zdjęcia!

Babci Adzie za jej zeszyt krojów, którego nie udało mi się opisać w książce, no i za miłość.

Mamie za pomysł z projektowaniem ubrań: „To może ty byś na projektowanie poszedł, skoro tak kliny sobie wszywasz do tych koszul?". Za wszystkie korekty wypracowań (choć tego nie znosiłem), lekkość pióra przekazaną w genach, zapach kawy i stukanie maszyny do pisania.

Tacie za najbardziej magiczny na świecie zapach terpentyny w jego pracowni. Za kredki woskowe, za palety zmieszanych kolorów, za wrażliwość, jego sztukę i wiarę w mój talent.

Maryni za rady i przewodnictwo w procesie powstawania książki. Za to, że jest najfajniejszą siostrą, jaką można mieć, i za Ninkę – moją najmłodszą muzę!

Baśce i Monice za sześć lat wspólnej pracy, które doprowadziły mnie do wybuchu wulkanu i wiary w siebie, bez których ta książka by nie powstała.

Ulce i **Gosi** z Outletu Tkanin za szybkie decyzje, wspaniale materiały i myślenie do przodu!

Małgosi, **Maciejowi** i **Marcinowi** z EMB Systems za wsparcie, inspirację do rozwoju, wspólne projekty i odkrywanie nowych możliwości.

I jeszcze raz **Ikuko** za burzę mózgów i wspólny pomysł z kolekcją tutoriali.

Gosi za superprojekt składu książki.

Zespołowi Dawanda.pl za naszą „rękodzielniczą burzę mózgów" i wsparcie drugiego wydania mojej książki oraz za wspieranie całego tłumu polskich twórców niezależnych. A w szczególności **Marysi Szymańskiej** prowadzącej dział DIY za nasze akcje i nastawienie **absolutnie na tak** do każdego wspólnego projektu.

Burda Publishing Polska Sp. z o.o.
02-674 Warszawa, ul. Marynarska 15
DZIAŁ HANDLOWY:
tel. (48) 22 360 38 38
fax (48) 22 360 38 49
SPRZEDAŻ WYSYŁKOWA:
Dział Obsługi Klienta, tel. (48) 22 360 37 77

REDAKCJA: Jolanta Kucharska
KOREKTY: Jolanta Kucharska, Łukasz Mackiewicz/eKorekta24, Melanż
PROJEKT GRAFICZNY OKŁADKI I MAKIETY, SKŁAD I ŁAMANIE: Małgorzata Wójcicka
REDAKTOR PROWADZĄCA: Agnieszka Radzikowska
REDAKTOR TECHNICZNY: Mariusz Teler

ZDJĘCIA: Kamila Markiewicz-Lubańska, Jan Leśniak,
Kamila Markiewicz-Lubańska/DaWanda.pl

DRUK: Perfekt, Warszawa

ISBN: 978-83-8053-257-1

Partnerem książki jest dystrybutor maszyn do szycia i haftu MaszynyBrother.pl

książki Burda

www.burdaksiazki.pl